Mark R. Laaser

Mann unter Feuer

Liebe • Sex • Sehnsucht • Sucht

übersetzt von Markus Baum

BRUNNEN
Verlag Giessen · Basel

Dr. Mark R. Laaser, Psychologe, Theologe, Therapeut und Berater,
ist Gründer und Leiter der Organisation und Klinik von
Faithful und True Ministries und daneben als Vortragsredner
sowie als Berater für Behandlungszentren und Krankenhäuser tätig.
Zu seinen Veröffentlichungen gehören u. a.
Wenn Bilder süchtig machen (The Pornography Trap), Brunnen Verlag Basel
und Gießen 2005, und *Talking to Your Kids about Sex.*
Er lebt mit seiner Frau Debra in Minnesota, USA.
Ihre Kinder sind bereits erwachsen.

www.brunnen-verlag.de
Lektorat: Petra Hahn-Lütjen
Umschlagmotiv: Getty Images
Umschlaggestaltung: Ralf Simon
Satz: Die Feder GmbH, Wetzlar
Herstellung: CPI – Ebner & Spiegel, Ulm
ISBN 978-3-7655-1443-2

Inhalt

Teil 4: Heilung für die Wunden der Kirche

Vorwort zur deutschen Ausgabe: Fundiert und einfühlsam

Der Theologe, Psychologe und Therapeut Mark Laaser ist beim Thema „Sex und Sucht“ einsame Spitze: Kaum ein anderer verbindet im gleichen Maß seelsorgerliche Einfühlung mit theologischer und humanwissenschaftlicher Fundierung, und weltweit haben nur ganz wenige Experten so viel Praxis- und Forschungserfahrung wie er.

Und obwohl Mark Laaser wesentlich durch seine eigene Geschichte der Sexsucht motiviert und geprägt ist, schreibt er nicht nur für die Betroffenen selbst – sondern für alle Leser: mitbetroffene Partner sowie therapeutisch oder seelsorgerlich helfende Menschen und Verantwortungsträger in Gemeinden.

Mark Laaser gibt wirklich wichtige Antworten auf eine der drängendsten Fragen unserer Zeit: wie sexuelle Gesundheit gelebt und gefördert werden kann.

Dr. Ulrich Giesekus, Klinischer Psychologe,
Autor von „Liebe die gelingt“, „Männer sind einfach …“ und „Vergeben kann man nicht müssen“
www.BeratungenPlus.de

Vorwort zur zweiten Auflage: Treu und wahrhaftig

Es kommt selten vor, dass ich ein Buch komplett lese. Aber dieses Buch hier habe ich Seite für Seite verschlungen. Ich habe Abschnitte unterstrichen und Seiten markiert, die mir wichtig erschienen und die ich wiederholt lesen wollte. Von all meinen Büchern trägt das hier die meisten Anmerkungen.

Besonders hilfreich empfinde ich Mark Laasers Beschreibung von ungünstigen und günstigen familiären Bedingungen. Allein schon das sechste Kapitel, in dem der Autor die Wurzeln von Sexsucht im Familienleben ausmacht, ist den Preis des Buches wert. Nie zuvor war es so wichtig, dass Männer und Frauen sich hingebungsvoll der Arbeit an ihrer Beziehung und ihrer Familie widmen. Mark Laaser deckt das Geheimnis hinter suchtartigem Verhalten auf und macht es verständlich, er hat mir geholfen zu verstehen, warum die Versuchung zu Suchtverhalten aller Art wächst, wenn unsere Beziehungen nicht lebendig und gehaltvoll sind.

Der Autor macht unmissverständlich klar, was eine gesunde Beziehung ist – und was sie nicht ist. Er benennt all das, was einer Ehe, was einer Familie schadet und zu bedenklichen Verhaltensweisen führt. Er zeigt aber auch auf, was Beziehungen guttut und in die richtige Richtung führt.

Gewöhnlich rufe ich die Autoren von Büchern, die ich gelesen habe, nicht an. Zweimal habe ich bisher eine Ausnahme von dieser Regel gemacht. Mark Laaser war einer der Autoren, zu denen ich Kontakt aufgenommen habe.

Jeder sollte dieses Buch lesen.

Gary Smalley, Theologe, Berater, Autor, u.a. von „Beziehungen – Was sie schwierig macht, wie sie gelingen."

Vorwort zur ersten Auflage: Die geheime Sünde

Die christlichen Kirchen gleich welcher Konfession haben sich in der jüngsten Zeit wiederholt mit ausgesprochen negativen Schlagzeilen konfrontiert gesehen. Es gibt leitende christliche Persönlichkeiten, die durch ihr Sexualverhalten die Glaubwürdigkeit ihrer Arbeit untergraben. Manche leisten öffentlich Abbitte, nur um sich anschließend erneut in sexuellen Sünden zu verstricken. Ein gefundenes Fressen für die Medien, und damit wird die Christenheit insgesamt zur Zielscheibe von Hohn und Spott.

Das Problem hat epidemische Ausmaße. Da gibt es einen römisch-katholischen Priester, dem Missbrauch von Kindern in 163 Fällen zur Last gelegt wird. Die außereheliche Beziehung eines Bischofs löst einen US-weiten Skandal aus, und schließlich kommt heraus, dass seine Liebhaberin zu einer ganzen Reihe von Geistlichen Beziehungen unterhalten hat. Eine US-amerikanische Kirche muss fast eine Milliarde Dollar für die außergerichtliche Einigung mit Opfern sexuellen Missbrauchs zurückstellen. Und dann gibt es da noch den Pastor, der landesweit gegen Pornografie zu Felde zieht und später selbst wegen der Herstellung und Verbreitung von Kinderpornografie verhaftet wird.

Einige unterdrücken krampfhaft jedes sexuelle Empfinden. Andere leben ihre Triebhaftigkeit in einem verborgenen Dasein voller Scham und Selbstverachtung aus.

Auch einfache Gläubige haben mit dem Problem zu kämpfen. Einige unterdrücken krampfhaft jedes sexuelle Empfinden. Gottgewollte erfüllte Sexualität ist für sie ein Fremdwort. Andere leben ihre Triebhaftigkeit in einem verborgenen Dasein voller Scham und Selbstverachtung aus, weil sie ihren eigenen moralischen Standards nicht gerecht werden. Die einen wie die anderen leiden unter den Begleiterscheinungen missbräuchlichen Sexualverhaltens, unter Erinnerungen, die sich in den schattigen Winkeln des Bewusstseins eingegraben haben. Aber sie wissen nicht, was ihnen zu schaffen macht, und nicht einmal anhaltendes Gebet stillt ihre Qualen.

Schlimmer noch, unsere gesamte Kultur erlebt eine sexuelle Krise. Wie es um die Probleme zwischen Männern und Frauen bestellt ist, wurde bei der Nominierung von Clarence Thomas für den Obersten Gerichtshof deutlich. Die ganze Nation ereiferte sich und stritt darüber, was ausbeuterisches Sexualverhalten ist. Daran wurde erkennbar, wie verunsichert und verletzlich wir im Hinblick auf die Sexualität sind.

Eltern sind tagtäglich damit konfrontiert. Mädchen in den USA erleben den ersten Geschlechtsverkehr statistisch gesehen mit 16,2 Jahren, Jungen mit 15,9 Jahren. Die meisten Schüler haben bereits sexuelle Erfahrungen gemacht, wenn sie von der Highschool abgehen. Eltern wissen nicht, wie sie damit umgehen sollen. Sie wissen, wie wenig die alten Tabus bei ihnen ausgerichtet haben. Und zugleich ahnen sie, wie unvorbereitet ihre Kinder sich auf sexuelle Erfahrungen einlassen. Und über all dem hängt der Schatten von Aids und verändert unsere Kultur. Nichts macht den Zusammenhang zwischen Sexualität und Verantwortung deutlicher als diese Krankheit. 1993 waren mehr als eine Million Amerikaner mit dem HI-Virus infiziert. Nur eine Zahl, aber sie lässt uns spüren, dass unsere Probleme mit der Sexualität immer drängender werden.

Die Botschaft des Evangeliums hat sich durchgesetzt, weil Christen mit seiner Hilfe auch dem Leiden Sinn abgewinnen können. Es ist an der Zeit, diese heilende Kraft auf unser Sexualverhalten anzuwenden. Wir müssen wissen, was Gnade im Hinblick auf die Sexualität vermag. Genau das teilt uns Mark Laaser in diesem Buch mit. Es ist aus persönlicher Betroffenheit heraus entstanden, im Zusammenhang mit seiner eigenen Heilung. Hier erfahren wir alles Nötige über die Krankheit der Sexsucht und werden herausgefordert, uns der sexuell aufgeladenen Wirklichkeit zu stellen. Das Buch ist gefährlich für Leute, die ihrer eigenen Sexualität ausweichen wollen.

Besonders wichtig: Dieses Buch stellt Sexualität in einen geistlichen Zusammenhang. Der Weg zur Gesundung ist ein geistlicher Weg – das haben schon Alkoholiker, Spielsüchtige und andere Suchtkranke erfahren. Christen im Gesundheitswesen erleben oft, dass Gott die Welt nicht in heilig und profan aufsplittet. Er bedient sich auch der Medizin und der Wissenschaft, wenn wir uns nur auf ihn einlassen. In diesem Sinn ist dieses kraftvolle Buch geschrieben, und so sollte es auch gelesen werden.

Patrick J. Carnes, Ph. D.
New Freedom Treatment Programs
Scottsdale, Arizona

Danksagung

Dieses Buch konnte nur entstehen dank der Stärke, der Hilfe und Unterstützung all der vielen Menschen, die an mich und an das Projekt geglaubt haben – immer dann, wenn ich auf Ermutigung angewiesen war.

Es hat zahllose Stunden gekostet, dieses Buch zu schreiben, und die waren nur verfügbar aufgrund der aufopfernden Liebe und Geduld meiner Familie. Deb, meine Frau, hat dieses Buch in vielerlei Hinsicht inspiriert. Was ich über Intimität geschrieben habe, das erlebe ich mit ihr. Sie ist für mich ein Vorbild, was Offenheit angeht und wie sie an ihren Empfindungen teilhaben lässt. Vieles von dem, was ich vorschlage, habe ich ihr abgeschaut. Ihr Ansporn hat mir Mut gemacht, einige meiner Empfindungen zum ersten Mal mitzuteilen. Und an ihr habe ich auch gelernt, was echte Vergebungsbereitschaft bedeutet.

Seit Jahren haben es meine Kinder Sarah, Jonathan und Benjamin mit einem Vater zu tun, der ewig dasitzt und auf seinen Computerbildschirm starrt. Wie oft haben sie ihre Aktivitäten gedämpft und sich miteinander beschäftigt, nur damit ich schreiben konnte. Mehr noch, sie haben sich ehrlich für meine Arbeit interessiert und oft gefragt, wie ich vorankomme. Ich empfinde es als Erweis besonderer Größe, dass sie sich mit einem Vater abgeben, der das Thema Sexsucht aufgrund eigener Erfahrungen behandelt. Nun, da sie selbst heranreifen und auch im Glauben wachsen, hoffe ich, dass die Sünden des Vaters nicht auf die Kinder abfärben.

1987 wurde Patrick Carnes für mich zum Helden – ein Prophet, der den Weg zu wahrer Heilung weist. Seither ist er zum Kollegen, Freund und Förderer meines Schreibens geworden.

Unter den vielen Leuten, die mir persönlich den Weg gewiesen haben, möchte ich zwei begnadete Seelsorger herausheben: Tom und

Maureen Graves. Ihre besondere Gabe zeigte sich darin, dass sie mich behutsam auf Problemfelder aufmerksam gemacht, einen behüteten Platz zur Auseinandersetzung mit meinem Schmerz geschaffen und mir gezeigt haben, wie ich mich selbst lieben kann. Auch haben sie mir den Heilungsprozess für alle Arten von Süchten vorgelebt und mich damit vertraut gemacht.

Die Namen all meiner Freunde, die den Weg zur Erneuerung mit mir geteilt haben und mir in Anfechtungen wie im Erfolg kameradschaftlich beistanden, bleiben aus verständlichen Gründen ungenannt.

Ein Autor wird oft durch andere Autoren ermutigt. Schreiben hat mehr mit Disziplin und weniger mit Inspiration zu tun, als ich mir vorstellen konnte. Ich bin Jennifer Schneider und Ralph Earle zu Dank verpflichtet, die mich zur Disziplin angehalten haben.

Zahllose Seelsorger, Therapeuten und Ärzte haben konstruktiv zu den Gedanken in diesem Buch beigetragen. Besonders danke ich John Lybarger, Ph. D., Eli Machen und Nils Friberg, Ph. D., für ihre kritischen Anmerkungen.

Ein Autor schreibt seine Bücher nicht allein. Bücher werden geschrieben und dann von Lektoren überarbeitet, deren Beitrag nur selten gewürdigt wird. Inzwischen schon zweimal, 1991 und 2004, hat Sandy Vander Zicht diese Aufgabe wahrgenommen. Mit ihrer Hilfe ist aus halb fertigen, oft unklaren und nicht besonders schlüssigen Gedankengängen ein verständliches Werk geworden. Ich danke Sandy und dem Verlag, dass sie an mich geglaubt haben.

Es gibt Hoffnung

Es war einmal ein junger Pastor, der sich als Seelsorger in Ehe- und Familienfragen profilieren konnte. Zusammen mit seiner Frau und seinen drei Kindern lebte er in einer angenehmen vorstädtischen Umgebung. Die Familie unterhielt einen großen Freundeskreis und fühlte sich wohl.

Neben seiner Tätigkeit als Seelsorger half der Pastor, eine Vakanz an einer örtlichen Gemeinde zu überbrücken, hielt Unterricht an einem christlichen College und brachte sich im Vorstand der Schule ein. Als begabter Kommunikator sprach er vor unterschiedlichsten Gruppen und wurde wiederholt für Radio- und Fernsehinterviews angefragt. Alles in allem war der Mann beliebt und respektiert in seiner Umgebung, und viele suchten seinen Rat oder wandten sich an ihn, wenn sie Unterstützung oder Zuspruch brauchten.

Zugleich war dieser Pastor sexsüchtig. Seit seiner Zeit am College masturbierte er übermäßig. Ebenfalls seit Oberschulzeiten las er pornografische Schriften und besuchte Massagesalons – Gewohnheiten, die er auch als Berufstätiger nicht ablegte. Er fürchtete sich zwar, erwischt und öffentlich bloßgestellt zu werden, aber er schaffte es nicht, sein zwanghaftes Sexualverhalten zu ändern.

Er fürchtete, erwischt und öffentlich bloßgestellt zu werden, aber er schaffte es nicht, sein zwanghaftes Sexualverhalten zu ändern.

Eigentlich kein Wunder, dass seine Ehe – nach außen hin liebevoll und stabil – hochproblematisch war. Seine Frau und er fanden kaum Zeit füreinander, so sehr nahmen seine Karriere und die Familie sie in Anspruch. Dem Pastor ging echtes Verständnis für Intimität ab, zudem glaubte er, dass seine Frau ihn nicht wirklich liebte. Und das rechtfertigte in seinen Augen, dass er nach Frauen Ausschau hielt, die ihm genau das geben konnten: Liebe.

Mit einigen leidenden und sehr empfindsamen Frauen, die seinen seelsorglichen Beistand suchten, wurde er intim. Er verwechselte Sex mit Liebe und war ernsthaft der Meinung, er würde den Frauen Gutes tun. Nie gab er sich Rechenschaft darüber, dass er ihren Kummer nur vermehrte.

Der Pastor wurde von Selbstzweifeln geplagt. Er mochte sich selbst nicht besonders, und so fragte er sich, was diese Frauen zu einem wie ihm hinzog. Von Zeit zu Zeit nahm er sich vor, die Affären zu beenden, und genauso oft versündigte er sich wieder.

Schließlich bekam ein Kollege Kenntnis von einer seiner Affären. Die Einrichtung, bei der er als Seelsorger arbeitete, feuerte ihn. Von seinem Kollegen und einigen anderen wurde er zur Rede gestellt. Einer, ein Arzt und trockener Alkoholiker, sagte dem Pastor: „Ihr Verhalten in Sachen Sex erinnert mich an meine Alkoholprobleme. Sie haben die Kontrolle verloren. Sollten wir nicht gemeinsam versuchen, Hilfe für Sie zu finden?“ Und dann umarmte der Arzt den Pastor, denn er wusste, wie sehr man unter unkontrollierbaren Verhaltensweisen leiden kann.

„Ihr Verhalten in Sachen Sex erinnert mich an meine Alkoholprobleme. Sollten wir nicht gemeinsam versuchen, Hilfe für Sie zu finden?“

Der Pastor war einerseits schockiert und verängstigt, andererseits war er es aber auch leid, ein Doppelleben zu führen. Und so ließ er sich darauf ein, nach Hilfe zu suchen. Einige Tage später suchte er eine Einrichtung für Sexsüchtige in einem Golden Valley Health Centre auf.

In den folgenden Monaten durchlebte der Pastor die Schmerzen und Freuden eines Heilungsprozesses, sah sich verstörenden Kindheitserinnerungen ausgesetzt, Schuldgefühlen angesichts seines Verhaltens, Furcht angesichts des Missbrauchs, den er mit anderen getrieben hatte. Seine Sucht kostete ihn viel. Nie wieder würde er als Seelsorger arbeiten oder als Prediger auf der Kanzel stehen können. Einige seiner Klienten verklagten ihn. Einige sahen mit Abscheu und Verachtung auf ihn und seine Verhaltensweisen herab. Aber der Prozess brachte auch Freude mit sich. Die Freude, ehrlich sein zu können. Die Freude eines neuen Lebens, erneuerter Beziehungen zu seiner Frau und zu Freunden. Er entdeckte den Frieden, der mit der Heilung einhergeht, und beschloss, diesen Frieden gegen nichts in der Welt einzutauschen.

Dieser Pastor hatte sich als Sechzehnjähriger bekehrt und hatte zehn Jahre pastoralen Dienst hinter sich, als er endlich Heilung fand. In all der Zeit hatte er sich der Vergebung Gottes unwürdig gefühlt. Andere hatten ihn bewundert, dabei war er stets überzeugt gewesen, dass sie ihn hassen würden, wenn sie die Wahrheit wüssten. Erst als er bedingungslos ehrlich wurde und den Weg beschritt, der ihn von der Sexsucht wegführte – erst da begriff er wirklich, was Gottes Erlösung ist und was Erneuerung bedeutet.

Sexsüchtige wie dieser Pastor begehen eine heimliche Sünde. So sündig, dass nahezu alle sich schämen, darüber zu sprechen. Dabei verstoßen sie eindeutig gegen Gottes Gebote, und ihre Sünde bedroht unsere Kultur und erschüttert die Kirche in ihrem Kern.

Die geheime Sünde ist eine Suchtkrankheit, die seit Anbeginn der Zeiten existiert hat.

Die geheime Sünde der Sexsucht erwächst aus Ursachen, die oft schon in der Kindheit liegen, und ihre Symptome können über Jahre unerkannt bleiben. Während der Pubertät werden die Indikatoren dieser Krankheit oft verwechselt mit normaler sexueller Entwicklung. Im Erwachsenenalter verschlimmert sich die Krankheit zunehmend. Wenn sie nicht behandelt wird, dann kann sie im schlimmsten Fall tödlich enden.

Die geheime Sünde ist eine Suchtkrankheit, die seit Anbeginn der Zeiten existiert hat. Aber über Jahrhunderte ist sie unerkannt geblieben, wurde falsch bezeichnet, fehlbehandelt oder ignoriert. Auch wenn diese Krankheit zahllose Menschen getötet, gedemütigt und verletzt hat, glauben manche bis heute, dass es sie nicht gibt. Menschen, die unter Sexsucht leiden, sind belacht, verachtet und verfolgt worden. Zu sehr in Scham versunken, als dass sie um Hilfe gebeten hätten, haben sich viele in Einsamkeit und Isolation zurückgezogen. Erst in jüngster Zeit haben wir die geheime Sünde als Krankheit erkannt und können denen, die daran leiden, eine Behandlung anbieten.

Christen bleiben von dieser Krankheit nicht verschont. Fachleute schätzen, dass bis zu 10 Prozent der Christen in den USA an Sexsucht leiden. Wenn das stimmt, dann beherbergt eine Gemeinde mit 500 Gliedern 50 Sexsüchtige. Und dieser Prozentsatz wird womöglich noch steigen. Einer Studie zufolge geben zwei Drittel aller gläubigen Männer zu, dass sie Probleme mit Pornografie haben. In einer anderen Studie bekannten 40 Prozent der befragten Pastoren, dass sie sich Pornografie aussetzen. Diese Zahlen bedeuten zwar nicht automatisch, dass die Befragten im Vollsinn sexsüchtig sind, aber tragischerweise haben sich diese Prozentsätze gegenüber früheren Jahren deutlich erhöht. Das hängt hauptsächlich mit der freien Verfügbarkeit von Pornografie im Internet zusammen. Viele Christen, die damit zu kämpfen haben, beten inständig, studieren eingehend die Bibel und suchen den Rat zahlloser Pastoren, und doch können sie nicht aufhören. Entmutigt verlassen viele die Kirche.

Christen bleiben von dieser Krankheit nicht verschont.

Sexuelle Sünden sind für die Kirche eigentlich nichts Neues. Wie viele haben unablässig die Unmoral beklagt und zur Buße aufgerufen. Aber sexuelle Sünden bleiben ein schwieriges Thema. Man redet ungern darüber. Wenn „einer von uns“ einen sexuellen Fehltritt begeht, dann sind wir einerseits schockiert und ereifern uns über die offensichtliche Heuchelei und den fehlenden Glauben. Gleichzeitig werden wir uns aber unserer eigenen Scham, unserer Ängste und unserer Unsicherheit bewusst, und deshalb versuchen wir, die Sache so klein wie möglich zu halten.

Es ist an der Zeit, das Problem sexueller Verfehlungen innerhalb der christlichen Gemeinschaft offen zu diskutieren. Die Kirche kann Sexsucht nicht länger ignorieren oder behaupten, dieses Problem existiere nur „da draußen“, denn sowohl unsere Familien als auch unsere Gemeinden leiden darunter. *Mann unter Feuer* ist mein Versuch, das Phänomen Sexsucht unter Christen zu verstehen und zu behandeln. Ich möchte diese geheimen Sünden im Licht des Evangeliums und mit dem besten verfügbaren psychologischen Wissen untersuchen.

Vielleicht sagen Sie sich, dass Sie keine Sexsüchtigen kennen. Freilich passen Sexsüchtige nicht ins übliche Raster. Abgesehen von ihrer Sucht können sie freundlich und nett sein. Sie kümmern sich aufopfernd um andere. In der Gemeinde gelten sie womöglich als vorbildliche Christen. Aber ein verborgener Teil von ihnen tut böse und verletzende Dinge, sexuelle Praktiken, manche zu schrecklich, um sie zu beschreiben. Ihr Sexualverhalten ist unkontrollierbar, und sie können nicht damit aufhören. Sie sind süchtig.

Aber es gibt Hoffnung. In seinem wegweisenden Buch *Zerstörerische Lust: Sex als Sucht* hat Patrick Carnes dargelegt, dass außer Kontrolle geratenes Sexualverhalten dem Verhalten von Alkoholkranken ähnelt und dass viele Menschen sexsüchtig sind. Dieselbe Art von Behandlung, die Alkoholiker seit fünfzig Jahren zu einem nüchternen Leben verhilft, hat Carnes Sexsüchtigen zukommen lassen. Aufgrund der Tätigkeit von Carnes und anderen haben Tausende von Sexsüchtigen mit ihren sexuellen Fehltritten aufgehört, sind zu „sexueller Nüchternheit“ gelangt oder, um eine christliche Wendung zu gebrauchen: zu „sexueller Reinheit.“

Außer Kontrolle geratenes Sexualverhalten ähnelt dem Verhalten von Alkoholkranken.

Es gibt also Hoffnung für die Kirche und für die vielen Menschen in ihr, die im Verborgenen oder ganz offensichtlich unter sexuellen Sünden leiden. Es gibt Hoffnung für Ehepartner, Familien und Freunde. Es gibt Hoffnung für die zigtausende Menschen, deren Glauben durch die sexuellen Verfehlungen eines Pastors oder eines anderen christlichen Leiters erschüttert wurde. Es gibt Hoffnung für die Opfer von Sexsüchtigen. Es gibt sogar Hoffnung für die Menschen, die vor langer Zeit die Kirche verlassen haben, weil sie angesichts ihrer sexuellen Sünden nur Ablehnung, aber keine Hilfe erfahren haben.

Der Bericht von der samaritischen Frau in Johannes 4 gibt mir Hoffnung. Fünfmal verheiratet, gegenwärtig mit einem weiteren Mann zusammenlebend, ist sie überrascht, als Jesus ihr – der sexuellen Sünderin – das lebendige Wasser des Heils anbietet. Jesus heilt sie, und anschließend geht nicht etwa *er* in ihr Dorf, um den ehrwürdigen Leuten dort zu predigen, sondern die Ehebrecherin. Jesus vertraut die Heilsbotschaft einer ehemaligen Sexsüchtigen an. Wenn das nicht Mut macht!

Und schließlich weiß ich, dass es Hoffnung gibt, weil ich selbst sexsüchtig war. Ich sage nicht mehr länger, dass ich sexsüchtig bin. Es gibt viel über mich zu sagen: bekennender Christ, Ehemann, Vater, Seelsorger, Lehrer und Autor. Außerdem bin ich der junge Pastor, von dem anfangs die Rede war. Meine sexuellen Sünden haben vielen Menschen Schaden zugefügt, haben das Vertrauen anderer erschüttert und haben mir schmerzliche Konsequenzen eingetragen. Wie die samaritische Frau stand auch ich in der Mittagshitze am Brunnen, voller Scham, einsam, verängstigt und zu stolz, um Beistand zu erbitten. Gott hat mich dort gefunden. Dank der Hilfe vieler Menschen habe ich erfahren, was es heißt, heil zu werden. Mein eigener Schmerz, meine eigene Verzweiflung sind der Grund, warum ich mich anderen in ihrer Verzweiflung zuwende. Ich hoffe, dass dieses Buch den Weg zum lebendigen Wasser weist, das allein bei Gott zu haben ist.

Heute ist das Bedürfnis nach Hoffnung eher noch grösser

Es ist mehr als zehn Jahre her, seit die erste Ausgabe dieses Buches erschien. Einiges hat sich in der Zwischenzeit verändert, anderes nicht. Was Pat Carnes damals in seinem Vorwort schrieb, ist heute so wahr wie in den Neunzigerjahren. Die Kirche und unsere Gesellschaft erleben eine eskalierende Krise. Manche Formen von Sexualverhalten breiten sich epidemisch aus. Kaum eine Woche vergeht, ohne dass ich am Telefon von einem weiteren „gestrauchelten" Geistlichen oder Christen höre. Wir werden heute regelmäßig mit sexuellen Praktiken konfrontiert, die für die meisten noch vor einem Jahrzehnt als abartig galten. Pornografie in den Massenmedien ist allgegenwärtig. Das Fernsehen zeigt selbst im Vorabendprogramm, einst als Raum für Familienunterhaltung geschützt, regelmäßig sexuell eindeutige Inhalte. Wir kämpfen gegen Sexsucht und sexuelle Unmoral – und wir scheinen zu verlieren.

Eines der gegenwärtig größten Probleme ist die Verfügbarkeit von pornografischem Material im Internet.

Eines der gegenwärtig größten Probleme ist die Verfügbarkeit von pornografischem Material im Internet. Als dieses Buch erstmals erschien, wurde das Internet noch nicht von vielen genutzt. Nur ein kleiner Teil der Bevölkerung wusste überhaupt, dass es existiert. Inzwischen surfen mehr als 80 Prozent zumindest gelegentlich im Netz, und die große Mehrheit nutzt es täglich. Pornografen, Prostituierte und Sexualstraftäter nutzen es ebenfalls, oft auf beunruhigend kreative Weise. So haben sich Pornografen schon zu einem Zeitpunkt, als das Internet gerade erst populär wurde, reihenweise Domainnamen gesichert, die ganz alltäglich oder nach vertrauten Marken klingen – besonders solche, die vermutlich von Kindern und Heranwachsenden aufgerufen werden, wie zum Beispiel „Cinderella" (= Aschenputtel) oder „Coke" (= Cola). Unter solchen Namen verbreiteten sie pornografische Inhalte. Ergebnis: Wann immer das Wort „Cinderella" in einer Suchmaschine abgefragt wurde, tauchte pornografisches Material auf dem Bildschirm auf. In der Neuausgabe dieses Buches werden folglich einige der besonderen Probleme behandelt, die mit dem Erfolg des Internets einhergehen.

Außerdem sind in dieser überarbeiteten Ausgabe die aktuellsten Erkenntnisse über Sexsucht berücksichtigt. Auch Entwicklungen in meinem eigenen Denken und Lernen haben sich niedergeschlagen. So verwende ich beispielsweise den Begriff „Gesundung“ seltener und spreche dafür lieber von „Heilung“ oder „Veränderung“. Wir müssen nicht zurück zu einem früheren Zustand, sondern es geht eher darum, nach vorne zu gehen, heil und verändert zu werden. Ich denke mittlerweile auch, dass es nicht hilfreich ist, zwischen „gesunden“ und „ungesunden“ Familien zu unterscheiden. Besser wäre es, wir würden erkennen, dass wir alle aus Familien kommen, in denen Fehler gemacht wurden. Es kommt darauf an, zu verstehen, wie wir durch solche Fehler verletzt wurden und wie wir heil werden können.

Dieses Buch hat ein männlicher Sexsüchtiger aus einer offensichtlich männlichen Perspektive heraus geschrieben. Das könnte manche auf den Gedanken bringen, dass nur Männer sexsüchtig sein können. Das wäre freilich ein Irrtum. Schon die erste Ausgabe dieses Buches enthielt Beispiele von weiblichen Sexsüchtigen. Mittlerweile ist in dramatischer Weise klar geworden, wie weit Sexsucht auch unter Frauen verbreitet ist. Jahrzehntelang hat unsere Kultur Frauen ermutigt, aggressiver und fordernder aufzutreten. Manches daran war gut. Frauen haben heute in vielen Feldern die gleichen Möglichkeiten wie Männer. Aber genau wie Männer ihre Macht missbräuchlich nutzen können, so können es auch Frauen, und folglich verfällt auch eine wachsende Zahl von Frauen der Sexsucht.

Die besonderen Nöte von weiblichen Sexsüchtigen und ihre Fragen sind in dieser Neuausgabe berücksichtigt. Zwar gibt es mehr und mehr hilfreiche Angebote für Frauen, aber weil das Attribut „sexsüchtig“ für Frauen ein größeres Stigma ist als für Männer, nehmen sie solche Hilfen womöglich nicht so leicht in Anspruch. Einem Mann, der seine Sexualität exzessiv auslebt, billigt man eher noch zu, ein „ganz normaler Mann“ zu sein. Eine Frau mit ähnlichem Sexualverhalten wird dagegen rasch als Hure oder Schlampe verschrien. Für

Die besonderen Nöte von weiblichen Sexsüchtigen und ihre Fragen sind in dieser Neuausgabe berücksichtigt.

Frauen kann es auch ein Problem sein, sich Selbsthilfegruppen von Sexsüchtigen anzuschließen, die hauptsächlich von Männern aufgesucht werden. Trotzdem glaube ich, dass männliche und weibliche Sexsüchtige viel mehr gemeinsam haben, als sie trennt, und deshalb habe ich davon abgesehen, ein Kapitel speziell über die weibliche Ausprägung der Sucht einzufügen.

Die vielleicht auffälligste Veränderung gegenüber der ersten Fassung ist die Erweiterung um einen vierten Teil: „Heilung für die Wunden der Kirche", bestehend aus zwei Kapiteln: „Sexsüchtige Geistliche" und „Wie Gemeinden heil werden". In den letzten Jahren habe ich mit einer ständig wachsenden Zahl von Gemeinden zu tun gehabt, deren Pastoren „gestrauchelt" sind. Es scheint mir geboten, dass dieses Problem in einem eigenen Abschnitt über die besonderen Nöte von Pastoren und Gemeinden behandelt wird.

Gott ist gut und barmherzig. Ich erlebe weiterhin Heilung und Wachstum. Seit siebzehn Jahren bin ich „nüchtern". Inzwischen arbeite ich mit meiner Frau Debbie zusammen im Dienst an anderen. Unsere Ehe wird immer mehr zu der „Ein Fleisch"-Einheit, zu der Gott uns berufen hat. Wichtiger noch: Wir vertrauen immer mehr darauf, dass wahre Heilung möglich ist. Und wir wünschen Ihnen, dass Ihnen dieses Buch dazu verhilft, selbst die Reise auf dem Weg zur Heilung zu beginnen.

Teil 1:
Was ist Sexsucht?

1. Sexsucht und Sünde

Kürzlich sprach ich mit einem Pastor über die Scham, die mit seiner Sexsucht verbunden ist. Dieser Pastor ist in jeder Hinsicht erfolgreich. Er hat eine große Gemeinde aufgebaut, in der die Gaben Gottes reichlich vorhanden sind. Er ist beliebt, er kann wunderbar predigen. Er ist verheiratet, hat Kinder und wirkt wie ein ganz normaler Familienvater.

Aber dieser Pastor führt ein Doppelleben. An vielen Tagen zieht es ihn in einen nahegelegenen Park. Dort trifft er sich mit Männern, von denen er noch nicht einmal den Namen kennt, und hat Sex mit ihnen. Diese Begegnungen dauern zumeist nicht länger als dreißig Minuten und verlaufen wortlos. Anschließend kehrt er in sein Büro zurück und fühlt sich leerer als zuvor. Er sehnt sich nach Intimität, stattdessen findet er nur Frustration und Furcht. Wie lange noch, bis jemand aus seiner Gemeinde ihm auf die Schliche kommt?

Dieser Pastor weiß, dass er sündigt. Er betet, er fastet, er liest in der Bibel, und dennoch kann er nicht aufhören. Er ist allein. Wem kann er sich offenbaren? Würde er sein Verhalten offenlegen, dann würde ihn das den Job kosten, die Familie, die Karriere und den guten Ruf.

Sexsucht als Sünde

Sexsucht ist eine Krankheit, die sich in irgendeiner Art unkontrollierbarer sexueller Aktivität äußert. Der oder die Sexsüchtige kann das eigene Sexualverhalten nicht kontrollieren, und so kommt es unvermeidlich zu negativen Konsequenzen.

Wenn ich vor Christen über Sexsucht spreche, dann kommt stets die Frage: „Sie nennen dieses Sexualverhalten eine Sucht oder eine

Krankheit. Aber vergessen Sie dabei nicht, dass es sich um Sünde handelt? Die Leute sollten Buße tun, ihr Verhalten ändern und mit Gott ins Reine kommen.“ Ich stimme den Leuten regelmäßig zu, die solche Aussagen machen. Sexuelle Verhaltensweisen, die zwanghaft werden, sind Sünde. Die Betroffenen sollen Buße tun, ihr Verhalten ändern und mit Gott ins Reine kommen. Buße, Verhaltensänderung und eine engere Beziehung zu Gott – all das soll im Lauf des Heilungsprozesses von Sexsüchtigen geschehen. Aber den Leuten, die mir solche Fragen stellen, stelle ich oft eine Gegenfrage: Wie viel Zeit wird Ihrer Meinung nach die Buße und die Veränderung brauchen?

Sünde und Sucht haben einige Charakteristika gemeinsam. Wie eine Sucht, so ist auch Sünde unkontrollierbar und nicht in den Griff zu bekommen. Gott musste immerhin seinen einzigen Sohn opfern, weil wir mit unserem Leben nicht klarkamen. Sexsüchtige versuchen Verhaltensweisen zu kontrollieren – und scheitern. Genau wie Alkoholiker reden sich Sexsüchtige ein, dass sie jederzeit aufhören könnten, wenn sie nur wollten. Sie bilden sich ein, dass sie die Kontrolle haben – aber sie haben sie nicht. Tatsächlich ist es gerade die Unfähigkeit, diese Illusion von Kontrolle aufzugeben, die die Heilung von Sexsüchtigen verhindert. Genau wie bei jeder anderen Sünde. Unser Bemühen, unser Leben zu kontrollieren, steht dem Vertrauen auf Gott und seine Fürsorge im Weg.

Sünde und Sucht haben einige Charakteristika gemeinsam.

Eine Sucht erlaubt es, Gefühlen auszuweichen. Auch Gläubige, die Gottes Liebe und Macht erfahren haben, sind zuweilen furchterfüllte, misstrauische Naturen, die ihren Gefühlen gerne entfliehen würden. Denken Sie an den Propheten Elia. Nachdem er auf dem Karmel die Priester des Baal besiegt hat, fürchtet er um sein Leben. Anstatt sich seinen Ängsten zu stellen, läuft er weg und versteckt sich in einer Höhle. Jona flieht vor seiner Furcht, die mit Gottes Predigtauftrag verbunden ist, und landet schließlich im Bauch eines Wals. Die Jünger rannten auseinander aus Furcht vor den Häschern, die Jesus im

Garten Gethsemane verhaftet hatten. Genau wie eine Sucht ist dieser Drang, schmerzhaften Gefühlen auszuweichen, unkontrollierbar. Es ist unsere ererbte sündige Natur. Süchte verheißen einen Ausweg, gaukeln eine Lösung vor, einen Weg, um Einsamkeit, Wut und Angst zu kontrollieren.

Unkontrollierbare Süchte und Zwänge haben zerstörerische Konsequenzen. Sie zerstören Leben, ruinieren Karrieren und zerbrechen Familien. Auch Sünde hat solche Konsequenzen.

Die meisten Sexsüchtigen fühlen sich schändlich und halten sich für ganz und gar wertlos. Adam und Eva im Garten Eden waren nackt und kannten keine Scham, bevor sie sündigten. Nachdem sie gesündigt hatten, schämten sie sich. Wir alle sind Söhne und Töchter von Adam und Eva, und so empfinden auch wir Scham, wenn wir gesündigt haben.

Sünde ist eine zerstörte Beziehung zu Gott und das zerstörerische Verhalten, das davon herrührt.

Deshalb verschafft uns ein besseres Verständnis von Sucht auch ein besseres Verständnis von Sünde. Sünde ist mehr als nur eine Liste verwerflicher Verhaltensweisen. Sünde ist eine zerstörte Beziehung zu Gott und das zerstörerische Verhalten, das davon herrührt. Sünde ist unkontrollierbar und verleitet Menschen dazu, Gott zu misstrauen, ihr Leben selbst regeln zu wollen und sich zerstörerisch und selbstzerstörerisch zu verhalten. Sünde verursacht Scham und führt zum Tod. Unkontrollierbarkeit, Fluchtgedanken, Scham und – manchmal – Sucht sind verwoben mit dem Gewebe, aus dem Sünde ist.

Sexsucht als Krankheit

Sexsucht ist außerdem eine Krankheit – eine Situation, in der etwas normalerweise Gesundes ungesund wird. Sowohl Sexsucht als auch Krankheit haben beobachtbare Symptome und eine natürliche Entwicklung, die sich – wenn unbehandelt – stetig verschlimmern und schlimmstenfalls zum Tod führen.

Auch die Definition von Sexsucht als Krankheit lässt sich auf die Definition von Sünde übertragen. Sündiges Verhalten hat eine Ursache. Die Ursünde ist eine Mitgift, die wir von Geburt an mit uns herumtragen. Und Sünde hat Symptome. Wir vertrauen nicht auf Gott. Wir treffen ungesunde Entscheidungen. Wir reißen die Kontrolle unseres Lebens an uns. Wie eine Krankheit, so ist auch Sündhaftigkeit ein zerstörerischer Prozess. In der Bibel werden wir ständig davor gewarnt, dass wir tiefer und tiefer in Sünde versinken können. Sündhaftigkeit kann uns letztlich töten.

Das Verständnis für Süchte und Krankheiten kann unser Verständnis für die Konsequenzen von Sünde schärfen und vertiefen. Wenn wir uns auf die Vorstellung einlassen, dass Sexsucht ebenso sehr Krankheit wie Sünde ist, dann akzeptieren wir damit auch die Einsicht, dass der Teufel, das Böse in Person, bei Sexsucht mit im Spiel ist. Er versucht auf unterschiedlichste Weise, Sexsucht zu erzeugen, problematische Familiensituationen, Missbrauch und Schamempfindungen eingeschlossen. Der Teufel versucht uns zu überzeugen, dass wir böse und nicht zu retten sind. Er sät Hoffnungslosigkeit, indem er uns einflüstert, dass wir nicht heil werden können. Wenn wir versuchen, Sexsucht zu heilen, dann führen wir auch einen geistlichen Kampf. Das steht für mich völlig außer Frage: Glauben wir den Einflüsterungen dessen, der uns zerstören will, – oder dem, was Gott uns zu sagen hat, der es gut mit uns meint und unser Heil im Sinn hat?

Sexuelle Sünden und Moral

Sexsucht ist eine Krankheit, die sich in sündigem Verhalten äußert. Ich habe nicht die Absicht, eine theologische Definition dessen zu liefern, was eine sexuelle Sünde ausmacht. Die meisten unmoralischen Verhaltensweisen, so wie Treuebruch oder Kindesmissbrauch, sind offensichtlich sündig. Aber es gibt auch Sexsüchtige und sexuelle Aktivitäten, die oberflächlich betrachtet durchaus anständig erscheinen.

Stellen Sie sich einen Sexsüchtigen vor, der keine anderen sexuellen Beziehungen unterhält außer mit seiner Ehefrau, aber der Sex mit seiner Frau ist für ihn ein Mittel, um vor Intimität mit ihr zu fliehen, und nicht etwa ein Ausdruck von Intimität. Der Sexsüchtige behandelt seine Frau nur als Körper, nicht als geistiges Gegenüber. In einem solchen Fall ist Sex, obwohl zwischen Eheleuten, nichts anderes als Selbstbefriedigung. Auch hier werden die Charakteristika einer Sucht deutlich. Mit der Zeit will der Süchtige mehr und mehr und ist gelangweilt und findet in der ehelichen sexuellen Begegnung keine Erfüllung. Oberflächlich betrachtet ist er treu. Aber Gott sieht bekanntlich das Herz an und erkennt seine Motive.

Die Frage ist, ob Sex ein Ausdruck von Intimität ist oder vielmehr die Flucht davor.

Solche Sexsüchtige wissen nicht, wie sie emotional oder spirituell intim sein können mit ihrem Ehepartner, und deshalb glauben sie, Intimität in sexueller Aktivität finden zu können. Mit Sex maskieren sie ihre Einsamkeit und werden so unmerklich immer tiefer in diese Einsamkeit getrieben, ohne dass ihre Empfindungen je offenbar würden. Vielleicht sagen sie sich sogar: „Solange ich meinem Ehepartner treu bleibe und solange der Sex gut ist, habe ich kein Problem und unsere Beziehung ist in Ordnung.“ In Wirklichkeit ist die Beziehung nicht gut, und die sexuelle Aktivität wird zu einem zwanghaften Weg, den Schmerz einer enttäuschenden Beziehung zu betäuben.

Sexsüchtige sind einsam und isoliert, ganz gleich, ob sie ihre Sexualität innerhalb oder außerhalb einer Ehe ausleben. Sie gebrauchen Sex für die falschen Zwecke. Die Frage ist nicht, ob ihr Sexualverhalten moralisch erscheint oder nicht. Die Frage ist vielmehr, ob Sex ein Ausdruck von Intimität ist oder vielmehr die Flucht davor. Sünde kann man definieren als jede Aktivität, die uns von Gott und anderen trennt. Nach dieser Definition ist rein körperlicher Sex ohne jede Intimität in einer Ehe möglicherweise zwanghaft und kann als sündig gelten.

Sexsüchtige können Familie und Freunde haben. Vielleicht sind sie aktive Leiter. Aber in Wirklichkeit kennt sie niemand. Sie offenbaren niemandem, wer sie sind, was sie empfinden und was sie tun. Sexsüchtige Christen fürchten, dass sie gehasst, verachtet, ausgelacht oder bestraft werden, wenn die Menschen in ihrer Umgebung je erfahren, was mit ihnen los ist. Eine Schlüsselfrage in diesem Buch und eine Frage, die sich jeder Gläubige stellen sollte, lautet: Werden Christen zur Heilung oder eher zur Vertiefung dieser Scham, Einsamkeit, Furcht und Verletztheit beitragen? Traurigerweise haben wir in allzu vielen Fällen die Verwundeten erschossen, anstatt sie zu heilen.

Sexsucht kontra normales Sexualverhalten

Oft werde ich gefragt, was der Unterschied zwischen Sexsucht und normalem Sexualverhalten ist. Diese Frage interessiert besonders Heranwachsende, Teenager und Singles brennend. Der Unterschied zwischen Sexsucht und normaler Sexualität liegt nicht im Erleben sexueller Gefühle, sondern darin, wie wir sie ausdrücken. Gott hat die Sexualität erfunden. Er hat Adam und Eva aufgetragen, fruchtbar zu sein und sich zu vermehren. Nach Gottes Vorstellung hat jeder Mensch sexuelle Anziehungskraft und sexuelle Bedürfnisse. Wie wir mit dieser Anziehungskraft und diesen Bedürfnissen umgehen, das macht den Unterschied aus.

Im Folgenden eine kleine Tabelle, anhand derer der Unterschied zwischen Sexsüchtigen und Menschen mit normalem Sexualverhalten deutlich wird.

Verhaltensweisen und Gedanken	**Sexsüchtige**	**Normales Sexualverhalten**
Denkt an Sex	Ständig	Gelegentlich
Wird sexuell stimuliert, z. B. durch Pornografie oder durch einen attraktiven Menschen	Gibt sich sexuellem Wunschdenken hin, erhofft sexuelle Aktivitäten. Respektiert keinerlei moralische oder geistliche Tabus.	Nimmt die Stimulierung wahr und geht zu anderen Gedanken über. Respektiert moralische und geistliche Tabus.
Selbstbefriedigung	Wird zur ständigen Gewohnheit, wird zur Gefühlssteuerung benutzt.	Wird erprobt, aber nicht zur ständigen Gewohnheit.
Sündiges Sexualverhalten	Löst einen Kreislauf von Schuldgefühlen und Scham aus, die Sünde wird wiederholt.	Wird bereut und bekannt/gebeichtet, aus der Erfahrung wird gelernt.
Sexualität in der Ehe	Der Partner wird selbstsüchtig zur Befriedigung von Bedürfnissen benutzt, einschließlich des Bedürfnisses, Gefühlen auszuweichen.	Selbstloser Ausdruck tiefer emotionaler und geistlicher Intimität.

Was ist der Zweck von Sexualität?

In den folgenden Kapiteln werden Sexsucht und ihre Ursachen erklärt. Ich möchte Sie ermutigen, beim Lesen die Frage zu bedenken: Was ist der Zweck von Sexualität? Die Antwort wird Ihr Verständnis für die Unterschiede zwischen Sexsucht und normalem Sexualverhalten vertiefen.

2. Wie sich Sexsüchtige in die Sucht hineinmanövrieren

Fred ist Bilanzbuchhalter. Tag für Tag sitzt er an seinem Schreibtisch und wälzt Zahlen. Aber er hat mehr als nur Arithmetik im Kopf. Heute zum Beispiel denkt er an eine pornografische Zeitschrift, die er an einem Kiosk gekauft hat. Und zwischendurch denkt er auch an seine Sekretärin, die in letzter Zeit so nett zu ihm war. Er beginnt zu fantasieren, wie es wohl wäre, mit ihr zu schlafen.

Damit werden an Fred einige der grundlegenden Verhaltensweisen eines Sexsüchtigen deutlich. Mit „grundlegenden Verhaltensweisen" meine ich Verhaltensweisen, die das Fundament bilden, auf dem weitere sexuelle Praktiken aufbauen. Diese Verhaltensweisen haben sich womöglich schon sehr früh im Leben des Sexsüchtigen eingespielt, vielleicht schon, bevor das Kind körperlich weit genug entwickelt war, um einen Orgasmus zu erleben. Weil diese Verhaltensweisen sich so früh zeigen und so grundlegend sind, ist Sexsucht, die sich darauf bezieht, mit am schwersten zu heilen. Zu diesen grundlegenden Verhaltensweisen gehören sexuelle Fantasien, der Gebrauch von Pornografie in all ihren Formen, einschließlich des Internets, und Selbstbefriedigung.

Freds Geschichte zeigt, wie die drei Grundsteine der Sexsucht auf verhängnisvolle Weise zusammenwirken. Ein Sexsüchtiger entwickelt Fantasien aus dem Bedürfnis heraus, tiefe emotionale und geistliche Sehnsüchte zu befriedigen. Gleichzeitig empfindet der Süchtige Sex als Lösung für seine Sehnsucht nach Liebe, Berührung, Zuwendung und Bestätigung. Pornografie verstärkt die Intensität der Fantasie in immer höhere lustvolle Regionen. In Selbstbefriedigung findet diese Lust ihren physischen Ausdruck, und vielleicht ist sie die einzige Form von Berührung, die der Süchtige erlebt. Fantasie, Pornografie und Selbstbefriedigung bedingen und verstärken einander. Fantasie wird befeuert durch Pornografie. Pornografie erzeugt Lust. Lust findet ihren Ausdruck in Selbstbefriedigung.

Sexuelle Fantasien

Der Eckstein unter den drei Grundsteinen sind sexuelle Fantasien – das Denken an Sex. Normale Menschen denken an Sex, und Fantasieren ist an und für sich nicht schädlich. Sexsüchtige allerdings denken fast unablässig an Sex. Normale Menschen nehmen eine attraktive Person wahr und fahren dann in ihren Aktivitäten fort. Sexsüchtigen gelingt das nicht. Vielmehr fragen sie sich, wie sie diesen Menschen wohl herumkriegen können zum Sex, oder sie versuchen sich vorzustellen, wie es wäre, mit diesem Menschen Sex zu haben.

Zum Fantasieren kann gehören, dass man sich an vergangene sexuelle Begegnungen erinnert, sich zukünftige ausmalt oder Pläne ausheckt, wie man dahin kommt. Sexsüchtige brauchen keine Pornografie, um in sexuelle Fantasien zu verfallen. Jeder Mensch, jedes Ereignis kann sexuelle Gedanken auslösen. Wenn es stimmt, dass Schönheit im Auge des Betrachters liegt, dann ist für Sexsüchtige sexuelle Stimulation allgegenwärtig. Ich muss da nur an *Der Preis ist heiß* denken, eine meiner bevorzugten Spielshows im Fernsehen. Die Assistentinnen in der Show sind attraktiv, aber nicht etwa nackt oder provokativ gekleidet. Aber ein Sexsüchtiger kann trotzdem auf Knopfdruck über eine von ihnen zu fantasieren beginnen. Und wenn das passiert, dann ist die Show für den Süchtigen zur Pornografie geworden.

Zum Fantasieren können auch vorgefertigte Meinungen über bestimmte Arten von Menschen gehören – über ihr Auftreten, ihr Alter, ihren Status, ihre Persönlichkeit – oder über bestimmte Körperteile. Jede Fantasie ist anders. Viele Sexsüchtige sind tief beschämt über die Aktivitäten, die sie sich vorgestellt haben, selbst wenn sie sie nie durchgeführt haben.

Was macht das Fantasieren zum Grundbaustein einer Sucht? Fantasie kann an und für sich schon so aufregend sein, dass der Körper des Süchtigen Adrenalin ausschüttet, ihn damit stimuliert und seine Laune hebt. Fantasieren bringt die Produktion von Neurotransmittern in Schwung, die sexuelle Erregung ermöglichen, ohne dass die geringste körperliche Stimulation erfolgen muss. Fantasie kann die Ausschüttung von sogenannten Katecholaminen in den Regionen des Gehirns veranlassen, die für das Empfinden von Genuss zuständig sind. Diese chemischen Verbindungen hellen die Stimmung auf und können selbst eine narkotisierende Wirkung haben. Der Süchtige benutzt diese Effekte, um unangenehmen Empfindungen zu entfliehen, um negative Stimmungen in positive umzukehren und sogar, um Stress abzubauen. Viele Sexsüchtige fantasieren beispielsweise, wenn sie zu Bett gehen, um besser einschlafen zu können. Wir sollten die Kraft der Fantasie niemals unterschätzen. Wenn man von den chemischen Veränderungen ausgeht, die Fantasie im Gehirn bewirkt, dann sind Sexsüchtige in Wirklichkeit drogensüchtig.

Der Süchtige benutzt diese Effekte, um unangenehmen Empfindungen zu entfliehen, um negative Stimmungen in positive umzukehren und um Stress abzubauen.

Fantasieren kann der Versuch des Süchtigen sein, der Einsamkeit, der Langeweile oder ungestillten Bedürfnissen zu entkommen. In ihrer Fantasie können Sexsüchtige idealisierte Bilder von Sexualpartnern erschaffen, von denen sie glauben, dass sie ihre ewig unerfüllten Wünsche bedienen. Sexsüchtige sind oft zornig darüber, dass ihre Bedürfnisse nie befriedigt wurden. Fantasieren hilft, diese Bedürfnisse zumindest imaginär zu stillen und dämpft so den Zorn. Der eingebildete Partner ist überaus fürsorglich, überaus attraktiv, ist ganz Zuwendung, ist vollkommen sexuell. Manche Süchtige fantasieren selbst in dem Augenblick über den perfekten Partner, in dem sie Sex mit einem wirklichen Partner haben, und versuchen so, ihren Partner zu einer vollkommenen Person zu machen.

Gebrauch von Pornografie

Der zweite Grundstein von Sexsucht ist Pornografie. Wir leben in einer Zeit, in der der Gebrauch von Pornografie in dramatischer Weise zunimmt. Als ich sexsüchtig wurde, gab es nur sehr wenige Zeitschriften, die nackte Tatsachen zeigten. Kino und Fernsehen hielten noch konservative Moralvorstellungen hoch. Videos und DVDs gab es nicht. Das Internet war noch dreißig Jahre entfernt. Seit damals hat in unserer Kultur der Appetit auf immer neue, immer provokativere Formen von Sexualität ständig zugenommen, und jedes Medium – Fernsehen, Radio, Kino, Werbung, Zeitschriften – hat sich beeilt, den Bedarf zu bedienen. Der Hunger unserer Kultur nach Sexualität hat suchtartige Dimensionen angenommen, und nun zahlen wir den Preis dafür.

Der zweite Grundstein von Sexsucht ist Pornografie.

Was ist Pornografie?

Es ist gar nicht so einfach, Pornografie zu definieren. Wenn wir alles, was nackt ist, als Pornografie bezeichnen würden, dann wären viele Kunstwerke in den Museen pornografisch. Gleichzeitig gibt es Beispiele von Pornografie im Fernsehen, die überhaupt keine nackte Haut zeigen müssen. Viele der sogenannten „Reality"-Formate verzichten auf die Abbildung von Nacktheit, zeigen dafür umso mehr unterschwellig oder eindeutig sexuelle Situationen. Ist das etwa nicht pornografisch?

Vermutlich könnten sich die meisten von uns auf die folgende Definition verständigen: Pornografie ist das Schreiben über oder das Abbilden von Nacktheit oder sexuellen Handlungen in einem beliebigen Medium (Zeitschriften, DVD/Videos, Fernsehen, Kino, Internet) mit dem Ziel, sexuelle Empfindungen zu erregen. Christen würden hinzufügen, dass Pornografie ungesunde, unmoralische und sündige sexuelle Empfindungen erregt, Erregung losgelöst von einer vertrauensvollen Liebesbeziehung.

Sexsüchtige lassen sich durch eine große Vielfalt von Druckerzeugnissen oder visuellen Reizen sexuell erregen. Den meisten dienen Zeitschriften wie der *Playboy* (und Härteres), altersbeschränkte Videos und Filme, Fernsehshows (besonders spätabends im Kabel- und Satellitenfernsehen), Bücher und Internetseiten mit pornografischem Inhalt als Stimulanzien. Sie zeigen Sexualität auf unmoralische oder unnatürliche Weise und entzünden damit sündige sexuelle Leidenschaften. Andererseits kann ein Sexsüchtiger auch durch etwas sexuell erregt werden, was niemand außer ihm stimulierend findet. Ob ein Reiz pornografisch wirkt oder nicht, das hängt einzig daran, wie ein Sexsüchtiger ansonsten sexuell unverfängliches Material in sexuelle Fantasien verwandelt. Einmal angenommen, Sie sind sexsüchtig: Dann entscheiden Sie für sich selbst, was Sie als pornografisch empfinden, und scheren sich nicht darum, ob es anderen damit ebenso geht. Und wenn sie heil werden wollen, dann ist es entscheidend, dass Sie Ihren persönlichen Fantasieknopf identifizieren und verstehen lernen. In Kapitel 11 wird dieser Punkt ausführlicher behandelt. Wenn Sie mit einem Sexsüchtigen in Beziehung stehen, sollten Sie sich klarmachen: Es ist die Verantwortung des Süchtigen, pornografisches Material zu identifizieren und ihm aus dem Weg zu gehen. Es kann nicht Ihre Aufgabe sein, den Süchtigen von all dem abzuschirmen, was Ihrer Meinung nach pornografisch ist.

Es ist die Verantwortung des Süchtigen, pornografisches Material zu identifizieren und ihm aus dem Weg zu gehen.

Andere Sexsüchtige sind von abnormalen sexuellen Aktivitäten angezogen, etwa von Sex mit Tieren oder von erzwungenem Sex. Die vielleicht tragischste Form von Pornografie ist die, die Kinder ge- und missbraucht. Seit das Internet aufkam, ist unvorstellbar perverses Material in erstaunlicher Fülle im Umlauf. Viele Internetseiten haben sich inzwischen auf besondere Sexualpraktiken „spezialisiert“. Und kürzlich brachte eine Studie an den Tag, dass mehr als zwei Millionen verschiedene Kinder Gegenstand sexueller Darstellungen im Internet sind.

Es gibt auch Fernsehshows, Schriften, Filme und Internetseiten, die eigentlich gar keine sexuellen Aktivitäten zeigen, die aber auf ihre Weise fragwürdig sind, nämlich weil sie ungenaue oder verzerrte Informationen über Sex verbreiten. Denken Sie nur an Seifenopern und wie darin Sexualität und zwischenmenschliche Beziehungen dargestellt werden. Von ihnen „lernen" wir zweifelhafte Vorstellungen über Hingabe, Intimität, Sexualität, Freundschaft und Treue. Besonders für Sexsüchtige ist es wichtig, zu erkennen, dass Pornografie mehr ist als nur das Hardcore-Material, das jedes Gericht als Pornografie klassifizieren würde. Es fängt schon bei den verzerrten und subtilen Botschaften an, die ein falsches Bild von Freundschaft, Partnerschaft, Ehe, Familie, Beziehungen, Romantik, Intimität und Sexualität vermitteln.

Pornografie und das Internet

Es hat mich erschreckt, mit welchem Tempo das Internet sich zur Hauptquelle von Pornografie entwickelt hat. Mehrere Studien belegen, dass zwei Drittel aller männlichen Christen in den USA pornografische Internetseiten besuchen und damit ihre liebe Mühe haben. Selbst von den Geistlichen nutzen 40 Prozent das Internet, um Pornografie zu konsumieren, und ein Drittel von diesen Geistlichen hat das im zurückliegenden Monat getan. Mehr und mehr Frauen nutzen ebenfalls Internetpornografie.

Das Internet ist für die christliche Gemeinschaft zu einer echten Bedrohung geworden. Jeden Tag verlieren Menschen ihre Jobs, werden wegen illegaler Aktivitäten festgenommen, und viele Gemeinden verlieren ihre Pastoren, weil diese sich in pornografischen Internetangeboten verfangen haben. Nirgends sonst habe ich beobachtet, dass Sexsucht so rasch Besitz von einem Menschen ergreift, wie es durch Nutzung des Internets geschehen kann. Gary beispielsweise gönnte sich zu Weihnachten einen neuen Computer und einen superschnellen Internetzugang. Bis Februar hatte er bereits mehr als sein Jahresgehalt für Sexseiten im Internet ausgegeben und damit seine Kreditkarten bis ans Limit belastet.

Mehrere Faktoren machen das Internet zu einer mächtigen und gefährlichen Quelle von Süchten. Der Psychologe Al Cooper hat sich eingehend mit Internetsucht beschäftigt. Er beschreibt drei Faktoren, die er als „3A-Maschine“ bezeichnet: Verfügbarkeit („Accessible“), Erschwinglichkeit („Affordable“) und die scheinbare Anonymität. Der erste Faktor ist die allgemeine Verfügbarkeit des Internets. Man braucht lediglich einen Computer und einen Telefonanschluss. Viele öffentliche Plätzen bieten mittlerweile Internetanschluss. Kinder haben selbst an Schulen und in öffentlichen Bibliotheken Zugriff auf pornografisches Material. Erwachsene googeln am Arbeitsplatz danach. Einer unveröffentlichten Studie zufolge verwenden männliche Angestellte einer der hundert erfolgreichsten amerikanischen Firmen sechzig Prozent ihrer Zeit am Computer auf pornografische Inhalte. Früher musste man schmuddelige Geschäfte aufsuchen, um Pornografie zu kaufen. Heute kommt der widerwärtigste Schund per Mausklick auf den Bildschirm in der eigenen Wohnung oder im Büro.

Der zweite Faktor ist die Erschwinglichkeit des Internets. Zwar sind die meisten pornografischen Internetangebote kostenpflichtig, aber zunächst einmal locken sie den Betrachter mit Gratisbildern. Man kann sich buchstäblich Tage, Wochen und Monate nur mit frei verfügbarem Material abgeben. Die Mitgliedsbeiträge für viele Seiten sind relativ gering. Perverse Inhalte, die früher Hunderte oder Tausende Dollars kosteten, sind nun für einen Bruchteil davon zu haben. Eine Weile reicht Sexsüchtigen sicher das freie und preiswerte Angebot aus, aber mit wachsendem Appetit wenden sie sich dann unvorstellbar kostspieligem Material zu.

Der dritte Faktor ist die Anonymität des Internets – zumindest gilt es als anonym. Die Anwender greifen aus der Privatheit ihrer Wohnung auf dem eigenen Computer auf Pornografie zu. Keiner sieht ihnen dabei zu oder erfährt, was sie tun. Wer sich früher geschämt hätte, pornografisches Material in der Öffentlichkeit zu kaufen, muss nun noch nicht einmal das Haus verlassen. Besonders für Frauen war die Schwelle früher hoch, pornografisches Material zu erwerben. Aber durch das Internet muss sich heute niemand mehr öffentlich als pornointeressiert outen. Das ist vielleicht einer der Gründe, warum immer mehr Frauen von Internetpornografie abhängig werden. In Wirklichkeit ist das Internet alles andere als anonym.

Viele Organisationen überprüfen routinemäßig die Nutzung von Internetseiten. Firmen, Schulen und selbst Kirchen haben mittlerweile Software, mit deren Hilfe sich genau nachverfolgen lässt, welche Seiten ein Anwender besucht hat. Ein ehemaliger Direktor des FBI hat mir erzählt, dass seine Dienststelle Zugang zu Onlineinstrumenten hat, die prinzipiell jede Nutzung des Internets durchsichtig macht. Die Anonymität des Internets ist also ein Märchen.

Die Anonymität des Internets ist ein Märchen.

Das Internet ist das Paradebeispiel für ein Werkzeug, das sowohl konstruktiv als auch zerstörerisch genutzt werden kann. Es ermöglicht Kommunikation, Recherchen und das Knüpfen und Pflegen von Beziehungen. Zugleich verschafft es einsamen und isolierten Menschen Zugang zu Material, das zerstörerisches Suchtverhalten fördert.

Masturbation

Der dritte Grundstein von Sexsucht ist Selbstbefriedigung. Viele machen schon in der Kindheit erste Erfahrungen damit, denn kleine Kinder sind von Natur aus neugierig und erkunden ihre Genitalien. Den meisten Menschen schadet diese Selbsterkundung nicht; sie entwickeln einen gesunden Sinn für ihren Körper. Bei Sexsüchtigen allerdings bekommt die Selbstbefriedigung einen ungleich höheren Stellenwert.

Süchtige lernen früh, dass die Berührung der Genitalien ihnen Wohlbefinden verschafft. Als Kinder haben sie es womöglich als die einzige erfreuliche Berührung erlebt. Manche Sexsüchtige sind nie von ihren Eltern umarmt oder gestreichelt worden, und sich selbst zu berühren war die einzige Quelle körperlicher Zuwendung. In manchen Fällen war das Wohlgefühl der Selbstbefriedigung die einzige Möglichkeit, einem bedrückenden familiären Chaos zu entfliehen. Ein Sexsüchtiger erzählte mir, er sei als Kind so gut im heimlichen Masturbieren gewesen, dass er es im Wohnzimmer inmitten von Menschen praktizieren konnte, ohne dass es jemandem aufgefallen wäre.

Manche Sexsüchtige sind nie von ihren Eltern umarmt oder gestreichelt worden, und sich selbst zu berühren war die einzige Quelle körperlicher Zuwendung.

Selbstbefriedigung kann so zwanghaft und häufig werden, dass sich die Süchtigen dabei verletzen. Eine achtzigjährige Pfarrfrau wurde ins Hospital eingeliefert mit behandlungsbedürftigen Verletzungen im Genitalbereich. Ihr Ehemann war zeugungsunfähig und war impotent geworden. Er hatte sich geweigert, mit seiner Frau darüber zu sprechen, und wenn sie je zu erkennen gegeben hatte, dass sie die körperliche Begegnung vermisste und darunter litt, dann hatte er mit Bibelversen gekontert. Sie masturbierte fünfzig Jahre lang täglich und brachte sich damit schließlich die Verletzungen bei.

Viele Menschen befriedigen sich gelegentlich, um einer schlechten Stimmung zu entkommen, oder sie verleihen damit einer Fantasie Ausdruck. Andere masturbieren täglich. In einem Fall hatte ich es mit einem Klienten zu tun, der zwanzigmal am Tag masturbierte. Der Zwang zum Masturbieren kann so stark ausgeprägt sein, dass Süchtige erhebliche Zeit darauf verwenden – Zeit, die dann natürlich nicht mehr für die Arbeit, für die Familie, für Freizeitaktivitäten zur Verfügung steht.

Häufig wird die Frage gestellt, ob Selbstbefriedigung Sünde ist oder nicht. Besonders alleinstehende Christen quälen sich oft mit dieser Frage. Viele Christen stellen zu Recht fest, dass Selbstbefriedigung nirgendwo in der Bibel erwähnt wird. Um dem Thema gerecht zu werden, ist es freilich wichtig, übergeordnete biblische Prinzipien nicht außer Acht zu lassen. Zumeist ist der körperliche Akt der Selbstbefriedigung Folge sexueller Gedanken oder Fantasien. In Matthäus 5 sagt Jesus, dass der lüsterne Blick auf einen anderen Menschen gleichbedeutend ist mit Ehebruch. Im Licht dieses übergeordneten biblischen Prinzips ist die entscheidende Frage hinsichtlich Masturbation, was ein Mensch dabei denkt. Sünde wäre es demnach, wenn jemand sich selbst befriedigt und dabei an jemand anderes als an seinen Ehepartner denkt. Auch wenn jemand beim Masturbieren zwar über seinen Ehepartner fantasiert, ihn dabei aber nur instrumentalisiert, wäre das Sünde. Wenn ich gefragt werde, ob Selbstbefriedigung Sünde ist oder nicht, dann stelle ich gern die Gegenfrage: „Können Sie masturbieren, ohne an etwas Sündiges zu denken?" Wenn die Antwort Nein lautet, dann sollte man davon Abstand nehmen.

Ein Teufelskreis

Der Teufelskreis aus Fantasien, Pornografie und Selbstbefriedigung befriedigt vielleicht das körperliche Bedürfnis nach Sex, aber niemals das emotionale und geistliche Verlangen tief in der Seele. Sexsüchtige haben nie gelernt, diesen Hunger auf gesunde Weise zu stillen. Stattdessen versuchen sie, ihre Bedürfnisse auf die denkbar einfachste und am leichtesten zugängliche Art zu befriedigen. Sex erlaubt dem Süchtigen, vor unerwünschten Empfindungen zu fliehen und sie auf diese Art zumindest zeitweise zu kontrollieren. Mit der Zeit sind aber mehr und mehr sexuelle Aktivitäten nötig, um den negativen Empfindungen zu entkommen. Und dabei erzeugt mehr und mehr sexuelle Aktivität ihrerseits negative Empfindungen.

Dieser Teufelskreis ist der Grund, warum Sexsucht ein degenerativer Prozess ist. Sie wird zunehmend schlimmer. Manche Sexsüchtige können ihre sexuellen Aktivitäten zwar für eine gewisse Zeit abstellen oder herunterfahren, aber bestimmte sexuelle Verhaltensweisen werden im Lauf ihres Lebens schlimmer. Bei Alkoholikern spricht man von zunehmender „Gewöhnung“: Sie brauchen immer größere Mengen des Suchtmittels, um ihre Sucht zu befriedigen.

Bei der Sexsucht führt die Gewöhnung zusammen mit vielen anderen Faktoren des Süchtigen dazu, dass er sich immer häufiger sexuell betätigt – oder immer neue Arten sexueller Aktivität erprobt. Im folgenden Kapitel betrachten wir sexuelle Praktiken, denen Sexsüchtige nachgehen.

3. Typen von Sexsucht

Nicht jeder Sexsüchtige ist derselben Art von Abhängigkeit verfallen. Fred im vorigen Kapitel zum Beispiel war abhängig von sexuellen Fantasien und Pornografie, und die Pfarrfrau war abhängig vom Masturbieren. In diesen Fällen ging es um grundlegende Verhaltensweisen. Viele Sexsüchtige zeigen aber ein Verhalten, das nicht so früh begonnen, sondern sich erst mit der Zeit entwickelt hat. Das kann von scheinbar normalen, einvernehmlichen sexuellen Erfahrungen mit anderen Erwachsenen bis hin zu illegalen und missbräuchlichen Formen wie Inzest und Vergewaltigung reichen. Die im Folgenden beschriebenen Verhaltensweisen, insbesondere die Formen missbräuchlichen Sexualverhaltens, spiegeln verschieden tiefe Ebenen eines seelischen Krankheitsbildes wider.

Einvernehmlicher Sex

Ruth hat mit wenigstens fünfhundert Männern geschlafen. Zeitweise unterhält sie gleichzeitig zu acht Männern Beziehungen, und an manchen Tagen hat sie mit drei oder vier von ihnen Sex. Nachts findet man sie in Bars, wo sie neue Partner rekrutiert. Auf der Suche nach der Liebe, die ihr Vater ihr nie gewährt hat, entflieht sie ihren Depressionen durch zahlreiche sexuelle Abenteuer.

Ruth sucht häufigen Sex mit wechselnden Partnern. Andere Sexsüchtige haben womöglich nur alle paar Jahre eine Affäre. Wieder andere Sexsüchtige haben nur mit einem Partner Sex, und auch das nur selten. Diese Arten von Sexualverhalten gibt es sowohl zwischen Heterosexuellen als auch zwischen Homosexuellen.

Mancher setzt fälschlicherweise Sexsucht mit homosexuellen Praktiken gleich. Er glaubt, dass praktizierte Homosexualität identisch sei mit Sexsucht. Das ist ein Irrtum. Viele Homosexuelle sind nicht sexsüchtig. Manche leben zölibatär, andere führen ein monogames Leben mit einem hingebungsvollen Partner. Grund des Missverständnisses könnte sein, dass viele Faktoren, die zu Sexsucht führen, möglicherweise auch zu Homosexualität führen. Es gibt nur wenige Untersuchungen dazu, aber aus meiner Tätigkeit kann ich zwei Beobachtungen dazu beisteuern. Zum einen: Da Sexsucht und Homosexualität möglicherweise einige Ursachen teilen, sind Homosexuelle vielleicht auch zu einem höheren Prozentsatz sexsüchtig. Zum andern sind homosexuelle Männer eher von Sexsucht gefährdet als homosexuelle Frauen.

Sexsucht in Form von einvernehmlichem Sex kann die unterschiedlichsten Ausprägungen haben. Am einen Ende des Spektrums sind die, die nur einen Partner haben und nur selten Sex praktizieren. Am anderen Enden sind Menschen mit zahlreichen Partnern und sehr häufigem Sex. Dazwischen gibt es die unterschiedlichsten Konstellationen. Sexsucht hat nichts mit der Zahl der Sexualpartner zu tun, sondern mit den Gründen, aus denen Sexsüchtige ihr Sexualverhalten pflegen, und mit der Frage, ob sie damit aufhören können. Ein Mensch kann also auch dann schon sexsüchtig sein, wenn er nur einen sexuellen Kontakt hatte – nämlich dann, wenn der Sex dazu diente, Gefühlen auszuweichen, oder wenn der Sex nicht Ausdruck der Intimität zwischen zwei Menschen war oder wenn er zerstörerische Konsequenzen hatte.

Bei manchen Sexsüchtigen ist der Ehepartner das Objekt der Sucht. Manche Ehepartner ersetzen das partnerschaftliche Gespräch durch täglich mehrfachen Geschlechtsverkehr. Manche Ehemänner fordern ihre Frauen zu sexuellen Verhaltensweisen auf, die diese nicht mögen, von denen sie vielleicht sogar angewidert sind. Wenn sie dennoch einwilligen, kann das ein Zeichen von Co-Abhängigkeit sein (nähere Informationen dazu in Kapitel 12).

Cybersex

Das Anknüpfen und Pflegen von sexuellen Beziehungen über das Internet wird oft als Cybersex bezeichnet.

Betty, die Frau eines Pastors, erzählte mir von ihren Erfahrungen mit Chatrooms im Internet. Nachdem sie erst einmal angefangen hatte, online Beziehungen zu knüpfen, kam ihr jedes Zeitgefühl abhanden. Sie wusste nicht mehr, welcher Monat gerade war, was sie mit der Familie unternommen hatte, was auf der Arbeit oder in der Gemeinde dran war. Sie erlebte eine Art virtuellen Filmriss. Sie war so überflutet von sexuellen Fantasien, Lustgefühlen und Erregung, dass ihr Verstand nicht mehr mitmachte. Ihre Onlinekarriere dauerte noch keine zwei Monate, da war sie bereits vom harmlosen Geplauder zum Austausch sexueller Anzüglichkeiten, von dort zum Telefonsex und schließlich zu Verabredungen mit drei verschiedenen Männern geraten.

George, ein wohlgesitteter Farmer, spielte gerne Onlinespiele. Oft suchte er gezielt nach weiblichen Spielpartnern. Das führte manchmal zu harmlosem Austausch nach dem Spiel, zu anderen Zeiten aber zu sexuell aufgeladenen Gesprächen, und in einem Fall traf er sich dann auch tatsächlich mit einer Frau zum Sex.

Mary, eine Geschäftsfrau, war beruflich viel unterwegs. Vor jeder Geschäftsreise arrangierte sie am Zielort Treffen mit Männern, die sie durch einen Online-„Kontaktdienst" gefunden hatte. Als sie in die Beratung kam, unterhielt sie gerade Beziehungen zu drei Männern in drei verschiedenen Städten.

Diese drei Beispiele zeigen deutlich, wie verbreitet online geknüpfte Sexualkontakte mittlerweile sind. Jede der drei Personen stand unter sozialer Kontrolle und hätte sich wohl kaum erlaubt, öffentlich wildfremde Leute zu treffen. Schon gar nicht wäre es ihnen leichtgefallen, diesen Zufallsbekanntschaften sexuelle Avancen zu machen. Erst der anonyme Kontakt über den Computer gab ihnen den Mut, sich dann auch persönlich zu treffen.

Viele werden nie über den sexuell gefärbten Chat hinausgehen, aber bei einigen entwickelt sich das Geplauder hin zu handfester sexueller Aktivität. Die Zahl der Internetdienste, die Menschen zum Sex zusammenbringt, steigt unablässig. Manche Anbieter geben sich bezeichnenderweise Namen wie „Freunde-Suchdienst". Damit schlagen sie eine bestimmte Saite an, denn jeder Sexsüchtige ist letztlich einsam. Wir sehnen uns alle nach Gemeinschaft, wollen dazugehören, wollen dabei sein. Das Internet gibt gerade schüchternen oder kontaktscheuen Menschen die Möglichkeit, Beziehungen zu knüpfen. Das spricht zunächst ganz legitime Bedürfnisse nach zwischenmenschlichem Kontakt an, aber es kann leicht umkippen in Richtung sexuelle Aktivitäten und schließlich Sexsucht.

Prostitution

Viele Sexsüchtige nehmen Prostitution ganz selbstverständlich in Anspruch. Da Prostitutionskunden für Sex bezahlen, als ob es eine ganz normale Dienstleistung wäre, müssen sie sich nicht wirklich auf ihre Geschlechtspartner einlassen – anders, als wenn sie eine echte Beziehung eingehen. Manche Süchtige rechtfertigen Prostitution gar mit Worten wie „Niemand wird dabei verletzt."

Heutzutage gibt es neben den altbekannten Bordsteinschwalben Massagesalons, „Hostessen"- und „Modell"-Agenturen. Wenn der Preis stimmt, dann kommen Prostituierte auch zu den Kunden nach Hause. Peepshows und Tabledance-Bars offerieren viel nackte Haut und Animation, und gegen ein Aufgeld gewähren einige Tänzerinnen und Tänzer oft „mehr".

Eine populäre Form von Sex gegen Geld ist völlig legal und findet am Telefon statt. Die Nachtprogramme kommerzieller Fernsehstationen sind gespickt mit Werbebotschaften, die jede nur denkbare Spielart sexueller Aktivitäten via Telefon verheißen. Die Werbung appelliert gleichermaßen an erotische und emotionale Wünsche, denn sie führt attraktive Frauen (und Männer) vor, die über Einsamkeit, Freundschaft, Nähe und Vertrautheit sprechen. Sexsüchtige geben ganze Vermögen aus für Prostitution, so wie Alkoholiker mal eben ihren Wochenlohn verzechen. In unserer Klinik behandeln wir Sexsüchtige, die Tausende von Dollars für Telefonsex ausgegeben haben.

Sexsüchtige geben ganze Vermögen aus für Prostitution, so wie Alkoholiker mal eben ihren Wochenlohn verzechen.

Prostitution ist in rasant steigendem Maß über das Internet zugänglich in Form von Chatrooms, Bildern und Videos zum (kostenpflichtigen) Herunterladen und ähnliche „virtuellen Wirklichkeiten". Prostituierte, die früher einen Zuhälter, einen „Club" oder einen „Escortservice" brauchten, um an Kunden zu kommen, können sich im Internet selbstständig machen. Jeder kann sich eine Website einrichten und körperliche „Dienstleistungen" online feilbieten. Zugänglichkeit, Erschwinglichkeit, Anonymität: Derselbe Mechanismus, der Internetpornografie so wirkungsvoll macht, treibt auch die Prostitution via Internet an.

Prostitution appelliert an die Vorstellungswelt des Sexsüchtigen. Im Kinofilm *Pretty Woman* beispielsweise fragt der reiche Geschäftsmann Edward Lewis (gespielt von Richard Gere) die Prostituierte Vivian (Julia Roberts) nach ihrem Namen, und was antwortet sie: „Denk dir einen aus!" Sie weiß, dass viele ihrer Kunden ausgefallenen Fantasien darüber nachhängen, wer oder was sie sein soll. Prostitution verstärkt die Neigung des Sexsüchtigen zum Fantasieren.

Sexsüchtige erfahren mitunter mehr Zuwendung und Freundlichkeit von Prostituierten als von irgendjemandem sonst. Von einem Sexsüchtigen weiß ich, dass er sich von Prostituierten gern wie ein Baby behandeln lässt. Er lässt sich pudern, wickeln und mit sich reden, als ob er ein Kleinkind wäre. Was Sexsüchtige und Prostitution angeht, so haben wir es nicht mit fehlgeleiteten Erwachsenen zu tun, die ihre Lust befriedigen wollen. Wir haben es mit Babys und kleinen Kindern in erwachsenen Körpern zu tun, die auf Zuwendung aus sind – nur verschaffen sie sich diese Zuwendung an fragwürdiger Stelle.

Exhibitionismus und Voyeurismus

Exhibitionismus und Voyeurismus sind Spielarten von Sexsucht, die nicht so weit verbreitet sind wie andere Verhaltensweisen, aber auch sie sind zerstörerisch. Das eine wie das andere ist illegal; wer erwischt wird, dem drohen empfindliche (Gefängnis-)Strafen. Das Klischee vom Exhibitionisten ist der „Blitzer" im Regenmantel, der sich inmitten von Menschen plötzlich entblößt. Bei Voyeurismus denkt man gewöhnlich an den Spanner, der durchs Fenster Dinge beobachtet, die ihn nichts angehen. Dabei sind beide Süchte komplexer und können sich auf unterschiedliche Weise ausdrücken.

Mary zum Beispiel hatte eine transparente grüne Bluse, die nur wenig unverhüllt ließ. Sie trug sie, wenn sie Bars aufsuchte, und zwar war sie nicht direkt auf Männerfang aus, vielmehr interessierten sie die Reaktionen der Männer, die sie sahen. Dass sie die Männer erregen konnte, verschaffte ihr ein Gefühl der Überlegenheit, das sie nie gekannt hatte. Ihr Vater und ihre Brüder hatten ihr gegenüber immer sexuell demütigende Äußerungen gemacht.

Jay besuchte gern Modegeschäfte mit möglichst zentral gelegenen Umkleidekabinen. Er nahm Kleidungsstücke mit hinein, aber ohne ernsthafte Kaufabsicht. Türen oder Vorhänge ließ er absichtlich ein Stück offen in Erwartung von Frauen, die vorbeikommen würden. Den überraschten Gesichtsausdruck der Frauen empfand er als aufregenden Kick, und er malte sich aus, was wohl hinter diesem Gesichtsausdruck stehen mochte. Er war verrückt nach diesen Fantasien. Außerdem war er süchtig nach dem Adrenalinstoß, den ihm diese „Begegnungen" verschafften.

Auch Tom, ein anderer Sexsüchtiger, hielt sich gern in Modegeschäften auf. Er pflegte durch die Miederwarenabteilungen zu streifen und gab vor, etwas für seine Frau kaufen zu wollen. Er stationierte sich in der Nähe der Umkleideräume in der Hoffnung, einen Blick auf Frauen zu erhaschen, die sich umzogen.

Das sind nur ein paar von den unzähligen einfallsreichen Wegen, mit denen sich Sexsüchtige zur Schau stellen. In Boutiquen für Damenunterwäsche herumhängen, sich in Position bringen, um Frauen in den Ausschnitt schauen zu können, oder auch einfach nur jemanden mit den Augen entkleiden – das sind Formen von Voyeurismus.

Neben dem körperlichen Entblößen und Spannen kann ein Mensch diese Verhaltensweisen auch emotional ausführen. Manche Sexsüchtige erzählen anzügliche Witze, um sich sexuell zu stimulieren. Andere geraten in Fahrt, wenn sie intime Schilderungen von sexuellen Aktivitäten hören. Solche Sexsüchtige breiten dann mitunter auch ihr eigenes Sexualleben aus und entblößen sich damit emotional. Diese Form von Sexsucht ist besonders unter Lebensberatern und Seelsorgern verbreitet, die leicht Kenntnis von intimen Einzelheiten im Leben von Menschen bekommen. Natürlich kollidiert das mit der Ethik ihres Berufes, und für die Klienten ist es äußerst unangenehm.

Unsittliche Berührungen

Unsittliche Berührungen liegen immer dann vor, wenn eine Person Körperkontakt zu einer anderen sucht, um sich sexuell zu erregen. Der oder die andere hat nicht eingewilligt und ist sich vielleicht noch nicht einmal bewusst, was passiert. Anfassen, kneifen, kitzeln, sich reiben an jemandem und andere Formen des Körperkontakts an Orten wie in einem Aufzug oder in der Schlange an der Ladenkasse – all das kann den Tatbestand der sexuellen Belästigung erfüllen. Klinisch wird derartiges Verhalten oft als Frotteurismus bezeichnet. Selbst fürsorgliche Umarmungen können für den Süchtigen eine sexuelle Bedeutung haben.

Ein Teilnehmer an einem unserer Seminare bezeichnete sich selbst als den „umarmenden Priester". Er kam zu uns, nachdem einige weibliche Mitglieder seiner Gemeinde sich beim Bischof beschwert hatten, weil sie seine Umarmungen als unangenehm empfanden. Ein anderer Teilnehmer, ein Missionar, liebte es, in überfüllte Busse einzusteigen und sich an Frauen zu reiben. Oft berührte er die Frauen auch in eindeutig sexueller Absicht. Auch die Erwartung, sich dafür Ohrfeigen einzuhandeln, verschaffte ihm ein Gefühl der Erregung.

Diese Form der Sexsucht offenbart das tiefe Bedürfnis nach Berührung und nach dem Berührtwerden, das wir alle empfinden. Wenn die natürliche Sehnsucht durcheinandergerät mit sexueller Lust, dann kann das zu diesem missbräuchlichen Verhalten führen.

Obszöne Telefonanrufe

Obszöne Telefonanrufe beschränken sich nicht auf sexuelle Anspielungen oder schweres Atmen am Telefon. Rick, ein Pastor, rief Frauen aus seiner Gemeinde an, um Kirchenangelegenheiten zu besprechen, und dabei masturbierte er zum Klang ihrer Stimmen. Ein anderer Mann rief wahllos Frauen aus dem Telefonbuch an und lud sie zu Treffen ein, von denen einige sexuellen Charakter annahmen.

Sodomie

Sodomie oder sexueller Kontakt mit Tieren ist eine weitere breite Kategorie und kann sich in verschiedenster Weise äußern. Sexueller Kontakt mit Tieren war in manchen ländlichen Kulturen verbreitet und wurde manchmal auch als humorvoller Initiationsritus für junge Männer gepflegt. Aber unter Garantie ist sexueller Kontakt mit Tieren nicht auf ländliche Regionen beschränkt, und es gibt pornografisches Material, das gerade solchen sexuellen Praktiken gewidmet ist.

Larry zum Beispiel war ein New Yorker Polizist, der nach Dienstschluss für einen Veterinär arbeitete, um seiner Neigung zu Sex mit großen Hunden nachgehen zu können.

Sodomie gehört zu den Verhaltensweisen, die am meisten Widerwillen und Ekel auslösen. Es schockt unser Empfinden, weil wir uns nicht vorstellen können, wie Menschen sich auf den Verkehr mit Tieren einlassen können. Die Abartigkeit derartigen Verhaltens ist offensichtlich. Und trotzdem wird es zumindest in Ansätzen verständlich, wenn wir uns bewusst machen, dass Sexsüchtige nach Liebe, Berührung und Zuwendung suchen. Tiere, wie etwa Hunde, lieben es, berührt zu werden. Sie freuen sich, wenn wir kommen, und sie sind traurig, wenn wir gehen. Viele von uns verstehen, wie wichtig Haustiere für ansonsten einsame Menschen sein können. Sodomie ist nur ein weiteres Beispiel dafür, wie legitime Bedürfnisse zerstörerisch werden, wenn sie mit Sexualität verquickt werden.

Vergewaltigung, Inzest und Sex mit Schutzbefohlenen

Manche Arten von Sexualverhalten sind eindeutig ausbeuterisch, missbräuchlich und kriminell. Um nur drei zu nennen: Vergewaltigung, Inzest und sexuelle Belästigung von Kindern. Vergewaltigung liegt vor, wenn jemand gegen seinen Willen zum Sex gezwungen wird. Inzest ist die sexuelle Beziehung zwischen blutsverwandten Mitgliedern einer Familie. Bei Sex mit Schutzbefohlenen unterhält ein Erwachsener sexuelle Beziehungen zu einem Kind, das von der Fürsorge, der Aufsicht, der Erziehung dieses Erwachsenen abhängig ist. Der Erwachsene übt körperlichen Zwang aus, selbst wenn der sich nur auf den Größenunterschied zwischen ihm und dem Kind beschränkt. Der Erwachsene übt vielleicht auch emotionalen Zwang aus, nutzt die Autorität der Rolle, die er im Le-

Manche Arten von Sexualverhalten sind eindeutig ausbeuterisch, missbräuchlich und kriminell.

ben des Kindes spielt. Derartiges Sexualverhalten steht unter Strafe, und zwar drohen hier generell Haftstrafen.

Oft wird der Begriff pädophil verwendet, um einen Erwachsenen zu beschreiben, der sich zu Kindern sexuell hingezogen fühlt. Nicht alle Pädophilen sind sexsüchtig, und nicht alle Sexsüchtigen, die Kinder zur Befriedigung ihrer Sucht nutzen, sind pädophil. Pädophile leben ihre krankhafte Neigung nicht unbedingt in suchtartiger Weise aus. Und Sexsüchtige, die mit Kindern sexuellen Umgang haben, müssen nicht primär zu Kindern hingezogen sein. Viele Menschen, die Sex mit Kindern praktizieren, wiederholen Erfahrungen, die sie selbst als Kinder gemacht haben. Tatsächlich waren die meisten Sexsüchtigen in ihrer Kindheit Opfer von sexuellem Missbrauch (nähere Informationen über die Verbindung zwischen Missbrauchserfahrungen in der Kindheit und Sexsucht siehe Kapitel 5). Nun, da sie erwachsen sind, haben sie die Kontrolle. Das führt sie zu der irrigen Vorstellung, dass sie den Schmerz, den sie einst selbst erlitten haben, ins Gegenteil verkehren können.

Das Wissen um die Prägung ist wichtig für alle, die mit Heranwachsenden und Teenagern arbeiten.

Möglicherweise wiederholen Erwachsene, die sich an Kindern vergehen, auf diese Weise ihren in der Kindheit erlittenen Missbrauch, um an die Zeit anzuknüpfen, in der ihr sexuelles Empfinden geweckt wurde. Man spricht auch von der Prägung. Wenn Erwachsene fortgesetzt das ausüben, was ihnen in der Kindheit eingeprägt wurde, beschwören sie quasi ihre ursprünglichen Empfindungen sexueller Erregung wieder. Das Wissen um die Prägung ist wichtig für alle, die mit Heranwachsenden und Teenagern arbeiten. Sexuelle Erfahrungen haben machtvolle und nachhaltige Auswirkungen. Gerade die erste sexuelle Begegnung ist überaus mächtig und sollte daher der Ehe vorbehalten bleiben. Wo ein wiederholter Rückgriff auf das einmal Erlittene geschieht, da verstetigt sich der Kreislauf des sexuellen Missbrauchs.

Neben Vergewaltigung, Inzest und Sex mit Schutzbefohlenen ist auch der Missbrauch von Autorität ausbeuterisch und kriminell. Die Rede ist von Sex zwischen Erwachsenen, die nicht biologisch verwandt sind, von denen aber einer in einer überlegenen oder autoritären Rolle ist. Das kann ein Arzt sein, ein Rechtsanwalt oder eine Lehrerin, ein Arbeitgeber oder einfach jemand Älteres. Man spricht auch von „Vergewaltigung durch Autorität". Selbst wenn die machtlose Person in den Verkehr eingewilligt oder ihn vielleicht sogar selbst initiiert hat, ist die Einwilligung oder Anregung doch nicht frei erfolgt, denn die Situation ist nicht im Gleichgewicht, wenn ein Mensch größeren Einfluss auf oder größere emotionale Macht über den anderen hat. In dem Fall ist der machtlose Mensch das Opfer.

Im Fall von Vergewaltigung durch Autorität hält das Opfer den Ausbeuter für mächtig, allwissend oder gar „heilig". Das Opfer möchte teilhaben an der Macht, möchte die Zuwendung der Autoritätsperson und unternimmt alles, um diese Zuwendung zu erhalten. Möglicherweise ist das Opfer als Kind sexuell missbraucht worden, und nun assoziiert es sexuellen Verkehr mit Zuwendung. In solchen Fällen schreibt das Opfer der autoritären Person Qualitäten zu, wie sie Eltern haben (sollten).

Manche dieser kriminellen Formen sexueller Aktivität sind Ausdruck von Sexsucht, manche nicht.[1] Manche Sexualstraftäter sind Soziopathen (sie haben kein Empfinden für Recht und Unrecht), oder/und sie haben andere Persönlichkeitsstörungen. In ihrem Sexualverhalten äußert sich die Persönlichkeitsstörung, äußern sich Wut und Zorn oder auch das Bedürfnis, zu kontrollieren und zu strafen.

In diesem Kapitel kamen einige Verhaltensweisen zur Sprache, in denen Sexsucht zum Ausdruck kommen kann. Die Liste ist längst nicht komplett. Ich habe darauf verzichtet, einige besonders extreme Formen von Sexualverhalten zu schildern.

Die am weitesten verbreiteten Verhaltensweisen sind immer noch die drei Grundsteine: Hingabe an sexuelle Fantasien, Gebrauch von Pornografie und Selbstbefriedigung. Und manche Sexsüchtige beschränken sich allein darauf. Andere, die ernsteren Formen von Sexsucht erlegen sind, praktizieren daneben auch die grundlegenden süchtig machenden Verhaltensweisen, möglicherweise im Bestreben, die bedenklicheren Formen unter Kontrolle zu halten.

Bei der Diagnose von Sexsucht ist es wichtig, dass man mehr als nur das offensichtliche Verhalten in Betracht zieht. Allzu leicht lässt man sich von der unmoralischen, ungesetzlichen oder bizarren Natur mancher Verhaltensweisen ablenken. Sexsüchtige entschuldigen mitunter ihre Abhängigkeit von Fantasien oder Pornografie mit Worten wie: „Ich habe nie jemanden vergewaltigt, also kann ich nicht sexsüchtig sein.“ Dabei kann ein solcher Mensch sehr wohl sexsüchtig sein, dann nämlich, wenn er oder sie irgendein unkontrollierbares, zwanghaftes Sexualverhalten an den Tag legt.

Bei der Diagnose von Sexsucht ist es wichtig, dass man mehr als nur das offensichtliche Verhalten in Betracht zieht.

Gleich, ob Sexsüchtige sexuelle Gewalt ausgeübt oder nur über Sex fantasiert haben, bestimmte Züge haben alle Sexsüchtigen gemein. Im folgenden Kapitel geht es um diese gemeinsamen Charakteristika.

4. Charakteristika von Sexsucht erkennen und verstehen

Ryan ist ein erfolgreicher Arzt und respektierter Familienvater. Sein Auftreten am Krankenbett ist hastig und etwas schroff, aber er lächelt viel und findet die richtigen Worte. Er ist populär und hat zahlreiche Freunde. Aber Ryan und seine Frau haben grundsätzlich keine Zeit füreinander, zu sehr sind sie in Beschlag genommen von der Arbeit, von den Kindern, von ihren sozialen Verpflichtungen.

Kürzlich, nach einigen anstrengenden Tagen in der Klinik, hat Ryan die Dienste von Prostituierten in Anspruch genommen. Er leidet außerdem unter gelegentlichen Wutausbrüchen bei der Arbeit. Noch sieht ihm die Belegschaft sein Verhalten nach, entschuldigt es damit, dass er ein viel beschäftigter Mann ist und die Fürsorge für die Patienten sicher einen enormen Stress für ihn bedeutet. In seiner Umgebung geht jeder davon aus, dass Ryan selbst keine Probleme haben kann, schließlich hilft er ja anderen bei ihren Problemen. Die anderen vermuten auch, dass Ryan sich selbst mögen muss, schließlich mögen ihn alle anderen. Dabei hasst Ryan sich selbst, sein Verhalten, seine Arbeit. Dass er Arzt ist, hilft ihm zeitweise, sich wichtig zu fühlen, aber dieses Gefühl hält nicht lange vor. Seit Kurzem denkt er an Selbstmord.

Glücklicherweise, so seltsam das klingen mag, greift der Personalchef des Hospitals ein. Eine Krankenschwester hat auf dem Heimweg zufällig beobachtet, wie Ryan eine Prostituierte angesprochen hat. Das Hospital beurlaubt ihn, gibt ihm zugleich Gelegenheit, sein Problem behandeln zu lassen – seine Chance, aus dem Teufelskreis auszubrechen.

An Ryans Geschichte lassen sich einige Merkmale von Sexsucht verdeutlichen. An ihr wird auch der Kreislauf von Verhaltensweisen deutlich, in den Sexsüchtige geraten, und die möglichen Konsequenzen dieses Verhaltens. Die Charakteristika, die Symptome, der Kreislauf und die Konsequenzen von Sexsucht sind Gegenstand dieses Kapitels.

Merkmale von Sexsucht

Geringe Selbstachtung

Viele Sexsüchtige wie Ryan haben keine hohe Meinung von sich selbst. Sie betrachten sich selbst als schlechte, böse Menschen. Niemand in ihrer Umgebung muss das wissen, denn Sexsüchtige können gut arbeiten, können sich gut verkaufen, können andere beeindrucken oder können selbstgerecht erscheinen. Man kann sie aber auch für eingebildet oder abstoßend halten. Wenn Sexsüchtige andere davon überzeugen wollen, wie großartig sie doch sind, dann versuchen sie sich in Wirklichkeit selbst einzureden, dass sie gute Menschen sind.

Manche Sexsüchtige spielen eine Märtyrerrolle. Sie empfinden sich ja selbst als schlecht, und so glauben sie, dass niemand in der Welt sie mögen kann und dass ihnen stets Schlimmes widerfährt. Sie reden sich ein, dass sie von allen ausgenutzt werden, und die einzige Form von Aufmerksamkeit, die sie glauben bekommen zu können, ist Mitleid. Ihr Verhalten ist ungemein frustrierend für Verwandte und Freunde, weil sie niemals glücklich sind, keinen noch so gut gemeinten Rat annehmen und selbst angesichts offensichtlicher Erfolge stets am Jammern sind.

Andere Sexsüchtige kompensieren ihre geringe Selbstachtung durch übertriebenen Ehrgeiz. Sie glauben, dass es ihnen besser gehen wird, wenn sie nur Applaus für geleistete Arbeit einheimsen können. Aber was immer sie auch erreichen im Leben, es ist niemals gut genug, um sie zu vergewissern, dass sie gute Menschen sind. Stets schauen sie nach dem nächsten möglichen Triumph, dem nächsten hohen Ziel, und so werden sie abhängig vom Erfolg. Es gibt sexsüchtige Pastoren, die von Lob und Anerkennung abhängig sind. Aber die Wirkung der Komplimente für eine gelungene Predigt klingt rasch ab. Schon am Sonntagnachmittag meldet sich die alte Überzeugung von angeborener Schlechtigkeit wieder zurück.

Wieder andere kommen auf keinen grünen Zweig, schaffen es nie, ihr Potenzial zu entfalten. Sie glauben, dass sie nie irgendetwas Vernünftiges zustande bringen werden, und gehen kein Risiko ein aus Angst, sie könnten versagen. Lieber leben sie mit der vagen Vorstellung, dass sie vielleicht etwas hätten erreichen können, wenn sie es nur versucht hätten. Nach dem Motto: „Wenn ich gewollt hätte, dann hätte ich Jura studieren und Rechtsanwalt werden können, aber es hat sich einfach nicht ergeben."

Sexsüchtige können sehr unabhängig wirken. Eine ihrer Grundüberzeugungen ist, das niemand sich um sie kümmern wird, weil niemand sie so liebt, wie sie sind. Zu anderen Zeiten oder gegenüber anderen Menschen können sie sehr hilfsbedürftig wirken, als ob sie stets von jemand abhängig wären, der sich um sie kümmert.

Die geringe Selbstachtung von Sexsüchtigen führt zu chronischen Depressionen. Die große Mehrheit – Patrick Carnes' Studie zufolge 72 Prozent[2] – hat schon einmal an Selbstmord gedacht. Viele haben es auch versucht; manche mit Erfolg.

Stimmungsschwankungen und die Flucht davor

Barry kann nur schwer einschlafen. Sein Job ist anstrengend. Seine Kinder sind rebellisch. Er macht sich Sorgen um das Geld und er und seine Frau streiten sich ständig über Rechnungen und Ausgaben. Oft zieht er sich auf die Toilette zurück, sowohl zu Hause als auch am Arbeitsplatz, und masturbiert. Nun scheint es, dass er nicht ohne Sex einschlafen kann. Da seine Frau zumeist nicht will, gibt er sich entweder Fantasien hin oder befriedigt sich selbst.

In einer sehr frühen Lebensphase ist Sex bei den meisten Sexsüchtigen zu einer Lösung für schmerzhafte Situationen geworden. Die angenehmen Gefühle sexueller Stimulierung waren vielleicht die einzige Erleichterung, die sie kannten. Sex wurde zum Fluchtweg, damit ließ sich die Gemütslage verbessern. Sie hatten den Eindruck, dass niemand sich für sie eingesetzt hat, also haben sie die Dinge selbst in die Hand genommen. Sex war eine Möglichkeit, zurechtzukommen.

In einer sehr frühen Lebensphase ist Sex bei den meisten Sexsüchtigen zu einer Lösung für schmerzhafte Situationen geworden.

Wenn Sexsüchtige erwachsen werden, bleibt Sex für sie ein Mittel, um mit Stress fertigzuwerden. Wenn quälende Empfindungen hochkommen, ist Sex das Mittel, um den Schmerz zu dämpfen. Schon Fantasieren, ohne jede körperliche Berührung, kann einem Sexsüchtigen Linderung verschaffen.

Anspruchsdenken

Wenn es keinen Stress gibt, dann kann Sex auch als Belohnung herhalten. Da Sexsüchtige glauben, dass sich niemand um sie kümmert und sie alles selbst regeln müssen, werden sie empfindlich. Ein Teil von ihnen ist davon überzeugt, dass sie es nicht besser verdient haben und dass sie schlechte Menschen sind, aber gleichzeitig möchte ein tieferer, unbewusster Teil von ihnen etwas anderes glauben. Das ist vielleicht ihre geistliche Seite, das Wissen um ihre Fähigkeit zum Guten, die Verbindung zu einem Gott, der sie liebt.

Gleichwohl haben Sexsüchtige keinen gesunden Sinn dafür, wie sie sich selbst belohnen oder bestätigen können. Ihr Zorn und ihre Empfindlichkeit äußern sich in Form von Anspruchsdenken. „Ich habe etwas verdient", sagen sie sich. Sobald sie anstrengende Ereignisse überstanden, etwas erreicht oder eine gute Arbeit abgeliefert haben, glauben Sexsüchtige, dass ihnen eine Art sexuelle Belohnung zusteht.

So können Sexsüchtige vielleicht in einer schlechten Ehe oder einem unbefriedigenden Job ausharren. Sie halten daran fest, weil sie es als Gebot der Moral oder der Loyalität empfinden. Zugleich entwickeln sie das Gefühl, sich für ihr Durchhalten belohnen zu müssen, und damit besänftigen sie die Empfindungen von Einsamkeit und Isolation. Sex wird zur Auszeichnung. Anspruchsdenken bringt Sexsüchtige zu dem Glauben, dass ihr Sexualverhalten gerechtfertigt ist.

Das Unvermögen und die Versuche, zu kontrollieren

Ein Psychiater aus South Carolina erzählte mir von einem radikalen Fall eines Patienten, der der Pornografie verfallen war. Es handelte sich um einen sehr religiösen Mann, der ständig in der Bibel las. Er versuchte alles, um sich aus der Abhängigkeit von Pornografie zu lösen, aber vergebens. Schließlich nahm er ein Bibelzitat wörtlich und stach sich beide Augen aus, weil sie ihn unablässig in Versuchung geführt hatten. Das ist ein trauriges Beispiel dafür, wie verzweifelt Süchtige sich um die Kontrolle ihres Sexualverhaltens bemühen können – und wie vergeblich diese Bemühungen sind.

Sexsüchtige versuchen aufzuhören, aber sie schaffen es nicht. Sie fassen feierliche Vorsätze und versuchen mit den unterschiedlichsten Strategien, ihr Verhalten zu ändern, ähnlich wie Alkoholiker. Manche verstümmeln sogar ihre Genitalien oder andere Körperteile, um sich von bestimmten Handlungen abzuhalten. Manche wenden sich radikal und verzweifelt der Religion zu, um ihr Zwangsverhalten abzustellen. Ein Mann ließ sich in vier verschiedenen Kirchen taufen im Versuch, seine sexuellen Begierden loszuwerden.

Gewöhnlich führt dieser religiöse Versuch zu Frustrationen, Scham und Verzweiflung. Ein Sexsüchtiger ist überzeugt: „Ich war vorher schon schlecht. Noch nicht einmal der Glaube kann mich retten, folglich muss ich wirklich ein schlechter Mensch sein." Oft wenden sich solche Menschen dann wieder ganz von jeder Form von Glauben ab. Der Gottesdienstbesuch erinnert sie an ihr Versagen, oder sie haben das Empfinden, dass Gott sie nicht genug liebt, sonst würde er sie von ihrer sexuellen Gier befreien.

Im verzweifelten Bemühen, ihre Krankheit zu kontrollieren, können Sexsüchtige über einen gewissen Zeitraum durchaus erfolgreich sein. Sie leben ihre zwanghaften Neigungen nicht aus, sondern verlagern sie nach innen. Wir sprechen in diesem Zusammenhang von „Sexueller Anorexie“ (Magersucht). Es handelt sich um ein extrem bedeutsames Phänomen. Viele Sexsüchtige leugnen, dass sie süchtig sind, weil sie ihrer Neigung über lange Zeiträume nicht nachgegeben, sie nicht ausgelebt haben. In dieser Form totaler Selbstverleugnung haben sie ihre Sexualität komplett abgeschaltet. Manche verheiratete Sexsüchtige leben Sex vielleicht mit sich selbst oder mit anderen aus, nur nicht mit ihrem Ehepartner. In meiner Praxis habe ich gerade vier Klienten, die sich mit Pornografie beschäftigen und masturbieren, aber keinen Sex mit ihren Ehefrauen haben wollen.

Wenn wir glauben, dass Sex etwas Heiliges und eine sehr normale Erfahrung zwischen Ehemännern und -frauen ist, dann ist sexuelle Anorexie nicht akzeptabel. Denn das würde ja bedeuten, dass man dem Ehepartner das von Gott verliehene Geschenk der Sexualität vorenthält. Der Gedanke mag verführerisch sein, dass Menschen, die sich gar nicht erst sexuell betätigen, ein reines und rechtschaffenes Leben führen. Aber dieser Gedanke beruht auf dem Irrglauben, dass ein Mensch umso geistlicher ist, je mehr er seine Körperlichkeit verleugnet. Das lässt sich mit den Lehren des Alten und des Neuen Testaments nicht zur Deckung bringen. Das Hohelied der Liebe im Alten Testament ist eine virtuelle Feier der sexuellen Gemeinschaft zwischen Mann und Frau. Und im Neuen Testament lehrt der Apostel Paulus beginnend in 1. Korinther 7,3, dass Ehemänner und Ehefrauen sich einander nicht sexuell entziehen sollen.

Die Absage an die eigene Sexualität mag auf der christlichen Gottesfurcht beruhen. Es ist sicher biblisch, dass wir Gott gegenüber Ehrfurcht empfinden sollen, so wie wir auch liebevollen Eltern gegenüber Ehrfurcht empfinden. Wir erkennen ihre Autorität an und wissen, dass sie uns in Liebe auch strafen werden, wenn es geboten ist, um uns auf den rechten Weg zurückzubringen. Auch wenn wir es in dem Moment nicht verstehen mögen, dient die Strafe dazu, uns zurechtzubringen und zu rehabilitieren. In Sprüche 12,1 heißt es: „Wer dazulernen möchte, lässt sich gern sagen, was er falsch gemacht hat. Wer es hasst, auf Fehler hingewiesen zu werden, ist dumm."

Sexsüchtige Christen fürchten Gott aber womöglich nicht, weil sie an seine liebevolle Korrektur glauben. Sie haben einfach nur Angst. Der Sexualität abzuschwören mag ihr Versuch sein, Gott zu manipulieren, damit er sie nicht bestraft. Sie schalten sexuelle Empfindungen nicht ab, um Gott aus gesunder Ehrfurcht heraus zu ehren, sondern aus der heillosen Furcht heraus, dass Gott ein zorniger Gott ist.

Dieses Phänomen hat vieles gemein mit Essstörungen (vgl. das Schaubild unten). Magersüchtige verhalten sich so, hören auf zu essen im Bemühen, ihr Gewicht, ihre Vorstellung von ihrem Körper und selbst ihre Sexualität zu kontrollieren.

Es ist wichtig, dass Christen das verstehen, denn manchmal berufen sich sexuelle Anorektiker auf christliche Glaubenssätze, um ihre Selbstversagung zu rechtfertigen. Sie dividieren Geist und Seele auseinander in dem irrigen Glauben, dass der Körper unrettbar verdorben ist. Sie reden sich ein, dass ein Mensch für Gott eher akzeptabel ist, wenn sein Geist von den Bedürfnissen und Versuchungen des Körpers „befreit" wird.

	Essstörung	
Übermäßiges Essen/ Ess-Brech-Sucht Bulimie	**Ernährung** Normales Essverhalten	**Kein Essen** Anorexie
◄	———	►
Unkontrolliertes Ausleben Sexuelle Bulimie	Gesunde Sexualität Intimität	Sexuelle Anorexie Selbstversagung Verzicht auf Sex
	Sexsucht	

Vergleich von Sexsucht und Essstörungen

Sexuelle Selbstverleugnung wird bei einem erkrankten Menschen als zutiefst geistliches Verhalten betrachtet. Dabei gilt es zu bedenken, dass der menschliche Körper in der Bibel als „wunderbar und einzigartig“ gerühmt wird (Psalm 139). Den Körper als etwas durch und durch Böses zu betrachten heißt verleugnen, dass wir als Gottes Ebenbilder geschaffen sind.

Sexsüchtige wissen nicht, wie sie mit Scham und emotionalen Qualen auf gesunde Weise umgehen können. Sex dient ihnen als Mittel, um damit klarzukommen.

Sexsüchtige Menschen versuchen alles, um ihr Sexualverhalten in den Griff zu bekommen. Manche ziehen um in der Hoffnung, dass sie in neuer Umgebung von ihren Neigungen lassen können. Kirchengemeinden versetzen oft ihre Pastoren, die sich sexuell vergangen haben, und versprechen sich davon, dass sie anderswo nicht wieder in ihr Verhalten zurückfallen werden, denn die Schande, erneut bloßgestellt zu werden, wäre zu schmerzlich. Leider funktioniert diese „geografische Kur“ nur selten. Sexsüchtige wissen ja gerade nicht, wie sie mit Scham und emotionalen Qualen auf gesunde Weise umgehen können. Sex dient ihnen als Mittel, um damit klarzukommen.

Betroffene versuchen manchmal Hilfe zu bekommen, indem sie sich jemandem anvertrauen, aber tragischerweise glaubt man ihnen oft nicht, oder man will es nicht hören. Pastoren sind rasch bereit, Fehlverhalten zu vergeben, oder aber sie moralisieren über die Notwendigkeit der Veränderung. Psychiater und Lebensberater entschuldigen das Sexualverhalten gern als normal. Viele Therapeuten versuchen rigide Moralvorstellungen in Sachen Sex zu lockern und wollen für mehr Freude am Sex werben, und so haben sie kein Ohr für die Qualen von Sexsüchtigen, die ihnen zu erklären versuchen, dass sie die Kontrolle über ihr Sexualverhalten verloren haben. Oft werden die Probleme von Sexsüchtigen von der eigenen Familie ignoriert oder missverstanden, und nun erleben sie auch noch, dass die Profis, die sie um Hilfe bitten, ihnen ebenfalls kein Gehör schenken.

Leugnen und verharmlosen

Manche, die unter Sexsucht leiden, haben sich nie um Hilfe bemüht, oder aber sie haben es aufgegeben. Aus Furcht vor dem gnadenlosen Urteil der Umwelt oder vor sozialen Konsequenzen halten sie still und bleiben allein. Sie denken: „Wem kann ich es sagen? Andere Menschen werden böse auf mich sein, werden mich ablehnen oder schreiend den Saal verlassen. Ich werde meinen Job verlieren, meine Familie, meinen sozialen Status." Solche Ängste erzeugen eine scheinbare Notwendigkeit, stillzuhalten, und eine noch verzweifeltere Notwendigkeit, das eigene Verhalten zu kontrollieren. Die Furcht vor negativen Konsequenzen und vor Ablehnung und die sich daraus ergebende Notwendigkeit zur Selbstkontrolle wird für jeden Süchtigen zur Zwangsjacke. Wenn man ihn je mit seinem Verhalten konfrontiert, dann wird er entweder leugnen oder behaupten, er habe alles im Griff: „Ich könnte jederzeit aufhören, wenn nötig."

Oft versuchen Süchtige ihr Verhalten zu rechtfertigen: „Ich war einsam. Mein Ehepartner will nie mit mir intim werden. Alle nutzen mich doch nur aus. Er/sie hat mich in einem schwachen Moment verführt." Zu anderen Zeiten flüchten Süchtige in Lügen. „Ich habe etwas Derartiges nie getan. Wer behauptet so etwas? Sie sind falsch informiert. Wollen Sie mich mit solchen Sätzen verletzen?"

Eine Spielart des Leugnens ist das Verharmlosen. Man redet sich selbst ein, dass das zwanghafte Verhalten ja gar nicht so schlimm ist. Es ist für Außenstehende nur schwer vorstellbar, wie überzeugend Sexsüchtige sich selbst gegenüber sein können. Wir wundern uns vielleicht, wie ein Mensch ein so sündiges, unmoralisches, ungesetzliches Verhalten an den Tag legen kann. Die Antwort ist, dass Sexsüchtige sich selbst beschwichtigen, bis sie ernsthaft glauben, dass ihr Verhalten ja gar nicht so schlecht ist, und dass sie sich selbst und erst recht anderen doch gar nicht schaden.

Menschen, die sich einer derartigen Selbsttäuschung hingeben, tut man am ehesten einen Gefallen, indem man sie mit ihrem Verhalten konfrontiert. Manche müssen auch erst die Konsequenzen ihres Verhaltens erfahren, um die schädliche und zerstörerische Natur dieses Verhaltens zu begreifen.

Toleranz

Ein Alkoholiker entwickelt mit der Zeit eine „Alkohol-Toleranz“, das heißt er wird trinkfest und braucht mehr und mehr Alkohol, um dieselbe stimmungsverändernde Wirkung zu erzielen. Einem Sexsüchtigen geht es nicht anders; auch er muss mehr und öfter seiner Neigung nachgeben, um den gewohnten Kick zu erleben.

Terry suchte anfangs relativ sichere Schwulenbars in besseren Stadtvierteln auf. Er knüpfte anonyme Kontakte zu Männern, die genauso freundlich waren wie er. Mit der Zeit wurde ihm das zu langweilig, und so trieb es ihn in andere Viertel, wo er auf rauere Männer traf. Diese Begegnungen wurden zunehmend gesundheitsgefährdend. Einerseits machte ihm das Sorgen, andererseits erregte ihn das aber auch.

Zum Teil macht genau dieses erregende Moment die zwanghafte Seite des Sex aus, manchmal auch die Gefahr. Wenn eine Aktivität zur Routine wird, dann wendet sich der Sexsüchtige mitunter gefährlicheren oder aufregenderen Formen zu. Das kann zum Beispiel heißen, dass man, statt insgeheim zu masturbieren, sich einen öffentlicheren Platz dafür sucht. Oder dass man sich nicht mehr mit Alleinstehenden, sondern mit verheirateten Personen trifft. Oder dass man anfangs an recht seriösen Orten nach Partnern sucht, später dann an verrufenen Orten. Und für manche kann es bedeuten, dass sie sich zunehmend für illegale Formen von Sex interessieren, wie die im vorigen Kapitel beschriebenen.

Filmriss

Kevin lernte einen Mann in einer Bar kennen. Eigentlich wollte er dort die World Series im Baseball verfolgen, aber nun folgte er diesem Mann nach Hause und hatte Sex mit ihm. Später an jenem Abend, als er das Haus verließ, war er überrascht, Sirenen zu hören und massenhaft Leute in den Straßen zu sehen. Während er Sex hatte, war San Francisco von einem der bisher verheerendsten Erdbeben heimgesucht worden, doch er hatte nicht einmal die heftigsten Erschütterungen wahrgenommen. Kevin liefert ein gutes Beispiel dafür, wie tief greifend ein Blackout sein kann. Der Zustand der Unempfindlichkeit, den man auch als „Dissoziation" bezeichnet, bedeutet: Ein Mensch ist sich auch der gewalttätigsten Realitäten buchstäblich nicht bewusst.

Auch Sexsüchtige können einen Filmriss erleben.

Alkohol verursacht oft einen Filmriss – der Betroffene kann sich nicht erinnern, was geschehen ist. Alkoholiker können an fremden Orten aufwachen, ohne dass sie wüssten, wie sie dorthin geraten sind oder was in der Nacht zuvor passiert ist. Auch Sexsüchtige können einen Filmriss erleben, wenn sie sich intensiv auf das einlassen, was sie tun. Auch sie wachen in fremden Betten auf und wissen nicht, wie sie dorthin kamen.

Für solche Blackouts gibt es unterschiedlichste Gründe. Viele Sexsüchtige konsumieren mehr Alkohol, als ihnen guttut, und der verursacht den Blackout. Manchmal sind aber auch die Erlebnisse emotional so schmerzlich, dass das Gehirn des Sexsüchtigen ganz selbstverständlich und zum Selbstschutz die Erinnerung daran unterdrückt. Oder der Mechanismus des Leugnens und Verharmlosens ist so stark, dass der Süchtige sich unliebsamen Erinnerungen verweigert.

Unerbittlichkeit und Schuldzuweisungen

Phil, ein Seminarist, der Priester werden wollte, hatte mit Selbstbefriedigung und homosexuellen Empfindungen zu kämpfen. Sein geistlicher Mentor riet ihm, er solle – wann immer er sich sexuell angefochten fühle – fünfmal den Rosenkranz beten, dann würde die Anfechtung weichen. Aber das klappte nicht. Er suchte nach anderen Gebeten oder Ritualen, die ihm helfen könnten – ohne Erfolg.

Phils erste Dienstzuweisung war eine konservative Gemeinde einer bestimmten Ethnie in einem armen Stadtviertel. Die Männer dort pflegten Witze auf Kosten Homosexueller zu reißen, und Phil steuerte selber welche bei, um nur nicht seine eigene sexuelle Orientierung zu verraten. Eines Abends machten diese Männer einen Mann, der ihnen schwul vorkam, lächerlich und verhöhnten ihn. Den Homosexuellen legten sie quasi alle Probleme der Welt zur Last. Im Grunde sah Phil zwar vieles ganz anders, zugleich ertappte er sich jedoch dabei, dass er selbst zornig auf die Schwulenbewegung wurde und sie kritisierte. Das ist ein weitverbreitetes psychologisches Phänomen: Man schiebt anderen die Schuld an Problemen zu, die man selbst hat. Eher wird man auf andere wütend als auf sich selbst. Phil fürchtete sich vor seinen homosexuellen Empfindungen und empfand es leichter, in den Chor der anderen einzustimmen, als sich aufrichtig seinen Problemen zu stellen. Seine religiösen Rituale hatten versagt und er fühlte sich einsam und isoliert.

Sexsüchtige versuchen verzweifelt, ihr Verhalten abzustellen, und ein Ergebnis kann sein, dass sie – wie Phil – Zuflucht bei Formeln suchen. Sie vermuten, dass man die Dinge nur richtig oder falsch anpacken kann. Wenn sie nur die richtige Formel finden, dann wird auch ihr problematisches Sexualverhalten aufhören. Dieses Schwarz-Weiß-Denken macht hart und unerbittlich. Viele Süchtige denken, dass es gute und schlechte Menschen gibt, gute Gruppen und schlechte Gruppen, und sie möchten unbedingt auf der richtigen Seite stehen. Auf der Suche nach den richtigen Leuten und der richtigen Seite wird ein Süchtiger gern voreingenommen gegen andere, die nicht zu der bewussten Gruppe gehören. Das resultiert im Zorn gegen die Leute „außerhalb" der Gruppe. „Wenn die nicht wären, dann wäre mit mir und mit der Welt alles in Ordnung." Das ist eine Art Selbstgerechtigkeit.

Selbstgerechtigkeit führt zu Schuldzuweisungen. Wenn es einen rechten Weg gibt, wie man die Dinge anpackt, dann muss es auch einen falschen Weg geben. Andere Menschen, Einrichtungen oder Ereignisse stehen dann für den falschen Weg und werden folglich verantwortlich gemacht für alles Schlechte, was geschieht. „Sie sind an allem schuld", redet sich der Sexsüchtige ein. „Wenn er (oder sie) mich nicht verführt hätte, dann wäre es nicht zu dieser Bettgeschichte gekommen."

Manche sexsüchtige Christen glauben ernsthaft, dass Gott sie auf wundersame Weise in Menschen verwandelt, die niemals sexuelle Versuchung erleben.

Sexsüchtige erwarten oft von einer religiösen Gemeinschaft, dass sie dort ihre Begierde loswerden. Der Mann, der sich viermal hatte taufen lassen, kam zu dem Schluss, dass er die richtige Gemeinde noch nicht gefunden hatte. Denn andernfalls hätte doch eine der Taufen funktionieren müssen, und seine lüsternen Gedanken wären verschwunden. Manche sexsüchtige Christen glauben ernsthaft, dass Gott sie auf wundersame Weise in Menschen verwandelt, die niemals sexuelle Versuchung erleben. Es ist absolut wesentlich, dass diese fehlgeleitete Hoffnung theologisch korrigiert wird: Würde Gott alle Versuchungen wegnehmen, die es in der Welt gibt, dann würde er uns im Ergebnis unseren freien Willen rauben. In der Bibel wird durchgehend gelehrt, dass Anfechtungen Gelegenheiten sind, um gute Entscheidungen zu treffen, und wenn wir diese Gelegenheiten nutzen, dann werden wir stärker. Im Jakobusbrief heißt es: „Betrachtet es als Grund zur Freude, wenn euer Glaube immer wieder hart auf die Probe gestellt wird. Denn durch solche Bewährungsproben wird euer Glaube fest und unerschütterlich" (Jakobus 1,2f).

Coabhängigkeit

Pats Sucht äußerte sich darin, dass er regelmäßig Bordelle aufsuchte. Anfangs verlangte es ihn nach Sex mit jungen und sehr attraktiven Frauen. Nach und nach ließ er sich gezielt mit älteren Prostituierten ein, mit mütterlichen Typen. Außerdem wurde ihm bewusst, dass er gar nicht so sehr am Orgasmus interessiert war als vielmehr an den zärtlichen Berührungen. Pat suchte nach einer Mutter. Jedes Mal, wenn er das Bordell wieder verließ, fühlte er sich frustriert und betrogen, aber er kam immer wieder, hielt weiter Ausschau.

Judy stammt aus einer sehr strengen christlichen Familie. Ihr Vater war nur selten zu Hause. Er arbeitete hart, besuchte viele Gemeindeveranstaltungen und hatte kaum Zeit für Judy übrig. Als sie erwachsen wurde, fand sich Judy zu einem Mann nach dem anderen hingezogen. Sie suchte verzweifelt nach der Anerkennung der Männer. Dafür hätte sie alles getan oder gegeben, Sex eingeschlossen. Allmählich fand sie heraus, dass sie Sex schon dafür benötigte, um auch nur zeitweise entspannt oder zufrieden zu sein. Jeder der Männer fand die Beziehung nach kurzer Zeit langweilig und verließ sie. Jedes Mal hielt sie nach intensiver Trauer erneut Ausschau und hängte sich an den nächsten. Sie hat mittlerweile fünf Ehen und zahllose Affären hinter sich.

Coabhängige sind abhängig vom Alkoholiker und daher indirekt abhängig vom Alkohol.

Diese beiden Beispiele haben etwas gemeinsam. Sowohl Pat als auch Judy waren nicht nur sexsüchtig, sie waren außerdem auch coabhängig. Sie sehnten sich nach Liebe und Zuwendung und dachten, das könnten sie nur bei anderen Menschen finden. Der Begriff Coabhängigkeit war ursprünglich auf die Angehörigen von Alkoholikern gemünzt, die sich mit der Sucht arrangiert haben: Coabhängige sind abhängig vom Alkoholiker und daher indirekt abhängig vom Alkohol. – Mittlerweile ist viel bekannt über die Furcht von Coabhängigen, über ihr überstarkes Bedürfnis nach Liebe und Anerkennung. Nur aufgrund dieses Bedürfnisses schaffen sie es überhaupt, zwanghafte und gestörte Verhaltensweisen zu tolerieren. Das ist auch der Grund, warum sie alles tun, um diese Liebe und Zuwendung nicht zu gefährden. Die Furcht eines Coabhängigen zwingt ihn, sich entweder selbst aufzuopfern oder aber ein kontrollierendes Verhalten anzunehmen. Mit beiden Strategien versuchen Coabhängige, sich manipulativ die Liebe und Anerkennung desjenigen zu sichern, von dem sie abhängig sind. Coabhängige fürchten nichts mehr, als dass dieser Mensch sie verlassen könnte. Unsere Studien mit Sexsüchtigen haben ergeben, dass auch sie auf einer tiefen emotionalen Ebene coabhängig sind.

Menschen, die in Sexsucht gefangen sind, sehnen sich verzweifelt nach Zuwendung, die ihnen früher nicht zugekommen ist. Sie fühlen sich eigentlich nicht liebenswürdig, aber sie versuchen den tiefen Mangel in sich selbst auszufüllen. Und so fühlen sie sich hingezogen zu Menschen, die ihnen das geben können, und werden von ihnen total abhängig. Coabhängigkeit wirkt sich darauf aus, wie Sexsüchtige anderen Menschen begegnen. Sie opfern sich selbst auf, ihre Interessen und ihre Werte, um jemand anderen zufriedenzustellen.

Beziehungsschwierigkeiten

Sexsucht ist auch eine Beziehungsstörung. Sexsüchtige Menschen sind nicht fähig, sich in der Begegnung mit anderen Menschen emotional ernsthaft zu öffnen. Sie würden nie jemandem erzählen, was sie wirklich empfinden, und oft sind sie sich ihrer Empfindungen gar nicht wirklich bewusst. Im Allgemeinen sind es schmerzliche Empfindungen, und deshalb gilt es, sie um jeden Preis zu unterdrücken.

Süchtige haben große Schwierigkeiten, sich auf einer tiefen, persönlichen Ebene auf andere Menschen einzulassen. Möglicherweise lügen sie, um ihr Verhalten zu beschönigen, oder sie täuschen sich selbst und andere über ihren Zustand, und zumeist führen sie ein Doppelleben – eines, das jeder sieht, und ein geheimes Leben, von dem nur sie wissen. All das trägt nicht gerade zu erfüllten Beziehungen bei. Die Menschen, die Sexsüchtige am meisten fürchten zu verlieren, sind genau die Menschen, denen sie zuallerletzt erzählen würden, wie es wirklich um sie bestellt ist. Das ist die größte Sorge von Sexsüchtigen: dass die Menschen, an denen sie hängen, herausfinden, was los ist, und sie dann ablehnen und verstoßen könnten.

Auffällig am Doppelleben von Sexsüchtigen ist, dass sie manche ihrer Empfindungen zwar Fremden offenbaren können, aber niemals den Menschen, die ihnen nahestehen. Das sorgt natürlich für gehörigen Ärger bei Ehepartnern, Familienmitgliedern und anderen, die gern eine engere Beziehung pflegen wollen, die abgewiesen werden und dann erleben, wie sich „ihr" sexsüchtiger „Vertrauter" anderen gegenüber öffnet. Aber Sexsüchtige haben nun einmal bei einem Fremden weniger Sorge, dass sie ihn verprellen könnten.

Die Beziehungen von Sexsüchtigen verlaufen meistens stürmisch und schwierig. Oft sind sie nur von kurzer Dauer und in der Regel oberflächlich, obwohl der Sexsüchtige sehr von seinem Partner abhängig sein kann. Diese Dynamik wird oft als „Verstrickung"[3] bezeichnet. Ein Sexsüchtiger hängt sich mitunter bedingungslos an jemanden, um Liebe, Aufmerksamkeit und Anerkennung zu bekommen: „Ich würde sterben, wenn du mich je verlässt."

Ein Merkmal des geheimen Doppellebens von Sexsüchtigen ist, dass sie nicht gern Rechenschaft über ihren Zeiteinsatz geben. Sie erzählen Märchen darüber, wo sie gewesen sind und wen sie getroffen haben.

Eine solche Verstrickung kann nach außen hin eindrucksvoll aussehen, dabei ist sie kein Zeichen von tiefer Vertrautheit. Sexsüchtige können mit Menschen verstrickt sein, die auf ihre Hilfe angewiesen sind und ihnen das Gefühl verschaffen, gebraucht zu werden. Sie können aber auch mit Menschen verstrickt sein, die sich um sie kümmern, sodass sie selbst keine Verantwortung übernehmen müssen.

Ein Merkmal des geheimen Doppellebens von Sexsüchtigen ist, dass sie nicht gern Rechenschaft über ihren Zeiteinsatz geben. Sie erzählen Märchen darüber, wo sie gewesen sind und wen sie getroffen haben. Sie lieben Freizeit und Jobs, die keine geregelten Arbeitszeiten kennen, denn das verschafft ihnen Freiheit, ihren zwanghaften Aktivitäten nachzugehen. Genauso geben sie viel Geld für sich selbst und ihr Suchtverhalten aus, aber sie wollen nicht erklären müssen, wo das Geld hin ist. Viele Sexsüchtige geben generell großzügig Geld aus – auch für Dinge, die nichts mit ihrem Sexualverhalten zu tun haben.

Süchtige Menschen können aalglatt sein. Manche machen viele Eroberungen, haben aber kaum Freunde. Sie können Partykönige sein, ohne dass jemand sie wirklich kennt. Sie haben möglicherweise einen tadellosen Ruf, aber viele wären geschockt, wenn sie wüssten, was sie sexuell treiben. Sie entziehen sich gern der Rechenschaft anderen gegenüber, damit sie die Freiheit haben, ihren zwanghaften Neigungen nachzugehen.

Viele Sexsüchtige erleben an sich etwas, was in der Fachsprache „Geschlechterhass" heißt: Es kann so aussehen, als ob sie alle Männer oder alle Frauen hassen. So können zum Beispiel Männer, die sexuelle Abenteuer mit Frauen suchen, als Frauenhasser verschrien sein, besonders wenn der Charakter ihrer sexuellen Begegnungen ausbeuterisch, gewalttätig oder manipulativ ist. Gleichwohl hassen Sexsüchtige natürlich nicht wirklich alle Männer oder Frauen. Vielmehr legen sie Frauen oder Männern das zur Last, was sie in der Kindheit an Missbrauch erlebt haben. Wenn jemand in früher Kindheit von einem Mann missbraucht wurde, dann kann später fast jeder Mann, der des Wegs kommt, in den Augen des Missbrauchsopfers die Attribute des Täters von einst annehmen. Der Zorn auf den ursprünglichen Täter wird auf eine Person in der Gegenwart projiziert. Alte Empfindungen aus längst vergangenen Beziehungen werden auf andere Menschen und neue Beziehungen projiziert.

Viele Sexsüchtige erleben an sich etwas, was in der Fachsprache „Geschlechterhass" heißt.

Sexuelle Ahnungslosigkeit und Verwirrung

Auch wenn Sexsüchtige viele sexuelle Erfahrungen aufweisen können, heißt das nicht automatisch, dass sie auch viel über Sex wissen. Tatsächlich können sie völlig falsch informiert oder gänzlich ahnungslos sein. Sexsüchtige Männer und Frauen sind typischerweise in Familien aufgewachsen, in denen kaum je über Sex gesprochen wurde. Wenn das Thema zu Hause je auf den Tisch kam, dann war die Unterhaltung zumeist knapp und bestand aus negativen Botschaften und Warnungen vor den Gefahren sexueller Unmoral. Die schöne, gesunde, geistliche Seite der Geschlechtlichkeit kam nie zur Sprache. Nur negative Botschaften, keine positive Aussage – das Ergebnis ist eine unterschwellige Spannung in Sachen Sexualität. Sex ist „verboten“. Und so müssen die Betroffenen selber herausfinden, was Sache ist, machen eigene Erfahrungen, stützen sich dabei eben auch auf Pornografie oder andere zweifelhafte oder unmoralische Quellen.

Wo Sex verboten ist, da sind die Neugier und die Aufregung um so größer. Sex bekommt eine natürliche, adrenalinbefeuerte Anziehungskraft, die viele von uns auch von allen möglichen anderen, rätselhaften Dingen her kennen. Während der Pubertät, wenn die sexuellen Empfindungen wach werden, kann plötzlich alles aufregend und sensationell wirken – auch Dinge, die in Wirklichkeit ganz normal sind. Obendrein ist unsere Kultur hochgradig sexualisiert, und so kann die Pubertät eine sehr verwirrende Zeit sein.

Wenn Betroffene in ihrer Kindheit von einem Elternteil oder einem anderen Verwandten sexuell missbraucht worden sind, dann war die wichtigste Verbindung zu diesem Verwandten sexuell geprägt. Von Eltern erwartet man, dass sie ihre Kinder lieben, und wenn ein Elternteil mit dem eigenen Kind Sex hat, dann schließt das Kind daraus, dass das wohl zur elterlichen Liebe für ein Kind gehören muss. Das ist natürlich ein irriger Gedanke, aber woher soll das Kind das wissen? Und so entwickelt es später vielleicht eine Sexsucht, denn es stellt für sich die Gleichung „Sex = Liebe“ auf.

Die Erfahrung von Sex mit einem Elternteil ist furchterregend und quälend. So sexsüchtig Gewordene können zu der Überzeugung gelangen, dass Sex nur unter geheimnisvollen, bösen, unangenehmen oder gefährlichen Umständen geschehen kann. Patrick Carnes hat die Sicht von Sexsüchtigen auf die Formel gebracht: „Damit Sex gut ist, muss er schlecht sein."

Mehrfachabhängigkeit

Als Teenager trank Barry Alkohol, wenn er mit Freunden zusammen war oder um vor einer Verabredung lockerer zu werden. Als er älter wurde, merkte er, dass er gegenüber Frauen forscher auftreten konnte, wenn er zuvor getrunken hatte. Das verschaffte ihm, was er wollte – Sex. Auch als verheirateter Mann leistete er sich Seitensprünge, und mit dem Trinken wurde es schlimmer.

Barrys Gattin, die nichts von den anderen Frauen ahnte, verlangte, er solle mit dem Trinken aufhören. Barry machte eine Entzugstherapie und schloss sich den Anonymen Alkoholikern an. Zwar blieb er jahrelang trocken, aber er hatte weiterhin Affären, manchmal mit Frauen aus der AA-Gruppe. Als er seinem AA-Mentor von seinen Affären erzählte, lachte der nur und schärfte ihm ein, er solle auf jeden Fall seine Trunksucht unter Kontrolle halten.

Viele Sexsüchtige sind mehrfachabhängig – sie sind gleichzeitig süchtig nach anderen Dingen oder Substanzen. Ihr hauptsächliches Suchtverhalten kreist um Sex, aber daneben gibt es noch mehr. Viele Sexsüchtige, die sich einer Behandlung unterziehen, sind – wie Barry – bereits trockene Alkoholiker. Sie sind vielleicht schon einige Jahre nüchtern geblieben. Vielleicht haben sie auch geglaubt, dass sie ihr Sexualverhalten in den Griff bekommen, sobald sie erst einmal frei von Alkohol oder Drogen sind. Tragischerweise war das Gegenteil der Fall: Ihr zwanghaftes Sexualverhalten wurde noch schlimmer, nachdem sie clean und trocken waren.

Manche schaffen es zwar, sexuell enthaltsam zu leben, entwickeln dafür eine Esssucht. Viele legen an Gewicht zu. Andere sind starke Raucher, sind kaufsüchtig, zocken oder pflegen maßlosen Fernsehkonsum. Die Liste der möglichen Mehrfachabhängigkeiten ist endlos. Ich erinnere mich an ein Gespräch mit einem Mann, der sich in einem Monat in einem Laden nicht weniger als sechzig Videos (ganz normale Kinofilme) ausgeliehen hatte.

Sexsüchtige Menschen haben gelernt, ihren Empfindungen durch zwanghaftes Verhalten zu entfliehen. Viele leisten sich gleich mehrere Hauptsüchte und daneben eine lange Liste kleinerer Abhängigkeiten. Patrick Carnes hat in seinen Studien festgestellt, dass ein Sexsüchtiger mit umso größerer Wahrscheinlichkeit Mehrfachabhängigkeiten entwickelt, je schwerer der in der Kindheit erlittene Missbrauch war.[4] Das ergibt einen Sinn. Je schlimmer die Erfahrung in der Kindheit, desto mehr Fluchtwege braucht ein Süchtiger, um den Schmerz zu stillen.

Im Lauf des Heilungsprozesses haben Sexsüchtige mitunter große Mühe mit anderen Abhängigkeiten, und es können bedeutsame emotionale und geistliche Themen auftauchen, die bearbeitet werden müssen. Wenn Sex der vorrangige Weg war, auf dem Süchtige emotionalen und geistlichen Fragen ausgewichen sind, dann wird eine Änderung des Sexualverhaltens nur diese emotionalen und geistlichen Fragen an die Oberfläche bringen. Süchtige müssen erst lernen, wie man auf gesunde Weise mit den emotionalen und geistlichen Themen umgeht, bevor sie sich mit der Sucht selbst befassen können.

Sexsüchtige fragen sich vielleicht: „Wann werde ich endlich frei von all diesen Zwängen?“ Es ist entmutigend, wenn man gleich gegen mehrere suchtartige Verhaltensweisen angehen muss, aber möglicherweise leiden sie ja an einer sogenannten „süchtigen Persönlichkeitsstörung“.[5] Menschen mit diesem Krankheitsbild neigen zum Missbrauch unterschiedlichster Verhaltensweisen und Substanzen und können allzu leicht von ihnen abhängig werden.

Aufmerksamkeitsstörungen, Depressionen und Ängste

Sexsüchtige Menschen können unter einer großen Vielzahl klassischer mentaler Gesundheitsprobleme leiden. In manchen davon drücken sich dieselben Faktoren aus, die auch zur Sucht geführt haben, und manche sind vermutlich das Ergebnis genetischer Konstellationen in der Neurochemie des Gehirns.[6] Der folgende Abschnitt behandelt die drei am weitesten verbreiteten mentalen Auffälligkeiten, unter denen Süchtige leiden: Aufmerksamkeitsstörungen, Depressionen und Ängste.

In einer jüngeren Studie unter 100 Sexsüchtigen wiesen annähernd 70 Prozent Anzeichen eines Aufmerksamkeitsdefizit-Syndroms auf. ADS steht genau genommen für ein ganzes Bündel von Störungen, die sich alle auf Probleme mit der Aufmerksamkeit und Organisationsfähigkeit und mit leichter Ablenkbarkeit beziehen. Menschen, die an ADS leiden, weisen oft einen genetisch oder durch Umwelteinflüsse bedingten Mehrbedarf an regulierenden Botenstoffen im Gehirn auf, die zur Übermittlung und Ordnung von Gedanken dienen. Hauptsächlich einer dieser Stoffe, das Dopamin, wird als Hauptfaktor der Störungen ausgemacht. Verschiedenste Aktivitäten und Substanzen, so wie Koffein, Nikotin und Adrenalin, können den Dopaminspiegel erhöhen. Gefahr und Krisen stimulieren die Adrenalinausschüttung und damit auch die Dopaminbildung.

Mentale Auffälligkeiten, unter denen Süchtige leiden: Aufmerksamkeitsstörungen, Depressionen und Ängste.

Kurz gefasst könnte man sagen: Ein Gehirn, das mehr Dopamin braucht, will stärker stimuliert werden. Vom Rauchen oder von Koffein abhängige, spielsüchtige (Zocken ist eine riskante Tätigkeit) oder sexsüchtige Menschen berichten mir oft, dass sie gelangweilt sind. Ihre Gehirne brauchen mehr Anregung. Das könnte auch erklären, warum viele Süchtige gleich mehrfach abhängig sind. Sie könnten nach allem und jedem süchtig sein, was die Dopaminbildung anregt und die Stimulation liefert, nach der sie sich sehnen. Eine wohlerwogene Behandlung der Aufmerksamkeitsstörungen kann für Sexsüchtige, die ihr Sexualverhalten in den Griff bekommen wollen, unglaublich hilfreich sein.

Ängste und Depressionen können von schwierigen Lebensumständen herrühren, aber sie können auch mit einem chemischen Ungleichgewicht im Gehirn in Verbindung gebracht werden. Die Folgen sexueller Sünden können ihrerseits Ängste und Depressionen auslösen, und ein chemisches Ungleichgewicht kann einen Menschen veranlassen, Erleichterung durch sexuelle Aktivitäten zu suchen. Und so erscheint fragwürdiges Sexualverhalten, obwohl es für Ängste und Depressionen verantwortlich sein kann, dem Süchtigen mitunter als Lösung für einen unerträglichen Zustand. Derartige Zirkelschlüsse führen zu dem, was man den Kreislauf der Sexsucht nennt.

Der Kreislauf der Sexsucht

Patrick Carnes hat die Verhaltensweisen und Charakteristika von Sexsucht mit dem Modell vom Kreislauf der Sexsucht erklärt.

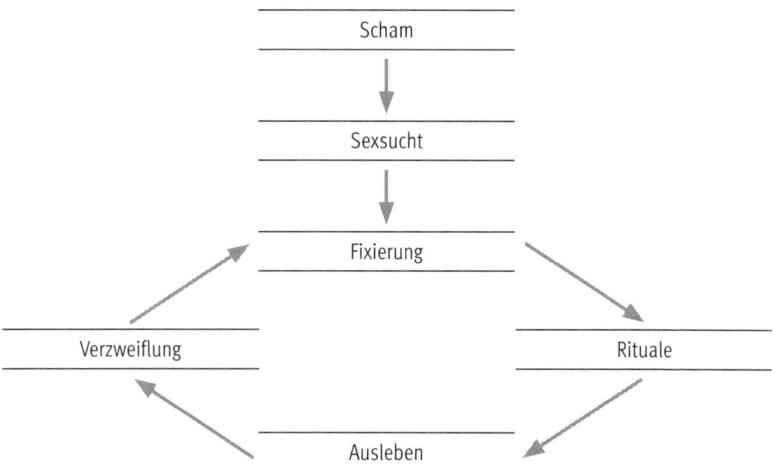

Kreislauf der Sexsucht nach Carnes

Sexsüchtige schämen sich, wie alle Süchtigen, und versuchen dieser Empfindung durch zwanghaftes Verhalten zu entkommen. Nur dass dieses Verhalten seinerseits das Gefühl der Scham noch verstärkt. Der Scham entfliehen durch eine Abhängigkeit, die ihrerseits Scham verstärkt – diesem Kreislauf ist der Sexsüchtige ausgesetzt.

Am Anfang des Kreislaufs der Sexsucht steht die Fixierung. Anstatt die empfundene Scham, die Qual und die Einsamkeit zuzulassen, beginnen Sexsüchtige, ihre Gedanken auf Sex zu richten. Die Fixierung auf Sex geschieht durch das grundlegende Verhalten des sexuellen Fantasierens.

Sexsüchtige schämen sich, wie alle Süchtigen, und versuchen dieser Empfindung durch zwanghaftes Verhalten zu entkommen.

Diese Fixierung erzeugt an sich schon angenehme und erregende Reize und schafft eine positive Stimmung, die einer negativen Stimmung entgegensteht. Dieser Knopf kann jederzeit in jeder Situation gedrückt werden. Wenn Sexsüchtige geistig nicht ganz anwesend zu sein scheinen, dann deshalb, weil sie sich gedanklich mit anderen Dingen beschäftigen.

Die Fixierung erzeugt außerdem den Wunsch, die Gedanken in die Tat umzusetzen. Bevor ein Sexsüchtiger seine Neigung auslebt, braucht er einen Plan. Diese Phase des Kreislaufs der Sexsucht nennt man das Ritual. Es gibt so viele verschiedene Rituale, wie es Sexsüchtige gibt. Sie können sehr einfach oder auch sehr komplex sein.

Manche Süchtige kommen nachts nach Hause, nehmen die Programmzeitschrift zur Hand, suchen nach einem Pornofilm und sehen ihn sich an. Am Arbeitsplatz suchen sie vielleicht die Toilette auf, um zu masturbieren. Oder sie fahren mal eben zur Bank, um Geld abzuheben, und dann streifen sie durchs Viertel, auf der Suche nach käuflichem Sex. Auf Reisen blättern Sexsüchtige im Telefonbuch nach Bordellen und rufen sie an, um die Preise zu erfragen. Viele Sexsüchtige führen Listen verfügbarer Partner und müssen nur anrufen, vorbeikommen oder auf sonst eine Weise den Kontakt herstellen, damit es zum Sex kommt.

Ein Ritual kann fünf Minuten dauern oder auch fünf Stunden. Manche Sexsüchtige legen große Entfernungen zurück, um pornografisches Material zu kaufen, dem sie sich dann aber erst widmen, wenn sie wieder zu Hause sind. Manche arbeiten komplizierte Reisepläne aus, um sich mit Partnern irgendwo im Land oder auf der Welt zu treffen. Manchmal gehört zum Ritual auch das Anhäufen von ganz profanen Gegenständen, die bei der eigentlichen sexuellen Begegnung eine Rolle spielen. Ein Sexsüchtiger kaufte sich stets Plastikplanen, mit denen er sein Appartement auslegte, damit es ja nicht durch seine sexuellen Aktivitäten „beschmutzt" würde.

Die Rekrutierung neuer Partner erzeugt Rituale, die sich womöglich über Monate und Jahre hinziehen. Vielleicht trifft ein Mann eine Frau und verwickelt sie anfangs nur in ein Gespräch, erzählt ihr Witze mit einer pikanten Note. Wenn sie lacht, dann wird er künftig immer wieder solche sexuellen Anspielungen machen. Er lädt sie zum Essen ein, und das Gespräch beginnt um persönlichere und privatere Einzelheiten im Leben der beiden zu kreisen.

An diesem Punkt des Rituals halten sich die beiden für Freunde. Sie sind gern zusammen, entwickeln dabei einen gewissen Nervenkitzel und sexuelles Verlangen. Manchmal haben sie erst Jahre nach dem Kennenlernen Sex miteinander. Zu diesem Zeitpunkt glaubt der Sexsüchtige vielleicht, dass alles ganz plötzlich kam und sich „spontan" ereignet hat. Das ist absurd. Er hat es seit der ersten Begegnung genau darauf angelegt.

Genau wie die Fantasien im Stadium der Fixierung, kann auch das Ritual an und für sich erregend sein. Vielleicht ist es nur die Erregung des romantischen Entdeckens eines neuen Partners. Oder vielleicht hat der Sexsüchtige eine für ihn neue Form von Pornografie entdeckt oder ein Bordell gefunden, in dem Praktiken angeboten werden, die er noch nicht kannte. In manchen Kreisläufen der Sexsucht spielt Gefahr eine Rolle, zum Beispiel indem man zweifelhafte Bars in einem verrufenen Stadtviertel aufsucht oder sich an geheimen Orten mit potenziellen Partnern trifft. Diese Gefahr und der zugehörige Nervenkitzel produzieren Adrenalin, das seinerseits süchtig machen kann.

Wenn Sexsüchtige erst einmal das Ritualstadium erreicht haben, dann werden sie fast unausweichlich auch den nächsten Schritt gehen: Sie werden ihre Vorstellung ausleben. Ich habe bereits verschiedene Formen sexueller Aktivität geschildert, die dieses Ausleben annehmen kann. Das Ausleben geschieht nicht wie ein Blitz aus heiterem Himmel. Stets stehen bewusste und unbewusste Gedanken dahinter – Fixierung, Vorbereitung, das Ritual. Wenn Christen einem sexsüchtigen Menschen raten: „Hör auf, deine Neigungen auszuleben", dann müssen sie auch bereit sein, ihm bei der Veränderung seines Denkens und Planens zu helfen.

Sexsucht scheint unbeherrschbar zu sein, denn das Ausleben scheint einfach so zu „passieren" – Sexsüchtige müssen begreifen, dass das nicht wahr ist. Ein Süchtiger berichtete kürzlich von der Reise in eine weit entfernte Stadt. Als er dort ankam, setzte er sich in seinen Mietwagen, holte Geld am Bankautomaten und fuhr zu einem Bordell. „Es war, als ob das Auto ferngesteuert wäre", sagte er. Ich fragte ihn, seit wann er gewusst hatte, dass er diese Stadt besuchen würde. Die Antwort: schon Monate vorher. War er schon einmal dort gewesen? Ja. Hatte er das Bordell auch damals schon besucht? Ja. Wann hatte er sich Gedanken gemacht, den Ort möglicherweise erneut aufzusuchen? Einige Wochen vor der Reise, sagte er. In Wirklichkeit war er also schon seit Wochen darauf fixiert, das Bordell zu besuchen, hatte sichergestellt, dass er genügend Geld hatte und einen Wagen, um dorthin zu gelangen! Das Ausleben seiner Wünsche hatte nicht ein paar Minuten in Anspruch genommen, sondern einige Wochen.

Sexsucht scheint unbeherrschbar zu sein, denn das Ausleben scheint einfach so zu „passieren" – Sexsüchtige müssen begreifen, dass das nicht wahr ist.

Nach dem Ausleben ist das letzte Stadium des Kreislaufs erreicht: Verzweiflung. Sexsüchtige möchten ihr Verhalten ändern, aber nun haben sie wieder einmal versagt. Sie haben erneut beschämende

Handlungen vollzogen, und nun fühlen sie sich schwach, fehlgeleitet und hilflos. Sie fürchten sich vor Entdeckung und Bloßstellung und verfallen so leicht in eine tiefe Depression.

Verzweiflung ist eine Form von Depression. Viele Sexsüchtige sind zutiefst deprimiert, auch wenn sie sich dessen nicht bewusst sein müssen. Den Menschen in ihrer Umgebung fällt ihre finstere Stimmung garantiert auf, und vielleicht fragen sie sie sogar, was sie bedrückt. Sexsüchtige haben gelernt, ihre Empfindungen zu verbergen, und so wehren sie ab oder leugnen, dass es ihnen schlecht geht, wenn sie gefragt werden. Sie haben außerdem eine große Schmerztoleranz und gestehen sich selbst nicht ein, dass sie leiden.

Depression auf dieser Stufe kann zu anderen Problemen führen, wie zum Beispiel zu Schlaflosigkeit, übermäßigem Essen oder Essensverweigerung, Konzentrationsschwierigkeiten, Überempfindlichkeit und Stimmungsschwankungen. Die meisten Symptome der Depression äußern sich physisch in Kopf- oder Rückenschmerzen, Erschöpfung oder Magenbeschwerden. Empfänglichkeit für Infektionen und selbst für Krebs – auch das kann die Folge von chronischen Depressionen sein. Ich gehe jede Wette ein, dass ein Großteil der Besuche beim Arzt aufgrund körperlicher Symptome erfolgt, die mit Depressionen zusammenhängen.

Schließlich kann es im Stadium der Verzweiflung zu Selbstmordgedanken kommen. Die Scham und Hoffnungslosigkeit sind so groß, dass der einzige Ausweg der Tod zu sein scheint. Sexsucht ist eine Krankheit, und in letzter Konsequenz ist die Folge dieser wie vieler anderer Krankheiten, wenn sie unbehandelt bleiben, der Tod.

Die Verzweiflung kann auch mit Zorn und Vorwürfen gepaart sein. „Es war ihre Schuld, sie haben mich schon wieder verführt." Oder: „Meine Frau ist schuld. Wenn sie mir doch nur sexuell mehr bieten würde." Oder: „Wenn nur all diese Zuhälter, Pornografen und Nutten nicht wären, dann wäre mit mir alles in Ordnung." Für einen sexsüchtigen Menschen mag es einfacher erscheinen, andere zu kontrollieren, die Kultur eingeschlossen, als sich selbst.

Was sollen Betroffene angesichts ihrer Verzweiflung unternehmen? Sie wissen nicht, wo sie Hilfe finden können, und schämen sich zu sehr, als dass sie ihr Handeln jemandem beichten würden, der helfen könnte. Um der Verzweiflung zu entkommen, beschreiten sie den Kreis von vorn: Fixierung auf Sex, Ritual, Ausleben, Verzweiflung. Die Spirale führt weiter abwärts.

Wahrnehmbare Symptome

Auch wenn Sexsüchtige ihr Verhalten zu verschleiern versuchen, zeigen sie doch gewöhnlich einige durchaus leicht wahrnehmbare Symptome. Menschen, die mit einem Sexsüchtigen zusammenleben, arbeiten oder eine Gemeinde besuchen, können diese Symptome erkennen. Wenn Sie an jemandem solche Symptome feststellen, was signalisiert Ihnen das? Hier braucht ein Mensch Hilfe, und vielleicht hat er nicht die Kraft oder die Mittel, darum zu bitten.

Wenn Sie die Symptome im Folgenden kennenlernen, dann sollten sie nicht vorschnell Schlüsse aus dem Verhalten anderer Menschen ziehen. Manche dieser Symptome können auch Anzeichen für andere Süchte oder emotionale Probleme sein.

Nun also zwölf wahrnehmbare Symptome von Sexsucht im Überblick.

Fixierung auf das eigene Sexualverhalten

Sexsüchtige sind zunächst einmal extrem beschäftigt mit ihren eigenen sexuellen Fantasien. Das führt dazu, dass sie nach sexuellen Ausdrucksweisen ihrer Vorstellungen suchen. Sie widmen der Fixierung mehr und mehr Zeit, bis sie an einen Punkt gelangen, an dem ihr ganzes Leben um sexuelle Gedanken und Aktivitäten kreist.

Dieses Symptom ist an vielen Dingen erkennbar. Gibt es pornografisches Material irgendwelcher Art? Sieht sich der- oder diejenige sexuell eindeutige Videos an? Liegen altersbeschränkte Videos herum? Interessiert sich der- oder diejenige auffällig für Sexshops, Pornokinos, Bordelle oder Stripteasebars? Schenkt er oder sie attraktiven Menschen mehr als nur einen anerkennenden Blick? Kreisen seine oder ihre Gespräche immer wieder um sexuelle Aktivitäten?

Wenn Sie der Sexualpartner dieses Menschen sind: Ist der- oder diejenige ständig auf Sex aus, oder fragt er oder sie vielleicht im Gegenteil nie danach? Klagt er oder sie über zu wenig sexuelle Begegnungen oder fordert Sie zu sexuellen Praktiken auf, die Ihnen unangenehm sind?

Das sind einige der eher offensichtlichen Anzeichen. Wenn Sie in der Umgebung eines Sexsüchtigen sind, dann werden Sie vielleicht auf subtilere Weise eine Art sexuelle Energie wahrnehmen. Selbst wenn Sie keine Ahnung von den sexuellen Praktiken haben, um die es geht, spüren sie vielleicht intuitiv, dass etwas seltsam ist.

Ausuferndes Sexualverhalten

Sexsucht ist eine degenerative Krankheit, und das Ausmaß oder der Grad der Aktivität nimmt mit der Zeit zu. Zum Beispiel mag es normal erscheinen, in Filme mit Freigabe ab 18 zu gehen, denn das tun viele Leute. In einem frühen Stadium sehen Sexsüchtige vielleicht nur die Kinomagazine daraufhin durch, ob Filme mit eindeutigen Szenen ins Kino kommen. Im nächsten Stadium wechseln sie zu Sexfilmen aus der Videothek. Von da geht es zu harter Pornografie, und wenn das nicht mehr reicht, dann beginnen sie Orte aufzusuchen, an denen es extreme Pornografie gibt.

Es gibt so viele unterschiedliche Eskalationsmuster, wie es Süchtige gibt. Die Entwicklung kann rasch oder langsam voranschreiten. Sie kann unterschiedliche Intensität annehmen. Vergessen Sie nicht, dass Sexsüchtige lange Zeiträume ertragen können, ohne dass sie ihre

Sucht ausleben. Sie können sich selbst und andere täuschen und den Eindruck verbreiten, sie hätten ihre Krankheit im Griff. Bedenklichere Verhaltensweisen können sich mit harmloseren abwechseln. Manche Sexsüchtige verlegen sich ganz bewusst auf weniger ernsthafte Praktiken, um von den gefährlichen loszukommen, oder sie belohnen sich mit harmloseren Sexpraktiken dafür, dass sie sich die grenzwertigen verkniffen haben. Damit können sie sich selbst beruhigen und sich einreden, dass ihr Verhalten nicht außer Kontrolle gerät. Von außen betrachtet schreitet das Ausleben der Sucht freilich immer weiter fort.

Distanziertes oder in sich gekehrtes Verhalten

In dem Maß, in dem das Sexualverhalten bedenklicher wird, legen Sexsüchtige ein distanziertes Verhalten an den Tag oder ziehen sich in sich zurück. Sie sind in Beschlag genommen von ihrem Sexualverhalten, von Scham und Schuldgefühlen und von der Angst, erwischt zu werden. Sie sind mental abwesend und verlieren oft die Beherrschung gegenüber den Menschen in ihrer direkten Umgebung. Sie können distanziert oder kalt wirken, aber auch im Gegenteil ausfällig, wenn man in sie zu dringen versucht. Fragt man sie, was los ist, dann beschwichtigen sie. Mehr und mehr vernachlässigen sie ihren Beruf, ihre Beziehungen und Freizeitinteressen.

Depressionen und Stimmungsschwankungen

Sexsüchtige können abwechselnd depressiv und dann wieder aufgedreht, ja albern sein. Im Kreislauf der Sexsucht wird die in sich gekehrte Phase der Fixierung abgelöst von der Erregung oder der Fiebrigkeit des Rituals, darauf folgen der Höhepunkt des Auslebens und dann der Absturz in Scham und Verzweiflung. Wenn man Süchtige auf diese Stimmungsschwankungen anspricht, erntet man gewundene Ausreden. Manchmal provoziert man damit auch einen Wutausbruch.

Reizbarkeit

Sexsüchtige Menschen versuchen ihre Gefühle zu verbergen und vermeiden alles, was zu ihrer Bloßstellung führen könnte. Sie errichten massive Verteidigungslinien. Wenn jemand Fragen stellt, die der Wahrheit zu nahekommen oder auch nur ihre Geschichte infrage stellen, dann können Süchtige äußerst unwillig werden. Ihr Verhalten macht sie wütend auf sich selbst und auf andere. Frühere Missbrauchserfahrungen können zusätzlich verborgenen Groll und Zorn nähren. Kleinigkeiten, die sie an solche Erlebnisse in der Vergangenheit erinnern, können Explosionen auslösen, die in keinerlei Verhältnis zum Anlass zu stehen scheinen. Einfache Fragen, unbedeutende Vorkommnisse oder schlichte Feststellungen rufen wütende Reaktionen hervor, denen Außenstehende nur fassungslos zusehen können, denn Anlass und Reaktion stehen einfach nicht im Verhältnis.

Aggression und Autoaggression

Wenn Sexsüchtige in der Vergangenheit misshandelt worden sind, dann eignen sie sich dieses Verhalten möglicherweise selbst an. Wenn nie jemand mit ihnen geredet hat, dann reden sie auch nicht mit anderen. Wenn sie angeschrien und beschimpft wurden, dann schreien sie selbst und schimpfen zurück. Wenn man sie angepredigt hat, dann predigen sie nun andere an. Sie misshandeln andere auf dieselbe Weise, wie sie misshandelt worden sind. Opfer von Misshandlung halten das mitunter für ein akzeptables Verhalten, oder sie sind zu verängstigt oder beschämt, um es infrage zu stellen.

Manche Sexsüchtige misshandeln sich auch selbst. Ihre Angewohnheiten, ihre Körperhygiene, ihr Essverhalten, ihr Rauchen, ihr Trinken fallen womöglich jedem in ihrer Umgebung unangenehm auf. Viele Betroffene lassen bei allem, was sie tun oder konsumieren, jedes Maß vermissen. Ich traf einen Sexsüchtigen, der verputzte täglich drei Packungen Kaugummi, abgesehen davon, dass er täglich drei Stunden trainierte.

Viele Sexsüchtige breiten vor Fremden intime Einzelheiten ihres Lebens aus, ausgenommen ihre Sexualität. Ein katholischer Bischof berichtete mir von einem Priester, der nahezu jedem Schäfchen seiner Gemeinde den Eindruck vermittelt hatte, es sei der oder die persönliche Vertraute des Priesters. Als sein problematisches Sexualverhalten ans Licht kam, waren alle geschockt und hatten Schuldgefühle, weil sie nichts bemerkt hatten. Sexsüchtige setzen viel daran, dass Menschen sie mögen, indem sie ihnen Vertrauen signalisieren. Sexsüchtige haben viele Bekannte, aber keine Freunde.

Widerstand gegen Aufsicht oder Kritik

Da Sexsüchtige große Teile ihres täglichen Verhaltens im Verborgenen ausüben, sind sie nicht sehr empfänglich für Kritik, wie konstruktiv sie auch sein mag. Sie leben möglicherweise mit Menschen zusammen, die ihr Verhalten schon gern korrigieren würden und dann auch deutlicher oder laut werden, wenn sie nicht mit ihrer Kritik durchdringen. Das führt dazu, dass Sexsüchtige sich nur noch tiefer in sich kehren, denn sie wollen vermeiden, dass ihr Sexualverhalten infrage gestellt wird.

Anzüglicher Humor

Sexsüchtige können immer mit anzüglichem Humor zur Hand sein. Stets machen sie Anspielungen (was manche als sexuelle Belästigung empfinden) oder erzählen schmutzige Witze. Sexsüchtige sexualisieren fast jede Situation und finden das offenbar witzig. Anzügliche Witze dienen ihnen je nach Grad der Verstrickung in die Sucht dazu, neue Sexualpartner zu finden. Sie achten genauestens darauf, wie ihr Gegenüber auf ihren Witz reagiert, und wenn die Reaktion wohlwollend ausfällt, dann wird die Flamme der sexuellen Anspielungen eine Stufe höher gedreht.

Sexsüchtige sind oft gut im Umgang mit zweideutigen Worten, Sätzen, Ausdrücken – sofern die zweite Bedeutungsebene sexuell aufgeladen ist. Man braucht nur etwas aus dieser Preisklasse sagen, und der Sexsüchtige wird grinsend darauf einsteigen und den sexuellen Gehalt darlegen. Wenn jemand sagt: „Mein Freund kam heute morgen genau rechtzeitig", dann beziehen Sexsüchtige das „Kommen" selbstverständlich auf einen Orgasmus und witzeln entsprechend.

Kompromittierendes Verhalten, offene sexuelle Avancen

Gewusst, worauf Sie achten müssen, und schon machen Sie Sexsüchtige auf der Party, im Supermarkt und selbst in der Gemeinde aus. Sie erzählen anzügliche Witze, sie berühren andere Leute in ungehöriger Weise, sie verteilen allzu viele Umarmungen und Küsschen, und sie schauen, schauen ständig. Ihre Augen zielen hierhin und dorthin. Sie saugen alles in sich auf. Sie verfolgen ausgewählte attraktive Menschen mit den Augen.

Manche Sexsüchtige sind sehr direkt. Sie kommen direkt auf einen zu und sprechen über Sex. Die Rezeptionistin eines Wellnesscenters erzählte mir eines Tages, dass gerade erst ein Mann zu ihr gekommen sei, aus dem Nichts, und sie gefragt hätte, ob sie nicht mit ihm nach Hause kommen wolle. Es gibt subtilere Ouvertüren als diese, und Sexsüchtige können sehr kreativ sein.

In dem Maß, in dem die Krankheit fortschreitet, wird auch das ungehörige Verhalten schlimmer. Die Frau eines Pastors erzählte mir, dass ihr Mann sie erst in nicht jugendfreie, später in pornografische Kinofilme geschleppt hatte. Dann legte er sich eine Videokamera zu und wollte sie nackt filmen. Dann wollte er sie beim Sex mit anderen Männern filmen. Als sie das ablehnte, wurde er wütend und gewalttätig. Sie verließ ihn, und er hat sich nie helfen lassen.

Befremdlich an Geschichten wie diesen ist, was sich liebende Partner alles bieten lassen, bevor sie das Verhalten des anderen infrage stellen. Man sollte schon bei ersten Anzeichen auf der Hut sein. Die Krankheit schreitet fort, und das heißt, dass die Konsequenzen gravierender werden.

Ehegatten sollten sich bewusst sein, dass Sexsüchtige oft zunehmend frustriert sind mit dem Sexualleben in der Ehe.

Ehegatten sollten sich bewusst sein, dass Sexsüchtige oft zunehmend frustriert sind mit dem Sexualleben in der Ehe. Möglicherweise entziehen sie sich dem Verkehr mit dem Ehepartner ganz, aus Enttäuschung oder aufgrund außerehelicher Affären. Sexsüchtige können immer maßlosere Forderungen nach Sex oder nach bestimmten sexuellen Praktiken stellen, sie können sich aber auch gänzlich uninteressiert an Sex zeigen.

Ein nicht so selbstbewusster Ehepartner empfindet vielleicht Schuldgefühle, weil er oder sie nicht die „ehelichen Pflichten" erfüllen kann, oder fühlt sich von den Ansprüchen des Partners brüskiert oder abgestoßen. Gerade Christen fällt es schwer, unangemessene sexuelle Erwartungen in der Ehe infrage zu stellen, denn sie halten es vielleicht für ihre Pflicht, den Erwartungen des Partners zu entsprechen. Dabei haben sie doch jedes Recht auf eigene Ansichten und Vorlieben in Sachen Sex und sollten sich dessen vergewissern.

Selbstbewusste Ehepartner werden sich klarmachen, dass noch so viel Sex und Attraktivität einen aktiven Sexsüchtigen nicht zufriedenstellen werden. Selbst wenn der Sex in der Ehe ihnen selbst gut erscheinen mag, ist der Partner möglicherweise trotzdem frustriert, nur dass sie nichts davon mitbekommen. Denn sexsüchtige Menschen können vielleicht gar nicht verständlich machen, was sie sich eigentlich wünschen.

Zunehmende soziale, familiäre, berufliche und juristische Schwierigkeiten

Mit fortschreitender Dauer fordert die Krankheit immer mehr Zeit für die Beschäftigung mit und das Praktizieren von Sex. Das geht natürlich auf Kosten der Arbeit, der Familie, des sozialen Lebens, der beruflichen Verantwortung oder anderer Verpflichtungen. Wenn ein Mensch all das vernachlässigt, dann ist das ein Zeichen dafür, dass etwas anderes ihm die Energie raubt. Ein besorgter nahestehender Mensch darf verlangen, dass er darüber ins Bild gesetzt wird. Vor allem Familienmitglieder haben ein Recht darauf, eingeweiht zu werden, denn sie sind die Opfer.

Wenn die Arbeit leidet, dann stehen der Job und das Einkommen auf dem Spiel. Freundschaften und andere soziale Kontakte gehen verloren. Unethisches Verhalten kann zum Verlust von Lizenzen, Approbationen, Zulassungen führen. Gesetzesverstöße können den Sexsüchtigen ins Gefängnis bringen. Viele Sexsüchtige versuchen Arrestzeiten wegzuerklären, etwa solche wegen Förderung der Prostitution – nach dem Motto: Das war ein einmaliger Ausrutscher, das wird nie wieder passieren. Lassen Sie sich nicht täuschen! Solche Gefängnisaufenthalte sind fast nie isolierte Ereignisse. Höchstwahrscheinlich sind sie das Resultat eines lang eingeübten Verhaltensmusters.

Bevor ein süchtiger Mensch schwerwiegende Verluste oder gravierende Konsequenzen erleidet, gibt es bereits Anzeichen dafür, dass er oder sie Pflichten oder Beziehungen vernachlässigt, Erwartungen nicht erfüllt, Auflagen missachtet. Selbst wenn Sie Sexsucht aufdecken, werden Sie dem Süchtigen möglicherweise nicht helfen können. Manche Menschen müssen erst ganz unten landen, bevor sie Hilfe annehmen.

Intuition

Dieses letzte Symptom ist kein Merkmal des Sexsüchtigen, sondern gehört zu den Menschen, die in Beziehung mit einem Sexsüchtigen leben. Trauen Sie Ihrer Intuition! Deb, meine Frau, spricht davon, dass man ein „wohlwollender Beobachter" sein soll. Was heißt das? Nehmen Sie Ihre eigenen Ansichten und Empfindungen ernst, und gehen Sie nicht zu sehr mit sich ins Gericht, wenn Sie es in der Vergangenheit nicht getan haben. Die meisten Ehepartner, Chefs, Pastoren oder Freunde von Sexsüchtigen haben eine Art sechsten Sinn dafür, dass etwas nicht stimmt. Das kann sich auf unterschiedliche Weise äußern und kann einfach nur auf einer Kombination verschiedener Eindrücke beruhen. Freunde und Angehörige haben vielleicht das Gefühl, dass sie nur die halbe Wahrheit kennen. Oder die Erklärungen von Sexsüchtigen, wo sie waren oder was sie bei dieser oder jener Gelegenheit getan haben, ergeben keinen Sinn.

Eine Frau sagte mir, dass ihr Ehemann immer dreißig bis fünfundvierzig Minuten brauchte, um den Babysitter nach Hause zu bringen. Er redete sich damit heraus, dass er noch ein paar Minuten geplaudert hätte, oder er hätte noch beim Tankshop haltgemacht und wäre dann einfach zum Entspannen noch etwas herumgekurvt. Es klang alles selbstsicher und überzeugend, und doch ergab es keinen rechten Sinn. Tatsächlich besuchte der Mann regelmäßig eine Frau, mit der er ein Verhältnis hatte.

Trauen sie Ihrem Gefühl und handeln sie entsprechend. Wegschauen und hoffen, dass alles gut wird, ist keine fürsorgliche Reaktion, denn der Sexsüchtige stirbt allmählich, und ohne Hilfe kann es nur schlimmer werden.

Unleugbare Beweise

Vielleicht das offensichtlichste Symptom, aber oft eines, das erst ganz zuletzt erkennbar wird, sind unleugbare Beweise. Ignorieren Sie sie nicht: Kreditkartenabrechnungen von Firmen mit seltsamen Namen, Telefonrechnungen mit unbekannten 0900er-Nummern, pornografische Zeitschriften, pornografische Internetadressen und so weiter. Ehepartner sind oft als Letzte bereit, das Offensichtliche zu glauben. Zum Teil wollen sie die Wahrheit nicht akzeptieren, weil sie zu sehr wehtut. Vielleicht flüchtet sich ein Partner sogar in kunstvolle Erklärungen, warum es nicht wahr sein kann. Die nächsten Angehörigen sind zwar oft nicht die Letzten, die es erfahren, aber die Letzten, die die Tatsachen akzeptieren.

Konsequenzen

Stan war Pastor einer großen, lebendigen Gemeinde, die er selbst mit aufgebaut hatte. Er hatte eine liebende Frau und eine Tochter. Die perfekte Familie – so schien es. Aber Stan war abhängig von Pornografie und Prostitution. Im Lauf der Jahre verprasste er Tausende von Dollars, um seine sexuellen Gelüste zu befriedigen. Um sich das alles leisten zu können, beantragte er eine ganze Reihe von Kreditkarten – und bekam sie auch. Schließlich konnte er die Rechnungen nicht mehr begleichen. Er stand bei den Kartenorganisationen mit rund 40.000 Dollar in der Kreide.

Stan war verzweifelt. Wie sollte er seiner Frau oder seiner Gemeinde diese Rechnungen erklären? Er hatte früher einmal bei einer Bank gearbeitet und wusste, wie dort die Abläufe waren. Er besorgte sich eine billige Handfeuerwaffe, begann Banken auszurauben und bezahlte seine Schulden. Nach dem zwölften Banküberfall wurde er geschnappt. Der saubere Pastor wanderte für acht Jahre ins Gefängnis, und das alles wegen seiner zwanghaften Nutzung von Pornografie und Prostitution.

Sexsüchtige riskieren gewohnheitsmäßig alle möglichen Konsequenzen. Für manche macht die Gefährlichkeit ihres Tuns einen Teil des Reizes aus. Sie riskieren Aids und andere Infektionskrankheiten. Sie riskieren den Verlust des Jobs und den beruflichen Absturz. Sie setzen ihre Ehe aufs Spiel, ihre Freunde, ihr Geld. Sie können verhaftet, angeklagt, ins Gefängnis gesteckt werden. Sie nehmen Depressionen, Ängste und andere Gemütskrankheiten in Kauf. Oft verheddern sich Sexsüchtige so in ihren Aktivitäten, dass sie sich völlig überfordern und ausbrennen. Die Erschöpfung wiederum bereitet einer Vielzahl von körperlichen Erkrankungen das Feld.

Auch körperliche Verletzungen sind verbreitet. Ich sprach bereits von der alten Frau, die so exzessiv masturbiert hatte, dass sie chirurgisch behandelt werden musste. Selbstmord ist oft die letzte Konsequenz. Paul, ein Jugendpastor, war süchtig nach Pornografie, seit er elf Jahre alt war. Als Erwachsener bekam er pornografisches Material in die Hand, das minderjährige Mädchen zeigte. Er ließ sich so sehr auf diese Form von Pornografie ein, dass er schließlich wirklich ein sexuelles Verhältnis mit einer Sechzehnjährigen aus seiner Jugendgruppe begann. Die Sache flog auf, er wurde verhaftet. Die Folgen seines Handelns wollte er nicht tragen. Noch bevor der Fall zur Verhandlung kam, nahm er sich das Leben.

Konsequenzen hindern einen Sexsüchtigen nicht daran, seine Sucht auszuleben.

Konsequenzen hindern einen Sexsüchtigen nicht daran, seine Sucht auszuleben. Ich hatte mit mehreren Sexsüchtigen zu tun, die wissentlich Verkehr mit HIV-positiven Partnern hatten. Das zeigt nur, wie verzweifelt Süchtige sein können, wenn es darum geht, dass sie ihre „Dosis“ bekommen, und ist ein weiteres Beispiel für selbstmörderisches Denken.

Wenn Sie vermuten, dass jemand in Ihrem Bekanntenkreis sexsüchtig ist, dann gibt es durchaus Dinge, die Sie tun können. In Teil 3 werden wir darauf eingehen. Aber zunächst ist es wichtig, dass wir die Ursachen von Sexsucht verstehen. Woher sie kommt und was sie auslöst – darum geht es im folgenden Kapitel.

Teil 2: Die Ursachen von Sexsucht

5. Ungünstige familiäre Bedingungen

Sexsucht nimmt ihren Anfang in Familien, in denen problematische Merkmale und Mechanismen vorhanden sind. Nehmen wir den Fall von Roger. Oberflächlich betrachtet war Rogers Familie vorbildlich. Sein Vater war ein fleißiger, erfolgreicher Unternehmer, der zudem noch ein hohes bürgerliches Engagement zeigte. Die ganze Familie war in der örtlichen Kirchengemeinde aktiv.

Roger, der älteste Sohn, war ein guter Schüler und herausragender Sportler. Nach der Highschool sollte er eine ähnliche Laufbahn wie sein Vater antreten. Mit dem Schulabschluss in der Tasche begann er, in verschiedenen Funktionen in einer der Fabriken des Vaters zu arbeiten. Schließlich heiratete er eine Frau, die zwei Töchter mit in die Ehe brachte.

Bei näherem Hinsehen war Rogers Familie alles andere als perfekt. Äußerst problematische Mechanismen waren am Werk. Als Roger noch ein Kleinkind war, hatte seine Mutter mit seinen Genitalien gespielt. Später zwang ihn einer seiner Onkel zu oralem Sex. Im Teenageralter hatte eine Tante mit Roger Geschlechtsverkehr. Mit seiner ein Jahr jüngeren Schwester unterhielt Roger eine sexuelle Beziehung, bis beide das Haus verließen. Rogers Vater war zu Hause eher ein passiver Mann, aber in der Fabrik brüllte er Roger an und putzte ihn herunter, wenn dieser etwas nicht sofort hinbekam. Roger versuchte damit zurechtzukommen, indem er zu trinken begann. Mit den Jahren immer mehr.

Sexsucht nimmt ihren Anfang in Familien, in denen problematische Merkmale und Mechanismen vorhanden sind.

Seine Alkoholprobleme waren offensichtlicher, und so begann Roger zu den Anonymen Alkoholikern zu gehen. Er schaffte es, abstinent zu werden, aber er masturbierte täglich, tummelte sich in Sexshops, suchte Prostituierte auf und hatte eine ganze Reihe von

Liebschaften. In einem Fall kam seine Frau dahinter und verlangte, dass er sich ändern sollte. Sein Pastor ermutigte ihn, barmherzig mit sich selbst zu sein, Gottes Vergebung anzunehmen und an seiner Ehe zu arbeiten. Ziel: die eheliche Treue halten.

In Rogers „perfekter Familie“ war weder über Sex noch über Probleme jemals gesprochen worden. Von allen wurde erwartet, dass sie sich anständig verhalten und Anerkennung in der Umgebung finden. Alle anderen fanden Rogers Familie wunderbar, untereinander aber waren die Familienmitglieder distanziert und kalt. Roger erinnert sich, dass er im Alter von fünf Jahren allein in seinem Zimmer masturbiert hatte. Seine Mutter hatte ihm in frühester Kindheit gezeigt, wie angenehm dieses Gefühl ist, und er hatte rasch gelernt, durch Selbstbefriedigung der Einsamkeit und dem Chaos in seiner Familie zu entfliehen.

Die in Familien verursachten Verletzungen verstehen

Rogers Geschichte ist kein Einzelfall. Wie die meisten Sexsüchtigen ist Roger in einer Familie aufgewachsen, in der viele problematische Mechanismen am Werk waren. Seine Familie wirkte auf die Außenwelt ganz normal, aber in Wirklichkeit waren die Familienmitglieder Fremde, ja sogar Feinde füreinander. Roger kann von seiner Sexsucht nicht frei werden, solange er das Wesen des Schmerzes nicht versteht, den er beim Aufwachsen in dieser Familie empfunden hat.

Von einer Familie zu sagen, dass sie – wie Rogers Familie – problematische Merkmale aufweist, heißt nicht, dass man über sie den Stab bricht. Es geht um eine Beschreibung des Sachverhalts. Mitglieder von Rogers Familie haben viele unmoralische Dinge getan, die man jeweils für sich einschätzen muss. Wir können Verhaltensweisen beurteilen und versuchen, sie zu verstehen, aber wir sollten nicht Menschen verurteilen. Viele Eltern bemühen sich nach Kräften. Viele Familien machen verhängnisvolle Fehler in der besten Absicht. Wenn

Eltern freilich nie gelernt haben, wie sie Liebe auf gesunde Art vermitteln können, und wenn Familienmitglieder nicht selbst einen gewissen Grad persönlicher Reife und Gesundheit erlangt haben, dann ist es sehr wahrscheinlich, dass das ganze Familiensystem darunter leidet.

Einer Familie das Etikett „gesund“ oder „ungesund“ zu verpassen ist nicht unbedingt hilfreich. Viele Menschen verfallen in ein Schwarz-Weiß-Denken, wenn sie ihre Familien in „gut“ oder „schlecht“ unterteilen wollen. Letzten Endes sind solche Unterscheidungen bedeutungslos. Alle Familien weisen gute und schlechte, gesunde und ungesunde Qualitäten auf. Alle Familien und alle Familienmitglieder machen Fehler. Diese Fehler schlagen Wunden in einem Menschen. Und diese Wunden können emotionaler, körperlicher, sexueller oder geistlicher Natur sein.

Sexsüchtige versuchen, die in der Familie erlittenen Wunden und die damit verbundenen schmerzlichen Empfindungen zu verdrängen, indem sie durch sexuelle Aktivität angenehme Empfindungen erzeugen. Es ist wichtig, dass sexsüchtige Menschen ihr zwanghaftes Sexualverhalten als Versuch begreifen, alte Wunden zu behandeln und Liebe zu finden. Beginnen sollten sie damit, dass sie sich erlittene Verletzungen bewusst machen und verstehen. Die Wunden verstehen heißt für Sexsüchtige, sich mit den Mechanismen in der Familie ihrer Kindheit auseinanderzusetzen. Indem sie diese Mechanismen durchschauen, setzt der Heilungsprozess ein.

Es ist wichtig, dass sexsüchtige Menschen ihr zwanghaftes Sexualverhalten als Versuch begreifen, alte Wunden zu behandeln und Liebe zu finden.

Betroffene, die von ihrer Krankheit genesen, geben nicht Familienmitgliedern die Schuld an ihrer Sucht, noch leugnen sie, dass sie für die eigene Gesundung selbst verantwortlich sind. Süchtige auf dem Weg zur Heilung müssen freilich eingestehen, dass sie verletzt worden sind, und müssen begreifen, dass sie diese Wunden nicht verdient haben. Sie müssen sich klarmachen, dass sie nicht die benötigte Liebe und Zuwendung bekommen haben und dass viele der Botschaften, die sie verinnerlicht haben, möglicherweise falsch waren. Die Einsicht in diese Dinge ist entscheidend für die Haltungsänderung sich selbst und anderen gegenüber. Es ist außerdem entscheidend, dass sie die Liebe und Zuwendung finden, die sie nie oder nicht genug erhalten haben, aber immer brauchten.

Wunden filtern die Wahrheit über das, was einen Menschen wirklich ausmacht. In Psalm 139 lesen wir, dass wir „wunderbar und einzigartig" geschaffen sind und dass Gott uns seit dem Augenblick unserer Empfängnis kennt. Aus Johannes 3,16 erfahren wir, dass Gott uns so sehr liebt, dass er seinen einzigen Sohn gesandt hat, um für uns zu sterben. Süchtige müssen sich die Frage stellen, ob ihre Familien ihnen dazu verholfen oder sie eher daran gehindert haben, diese grundlegenden Wahrheiten zu verstehen.

Gott liebt uns wirklich. Wir bedeuten ihm wirklich etwas.

Gott liebt uns wirklich. Wir bedeuten ihm wirklich etwas. Wenn die Menschen in unserer Umgebung diese Liebe nicht besonders gut widerspiegeln, dann macht es uns das fast unmöglich, Gott wirklich zu begreifen. Es ist wie bei einem Kaffeefilter. Man füllt Kaffeepulver in den Filter, und wenn man kochendes Wasser durchlaufen lässt, bekommt man Kaffee. Auch unser menschlicher Geist, unser Verstand hat einen Filter. Wenn man unterschiedlichste Formen von Missbrauch in diesen Filter füllt, dann kann man selbst das lebendige Wasser der Liebe Jesu Christi (Johannes 4) hindurchlaufen lassen, aber was herauskommt, ist immer noch vergiftet durch die Grundüberzeugung, dass wir schlecht und nichtswürdig sind.

Es kann sein, dass Süchtige auf die Entdeckung ihrer Verletzungen mit Wut reagieren und erst einmal darüber trauern müssen. Bis dieser Prozess durchlaufen ist, kann es einige Jahre dauern, denn dabei werden mächtige Emotionen aufgewühlt.

Jesus sagte zu Nikodemus, dass wir, um ins Reich Gottes zu gelangen, neu geboren werden müssen (Johannes 3,3). Wir müssen wie

Kinder werden, die sich nach Gottes fürsorglicher Zuwendung sehnen. Für Opfer von Missbrauch kann dieser Gedanke extrem schmerzlich sein. Und doch kann es heilsam sein, wieder wie ein Kind zu werden, wenn wir den Schmerz verstehen und uns ihm stellen und ihn abarbeiten. Jesus hat die kleinen Kinder zu sich eingeladen (Matthäus 19,14), und er nennt uns seine Brüder und Schwestern. Unsere irdische Familie mag Mängel haben, aber unser himmlischer Vater ist perfekt. Gott als himmlischen Vater zu kennen gibt uns die Freiheit, unsere Erinnerungen zu akzeptieren, neu geboren zu werden und in ihm Trost zu finden.

Wenn Sie süchtig sind, dann werden dieses und das nächste Kapitel möglicherweise schmerzliche Erinnerungen in Ihnen wachrufen. Laufen Sie nicht davor weg. Reden Sie mit jemandem, der Sie akzeptiert und Ihnen zuhört. Wenn nötig, holen Sie sich Rat von jemandem, der weiß, wie man solche Empfindungen aufarbeitet.

Jesus hat während seines Wirkens auf der Erde Dämonen ausgetrieben, die ihre Opfer besessen und ihr Leben kontrolliert hatten. Quälende Kindheitserinnerungen sind oft wie solche Dämonen. Sie sind tief im Innern vergraben, und oft erinnern sich Menschen noch nicht einmal, dass es sie gibt. Diese unbewussten Erinnerungen an längst vergangene Erlebnisse veranlassen Menschen, auf aktuelle Situationen in bestimmter Weise zu reagieren. In den nächsten beiden Kapiteln werden wir einige dieser Dämonen der Vergangenheit benennen mit dem Ziel, dass sexsüchtige Menschen wieder heil werden. Wo Süchtige ihre Dämonen kennen, da können sie auch die richtigen Entscheidungen treffen, um sie loszuwerden.

Vier Felder problematischer Mechanismen

Was macht problematische Mechanismen in Familien aus? Es gibt vier Felder solcher Mechanismen in Familien, als da wären: Grenzen, Regeln, Rollen, Abhängigkeiten. In diesem Kapitel versuchen wir, die Faktoren in der Familie eines sexsüchtigen Menschen zu verstehen, die die Familie empfänglich für Missbrauchserfahrungen und Verletzungen machen. Dieses und das nächste Kapitel beschreiben ungünstige familiäre Bedingungen, ob nun Süchte involviert sind oder nicht. Bei Sexsüchtigen lösen diese Mechanismen Empfindungen von Scham, Einsamkeit, Isolation, Zorn und Furcht aus.

Grenzen

In allen Familien gibt es Grenzen. Sie umgeben unsichtbare Areale emotionaler, körperlicher, sexueller und geistlicher Art, die um den Körper, den Verstand und die Seele eines Menschen gruppiert sind. Sie sind wie eine Art Kraftfeld. Sie machen „ihren Raum“ aus. Grenzen definieren, ob und wie der unsichtbare Raum eines Menschen betreten werden kann – oder ob nicht. Wenn Grenzen auf gesunde Art definiert und behauptet werden, dann fühlt sich ein Mensch sicher und geschützt. Eine Familie, in der man sich gegenseitig in gesunder Weise Zuwendung und Berührung schenkt und dabei irritierende sexuelle Botschaften vermeidet, vermittelt den Familienmitgliedern das Gefühl, dass sie in Sicherheit und geliebt sind.

Man spricht von lockeren Grenzen, wenn zwischen Familienmitgliedern Handlungen erfolgen, die nicht erfolgen sollten. Grenzen werden verletzt. Eines Abends ging ein Freund von mir in das Zimmer seiner halbwüchsigen Tochter, nicht ahnend, dass sie unbekleidet war. Obwohl er sofort wieder hinausging, waren beide von dem Vorfall aufgewühlt, denn er hatte eine unsichtbare Grenze überschritten. Die unausgesprochene Grenzlinie besteht darin, das Teenager ihre

Grenzen	Regeln	Rollen	Abhängigkeiten	
locker undurchlässig	Sag nichts Fühle nichts Gib anderen die Schuld Verharmlose Leugne	Held Sündenbock Maskottchen Verirrtes Kind Macher Ermöglicher Kleiner Prinz/kleine Prinzessin Heiliger	Substanzen: Alkohol Drogen · illegal · per Rezept · frei verkäuflich Nikotin Koffein Nahrungsmittel	Verhalten: Sex Arbeit Spielen Geld ausgeben Kaufen Essen Stehlen Putzen

Privatsphäre brauchen, und mein Freund hätte anklopfen sollen, bevor er den Raum betrat.

Ernstere Grenzverletzungen geschehen in Familien, die in einer Krise sind. Das ist der Fall, wo Familienmitglieder geschlagen, angebrüllt, sexuell belästigt oder mit Moralpredigten überzogen werden. Wenn Grenzen zu locker sind, dann bekommen Menschen das Gefühl, dass sie keine Kontrolle über ihren Körper, ihren Verstand, ihren Geist haben. Andere dringen in ihre Privatsphäre ein. Jemand Älteres, jemand Größeres, jemand, dem sie vertrauen, tut ihnen etwas an, und sie können es nicht verhindern. Auch Nein sagen macht die Sache nicht besser. Sie erleben, dass sie den anderen nur zufriedenstellen, indem sie mitmachen, ihre Grenzen fallen lassen und dem anderen erlauben, sie zu missbrauchen. Solche Erfahrungen beeinflussen, wie die Betroffenen für den Rest ihres Lebens mit anderen Menschen umgehen, insbesondere mit denen, die sie lieben, und mit der eigenen Familie.

Grenzen können aber auch allzu undurchlässig sein. Gesunde Zuwendung, die nötig wäre, bleibt aus. Liebe und Fürsorge, einander zuhören und aufeinander eingehen, Rat und Anteilnahme, Anleitung und Vorleben – all das findet nicht statt. Kinder in solchen Familien fühlen sich, als würden sie immer auf Armeslänge Abstand gehalten. Es mangelt ihnen an Aufmerksamkeit und Zuwendung und so beginnen sie sich zu fragen: „Was stimmt nicht mit mir? Ich muss ein schlechter Mensch sein. Mami und Papi lieben mich nicht." Wem können sich diese einsamen Kinder anvertrauen? Sie haben gelernt, dass ihnen niemand zuhört. Sie fühlen sich verstoßen. Später im Leben werden sie versuchen, gegen ihre Einsamkeit mit problematischen und sündigen Verhaltensweisen anzugehen.

In ein und derselben Familie können sowohl allzu lockere als auch allzu undurchlässige Grenzen vorhanden sein. Ein Elternteil verletzt vielleicht eine lockere Grenze, während der andere eine undurchlässige Grenze aufrichtet. Das Kind erlebt beides gleichzeitig. Zu verschiedenen Zeiten können verschiedene Familienmitglieder zu dieser Mischung aus lockeren und undurchlässigen Grenzen beitragen. Derselbe Mensch, der Inzest verübt, kann zu anderen Zeiten überaus liebevoll sein. Er oder sie verletzt einerseits Grenzen, die unbedingt respektiert werden sollten, und hilft andererseits, nötige Grenzen zu ziehen.

In ein und derselben Familie können sowohl allzu lockere als auch allzu undurchlässige Grenzen vorhanden sein.

Wo in Familien sowohl lockere als auch undurchlässige Grenzen vorhanden sind, werden Kinder verständlicherweise verwirrt. Die Vorbilder, die sie haben, verhalten sich inkonsequent und unvorhersehbar. Später im Leben, wenn die inzwischen erwachsen gewordenen Kinder eine Regel verletzen, wird sie vielleicht jemand fragen: „Hast du das etwa nicht gewusst?" Vielleicht haben sie es intellektuell gewusst, aber emotional waren sie verwirrt. Nehmen wir zum Beispiel Dave. Als Kind ist er von seiner Mutter sexuell missbraucht worden. Seine Mutter war andererseits ein ausgesprochen liebevoller und fürsorglicher Mensch. Der Zusammenhang zwischen mütterlicher Liebe und Sex verwirrte Dave. Nach einer langen Karriere mit Pornografie und Masturbation verübte Dave Inzest an seiner eigenen Tochter. Verstandesmäßig war ihm klar, dass das falsch war, aber die emotionale Verwirrung darüber, was ein Elternteil tut, brachte ihn dazu, selbst Missbrauch zu begehen. Was Dave geschehen ist und was er getan hat, das bezeichnen manche als „Opfer-Täter-Kreislauf".

Aus der Bibel kennen wir die Aussage, wonach die Sünden der Väter noch über Generationen weiterwirken.

Ein Strafverteidiger fragte den Verantwortlichen einer christlichen Organisation: „Sie kennen doch bestimmt das Gebot, das Ihnen Ehebruch verbietet?" Der Mann bejahte. Dann fragte der Anwalt: „Wenn Sie es kennen, warum haben Sie es dann gebrochen?" Der betroffene Mann konnte Recht und Unrecht intellektuell durchaus unterscheiden, aber er war als Kind mit Inzest und anderen Formen von sexuellen Sünden konfrontiert worden. In seinem Leben waren so viele sexuelle Grenzen überschritten worden, dass er emotional nicht mehr wusste, was falsch und was richtig ist.

Um Verwirrung über Grenzverletzungen auszulösen, muss nicht erst Inzest vorliegen, das kann mit ganz harmlosen Dingen anfangen. Ich ging mit meinem achtjährigen Sohn zu einer Flugschau, bei der Kinder bis einschließlich sieben Jahre nur zwei Dollar Eintritt zahlen mussten. Ich war versucht, dem Mann am Schalter zu sagen, mein Sohn sei sieben. Aber wenn ich das getan hätte, hätte ich meinem Sohn vermittelt, dass wir in unserer Familie keine Regeln respektieren. Im Großen wie im Kleinen können ansonsten liebende Eltern ihre Kinder in Verwirrung darüber stürzen, was denn nun gesunde Liebe und Zuwendung ausmacht, wenn sie Grenzen verletzen oder sie nicht so schützen, wie es von ihnen erwartet wird.

Intakte Familien respektieren und pflegen Grenzen. Wer in einer solchen Familie aufwächst, fühlt sich geliebt und sicher.

Regeln

Ein gesunder Mensch hat gelernt, mit Schmerz und Empfindungen wie Einsamkeit, Furcht, Ängstlichkeit und Zorn umzugehen und darüber zu reden. Das Reden über negative Empfindungen verschlimmert diese Empfindungen nicht. Familienmitglieder äußern vielleicht: „Wenn ich über meine Wut spreche, dann gerät sie womöglich außer

Kontrolle – ich könnte jemanden umbringen." Das ist abwegig. Auf dem Weg zur Heilung von Sexsucht ist eine Vielzahl von Gesprächen nötig, werden viele Empfindungen aufkommen, muss man Verantwortung für die eigenen Handlungen übernehmen. Süchtige, die heil werden wollen, müssen neue Verhaltensregeln und neue Mechanismen in Sachen Familie einüben.

Manche Familien haben Regeln, die Spannungen eindämmen und unkontrollierte Ausbrüche verhindern sollen. Diese Regeln sind vermutlich nie ausgesprochen oder gar schriftlich festgehalten worden, aber die ganze Familie kennt sie und handelt entsprechend. Im Folgenden fünf weitverbreitete Beispiele für solche Regeln.

Wir sagen dazu nichts

Familien unterhalten sich über alles Mögliche – übers Wetter, über Sport oder eine Fernsehsendung, aber ganz bestimmt nicht über Gefühle, Probleme oder peinliche Situationen. Erwachsene sind rasch bei der Hand mit Maßnahmen, die andere Familienmitglieder davon abhalten, Gefühle zu zeigen. Wenn doch jemand versucht, etwas Bedeutsames anzusprechen, dann wird er ignoriert, aufgezogen, heruntergemacht oder einfach mundtot gemacht. Man sagt ihm: „Große Jungen weinen nicht", oder: „Dein Bruder hat damit nie ein Problem gehabt." Manchmal bieten sie auch einen Ausgleich an, um ja nicht über Emotionen reden zu müssen: „Ich weiß, dass dein Hund tot ist. Du bekommst einen neuen. Alles wird gut." Auch die Religion muss herhalten: „Gott hat es nicht gern, wenn du so traurig bist." Die Regel kann stolz und schlicht deklariert werden: „In dieser Familie reden wir über so etwas nicht", was immer dieses „etwas" sein mag.

Wir fühlen nichts

Diese Regel bezieht sich speziell auf Empfindungen. Die Gefühle in der Familie, besonders „negative" wie Zorn, Traurigkeit, Furcht oder Ängstlichkeit, werden abgewertet. Die Absicht hinter dieser Regel ist fürsorglich, aber im Ergebnis läuft sie auf Leugnung hinaus. Wenn eine negative Empfindung aufkommt, dann meldet sich der Hüter der „Fühle nichts"-Regel zu Wort: „Bitte stell dich nicht so an. Lass mich dir helfen, deine Probleme zu lösen." Das ist nicht hilfreich, denn nur weil Menschen ihre Gefühle ausgeredet werden, verschwinden sie ja nicht. Sie bleiben so lange im Innern des Menschen vergraben, wie sie nicht geäußert werden. Unterdrückte Empfindungen mögen unbewusst sein, aber sie können das Verhalten über viele Jahre beeinflussen.

Wir geben anderen die Schuld an unseren Problemen

Unreife Familienmitglieder weigern sich, die Verantwortung für ihre eigenen Probleme oder Fehler zu übernehmen. Denn das würde ja Schuldgefühle erzeugen und Furcht, dass jemand ihnen böse sein oder etwas Schlechtes daraus folgen könnte. Solche Familien suchen nach einem Sündenbock. Einer sagt zum Beispiel: „Du machst mich rasend." Ein reifer Mensch würde sagen: „Als du das getan hast, bin ich wütend geworden. Mein Zorn gehört mir. Lass uns darüber reden, was los war." So ausgedrückt, muss sich der andere nicht gleich verteidigen.

Direkte Schuldzuweisungen hört man tagtäglich auf dem Schulhof: „Er hat mich zuerst geschlagen. Ich musste mich wehren." Oder: „Er hat mich beleidigt. Ich musste ihm eine verpassen." Objekt solcher Schuldzuweisungen können Einzelne, Gruppen oder Institutionen sein. Ich erinnere mich, dass ich mich in der vierten Klasse wahnsinnig über schlechte Noten aufgeregt habe, und wen habe ich dafür verantwortlich gemacht? Meinen Lehrer – diesen ungerechten, alten, senilen Katholiken, der es auf einen Pastorensohn wie mich abgesehen hatte!

Wir reden unsere Probleme klein

„So schlimm war das doch nicht", oder: „Das war nichts Ernstes" – so reden wir, wenn wir andere und uns selbst davon überzeugen wollen, dass uns selbst nichts fehlt und dass wir auch niemandem wehgetan haben. Das basiert auf uns überlieferten Werten wie Tapferkeit. Wer will schon als wehleidig gelten? Es kann auch auf der Selbsteinschätzung beruhen, dass wir gut sind und anderen kein Leid zufügen. Wir finden wortreiche Erklärungen dafür, warum die Dinge in Wirklichkeit besser sind, als sie erscheinen. Zum Beispiel: „Denk an all die Menschen in Indien, die nichts zu essen und kein Geld für Kleidung haben. Wir können dankbar sein für das, was wir haben."

Reife Familienmitglieder müssen Probleme nicht kleinreden, sie akzeptieren sie. Sie betrachten sie aus der richtigen Perspektive und suchen nach passenden Lösungen. Gleichzeitig stellen sie sich den schmerzlichen Empfindungen, die mit den Problemen einhergehen. Ein reifes Familienmitglied würde sagen: „Das muss wirklich wehtun. Du kannst mir gern mehr darüber erzählen. Ich würde mit dir auch gern darüber sprechen, wie wir verhindern können, dass so was in Zukunft noch mal passiert."

Wir leugnen unsere Probleme

Manche Familienmitglieder leugnen, dass sie Schwierigkeiten haben oder sich selbst oder anderen Schaden zugefügt haben. Sie können sagen: „Ich hab's nicht so gemeint", oder: „Tut mir leid. Du verzeihst mir doch, stimmt's?", oder: „Was regst du dich so auf? Das war doch gar nichts!" In Wirklichkeit lautet die Botschaft: „Was schaust du mich an? Es ist nicht meine Schuld. Ärgere dich nicht über mich. Lass mich in Frieden!" Sie denken, dass sie sich nicht dem Schmerz stellen müssen, wenn sie das zugehörige Problem leugnen.

Leugnen kann kunstreiche Formen annehmen: Lügen, beschönigen, ablenken. Beispiel: „Das war nicht mein Auto dort vor der Absteige", oder: „Ich war im Büro und habe mich bis spät um die Buchhaltung gekümmert; du weißt doch, die Steuererklärung ist fällig", oder: „Ich weiß wirklich nicht, was du meinst. Ich war dort nicht."

Die Gesundheit einer Familie ist eine relative Sache. Es kann Zeiten geben, in denen ist es angezeigt, bestimmte Dinge nicht anzusprechen – um unnötigen Kummer oder Peinlichkeiten zu vermeiden, oder um vertrauliche Informationen bei sich zu behalten. Manchmal kann das Vermeiden schlechter Stimmung oder das zeitweise Verharmlosen von Problemen eine gute Strategie sein, die einem über eine schwierige Phase hinweghilft. Über Empfindungen kann man auch später noch sprechen, wenn mehr Zeit dafür da ist oder wenn es sicherer ist. Und dann wieder kann es Zeiten geben, in denen jemand wirklich etwas falsch gemacht hat und es verdient, dass man ihn zur Rede stellt oder ihn verantwortlich macht für sein Tun. Das kann in Liebe geschehen und muss nicht verurteilend sein. Und dann wird es wieder Zeiten geben, in denen jemand wirklich nichts getan hat und die Vorwürfe eines wütenden Anklägers abwehren muss.

Rollen

Rollen beschreiben die Aufgabenverteilung innerhalb einer Familie. Der Begriff ist aus der Theaterwelt entlehnt. Mit der Zuweisung einer Rolle gehen klare Erwartungen einher, wie man sich in allen Familiensituationen verhalten soll. Rollen werden ausdrücklich oder unausgesprochen an Familienmitglieder verteilt. Die Rollenzuweisung ist dann problematisch, wenn sie unflexibel ist und jemanden daran hindert, die Person zu werden, die er oder sie nach Gottes Vorstellung sein soll. Sexsüchtige Männer und Frauen empfinden oft Trauer, Zorn und Unbehagen über die Rolle, die sie spielen. Das ist Treibstoff für ihr Suchtverhalten. Rollen beeinflussen auch, mit was für Menschen wir uns im Leben umgeben, für welchen Arbeitsplatz wir uns entscheiden – und sogar welcher Gemeinde wir uns anschließen.

Die Rollenzuweisung ist dann problematisch, wenn sie unflexibel ist und einen daran hindert, die Person zu werden, die man nach Gottes Vorstellung sein soll.

Rollen werden schon bei der Geburt verteilt. Das erste Kind bekommt die Rolle zugewiesen, lang gehegte Erwartungen zu erfüllen.

Oft verrät der Name, was die Familie vom Kind und für das Kind erhofft: „Mein Großvater John war ein großartiger Mann, ein namhafter Rechtsgelehrter. Lass uns unseren ersten Sohn John nennen." Vielleicht will der kleine John gar kein großer Mann oder namhafter Jurist werden, aber das ist die Rolle, die ihm zugedacht ist.

Die Geschichten, die Familien über sich, über die Welt, über ihre Werte und Ansichten erzählen, sind kleine und ständige Erinnerungen an Rollenerwartungen. Unser kleiner John bekommt viel zu hören von den wunderbaren Erfolgen seines Urgroßvaters, von seinem edlen Charakter und seinen beeindruckenden Auftritten als Jurist. Die Familie rühmt die Vorzüge einer juristischen Karriere. Auf dem Weg in den Urlaub verweisen Johns Eltern auf jede juristische Fakultät, an der sie vorbeikommen. Später im Leben, wenn John all das infrage stellt, sagen seine Eltern vielleicht: „Wir haben dich nie gezwungen, Anwalt zu werden." Kann sein, dass sie das nicht direkt getan haben, aber indirekt haben sie sehr wohl kommuniziert, dass sie genau das von ihm erwartet haben.

Rollen gründen sich auch darauf, welche Aufgaben ein Kind übernehmen muss, damit das Familienleben funktionieren kann. Manche Rollen sind kulturell geprägt, so wie die unterschiedlichen Erwartungen, die vielerorts an Jungen und Mädchen gestellt werden. Familien, Schulen, die Medien, Kinofilme und Kirchengemeinden präsentieren Vorstellungen, wie Männer und Frauen sich verhalten sollen. Wir alle sind von der Kultur geprägt, in der wir aufgewachsen sind. Wenn Sie Kinder haben, machen Sie sich etwa keine Gedanken, wie unsere Kultur Ihre Kinder beeinflusst?

Manchmal geht die Rollenzuschreibung auf tief wurzelnde Überzeugungen zurück. So gibt es Gemeinden, in denen Frauen keine leitenden Positionen einnehmen dürfen. Begründet wird das mit einer bestimmten Sicht einschlägiger Bibelstellen. Meine Frau und ich lebten einige Zeit in Iowa, und dort gab es immer noch Schulen, in denen galt für Mädchen beim Basketball die Regel, dass sie jeweils nur das halbe Spielfeld nutzen durften. Man glaubte, dass Mädchen nicht leistungsfähig genug seien, um ständig über das ganze Spielfeld vor- und zurücklaufen zu können. Deshalb gab es an diesen Schulen jeweils sechsköpfige Teams – drei Mädchen spielten Angreifer, die anderen drei verteidigten. Keine durfte die Mittellinie in die jeweils andere Richtung überschreiten.

Viele Autoren haben über die vielfältigen Rollen in Familiensystemen geschrieben. Ich habe daraus acht Rollen herausdestilliert.[7] Wenn Sie diesen Abschnitt lesen, machen Sie sich vielleicht Gedanken über die Rollen in Ihrer eigenen Familie. Mein Vorschlag: Skizzieren Sie Ihre Familie auf einem Blatt Papier, so als ob Sie einen Stammbaum anlegen wollten. Schreiben Sie jeden Namen auf und lassen Sie darunter jeweils genügend Platz für weitere Notizen. Wenn Sie die Rollenbeschreibungen im Folgenden studieren, überlegen Sie, ob die Charakteristika einer Rolle auf Mitglieder Ihrer Familie zutreffen. Bedenken Sie, dass wir alle mehrere Rollen spielen, und jede einzelne Rolle kann von mehr als nur einer Person verkörpert werden.

Der Held

Von den Helden einer Familie erwartet man, dass sie stets glänzen. Sie sind Akademiker, Sportler oder Stars in der sozialen Umgebung. Sie haben immer recht, und die Familie fragt stets sie um Rat. Indem Helden ihre Rolle spielen, gewinnen sie Autorität und erzielen einen besonderen Status. Ihre Ausbildung, ihre Aktivitäten lässt man sich etwas kosten, ihnen widmet man mehr Zeit und Aufmerksamkeit. Der Rest der Familie mag insgeheim neidisch sein, bringt das aber nie zur Sprache. Stattdessen verweisen alle in der Familie auf den Helden nach dem Motto: „Wir haben da jemand ganz Besonderen. Wir sind eine außergewöhnliche Familie."

Um Helden ranken sich ausgiebige Geschichten. Bei Familientreffen graben Mitglieder die Errungenschaften des Helden aus, seine Siege, seine Erfolge. Sie zeigen Bilder herum, stellen Preise aus, platzieren Urkunden sorgfältig und sammeln und archivieren jeden Zeitungsausschnitt.

Der Sündenbock

Der Sündenbock ist das Gegenstück zum Helden. Von Sündenböcken ist man es gewohnt, dass sie Fehler machen, sich irren und ständig in Schwierigkeiten stecken. Ihre Fehler müssen nicht gravierend sein – nur groß genug, um die Aufmerksamkeit auf ihre Dummheit oder Unfähigkeit zu lenken. Von Sündenböcken erwartet man nicht, dass sie Talent haben oder begabt sind, und sie lernen, vorhandene Fähigkeiten zu verbergen.

Wozu brauchen Familien einen Sündenbock? Um ihm die Schuld an Problemen zuzuschieben. Irgendwie, bewusst oder unbewusst, verinnerlicht der Sündenbock das. Was später als absichtlicher oder unabsichtlicher Fehler erscheint, kann in Wirklichkeit das Ergebnis eingeübter Handlungsmuster sein. Im Extremfall kann die Familie den Sündenbock ächten, oder vielleicht geht sie oder er auch von sich aus und gilt von da an als das „schwarze Schaf" der Familie.

Das Maskottchen

Maskottchen sind die Familienclowns. Maskottchen erzählen Witze, können sarkastisch sein, ziehen sich selbst oder andere durch den Kakao, oder sie bringen die Leute durch ihre Tollpatschigkeit zum Lachen. Dieses Verhalten lenkt die Aufmerksamkeit ab von Empfindungen und kann tatsächlich Spannungen entschärfen. Zum Beispiel kann ein anzüglicher Witz etwaiges sexuelles Knistern innerhalb der Familie abmildern.

Humor ist an und für sich nichts Schlechtes. In intakten Familien wird viel gelacht. Zur rechten Zeit angebracht, kann Humor Druck wegnehmen und heilsam sein. Problematische Familien können mit Gefühlen nicht umgehen, und in dem Fall nutzen Maskottchen ihren Humor, um Gefühlen auszuweichen. Sie bringen Leute zum Lachen, dabei überdecken sie ihre Empfindungen. Die Empfindungen sind nicht weg, sondern liegen unter der Oberfläche und können Tage, Wochen, Monate und selbst Jahre später noch explodieren.

Das verirrte Kind

Das verirrte Kind hat gelernt, dass man in der Familie keine Gefühle zum Ausdruck bringt, und dass besonders seine Gefühle nicht wahrgenommen werden. Im Ergebnis hat das verirrte Kind gelernt, seine Empfindungen in sich zu vergraben. Es geht auf sein Zimmer und liest Bücher oder spielt still vor sich hin. Es hat vielleicht imaginäre Freunde und spricht mit ihnen in einer Sprache, die nur es selbst versteht. Für die Außenwelt und für den Rest der Familie ist das Kind nur still und ernst, aber dahinter steckt mehr. Verirrte Kinder haben sich selbst verloren und sind für andere verloren. Sie tragen tiefe Gefühle in sich herum, die sie betäuben, weil ihnen ja sowieso niemand zuhört. Weil sie niemanden zum Reden haben, nehmen sie zum Teil nicht einmal wahr, dass sie Gefühle haben.

Später im Leben können sie wie starke, stille Typen wirken. Vielleicht werden sie sogar bewundert für ihre Fähigkeit, stets die Fassung zu bewahren. Oft hält man sie für starke Menschen, die mit allem klarkommen. Wenn sie jemand nach ihrem Befinden fragt, antworten sie rasch, dass es ihnen gut geht. Verirrte Kinder sind geradezu prädestiniert, Süchte aller Art zu entwickeln. Sie entdecken, dass Suchtstoffe oder zwanghafte Aktivitäten ihnen helfen, ihre Gefühle zu betäuben. Verirrte Kinder sind einsam, traurig und manchmal deprimiert.

Der Macher

Der Macher ist das Familienmitglied, das die Dinge zum Laufen bringt. Macher halten die Familie zusammen, indem sie das Essen kochen, die Rechnungen bezahlen, sich um die Wäsche kümmern, die Wohnung in Schuss halten und die Kinder chauffieren. Sie haben gerne zu tun.

Wenn Macher den Eindruck haben, dass alles an ihnen hängen bleibt, dann bringen sie dieses Empfinden in kurzen Ausbrüchen von Zorn oder Launenhaftigkeit zum Ausdruck. Aber anschließend stürzen sie sich wieder nahtlos in die Arbeit. Manchmal heischen Macher auch Mitleid: „Niemand geht mir zur Hand. Immer muss ich die Wäsche bügeln." Wenn jemand Hilfe anbietet, lehnen Macher das Angebot ab und erledigen es selbst. Macher wissen, dass nur sie es richtig machen können. Im Mitleidsspiel nehmen Macher zeitweise eine andere Identität an – die des Märtyrers. In der Märtyrerrolle ändert sich an der Geschäftigkeit nichts, es kommt lediglich das Element des ständigen Klagens dazu. Macher sind prädestiniert, später zu Workaholics zu werden.

Der Ermöglicher

Damit wird oft ein Mensch beschrieben, der mit einem Alkoholiker zusammenlebt und nichts unternimmt, um die Sucht zu bekämpfen. Solche Menschen gibt es auch in der Umgebung von Sexsüchtigen. Ermöglicher tolerieren unverantwortliches Sexualverhalten und unternehmen nichts dagegen. Ermöglicher haben ihre Identität mit dem Süchtigen verknüpft – ohne ihn wüssten sie nicht, wer sie sind.

Lügen und Entschuldigungen sind die Werkzeuge von Ermöglichern. Sie vermitteln gern den Eindruck, dass ihre Familie „normal" ist. Außenstehende wundern sich vielleicht, wie sich ein Ermöglicher mit den Umständen abfinden kann. Für jeden, der nicht so tief in die Familie verstrickt ist, liegt die Lösung auf der Hand: Trennung! Ermöglicher haben mitunter Streit mit wohlmeinenden Freunden, die offen zu dieser Lösung raten.

In christlichen Kreisen können Ermöglicher wie Heilige erscheinen. Wir sagen uns: „Wie kann man es in dieser abartigen Situation aushalten? Es gehören echter Glaube, Courage und Liebe dazu, so zu leben!"

Der kleine Prinz/die kleine Prinzessin

Auf den ersten Blick ähnelt diese Rolle der des Helden. Der Unterschied besteht vor allem darin, dass vom Helden Erfolge und Glanztaten erwartet werden, von der Prinzessin oder dem Prinzen gutes Aussehen. Die kleine Prinzessin, der kleine Prinz soll warmherzig und gewinnend, süß und knuddelig sein und der Welt draußen demonstrieren, dass nur eine ganz besondere Familie ein so traumhaftes Kind hervorbringen kann. Dieses Kind lernt zu lächeln, sich geschmackvoll zu kleiden und auf Bitten der Eltern hin kleine Lieder und Tänze vorzuführen. Es ist der Job der kleinen Prinzen und Prinzessinnen, andere zu unterhalten und sie zufriedenzustellen.

Was auch immer sich in ihrem Innern abspielt, die kleinen Prinzen und Prinzessinnen lernen, es hinter glücklichem Lächeln zu verbergen. Diese Kinder werden später zu allseits beliebten Menschen. Sie sind charmant, aufrecht, höflich und dankbar. Sie haben Charisma. Ein aufmerksamer Beobachter ahnt, dass das eine Maske ist, aber wie man den kleinen Prinzen oder die kleine Prinzessin gibt, das lernt man – wie alle anderen Rollen – schon früh, und um es überzeugend zu spielen, zahlt man einen hohen Preis: das eigene emotionale Wohlbefinden.

Der Heilige

Der Heilige ist der Familienheld, dem Perfektion in religiöser Hinsicht zugedacht ist. Die Familie kann selbst religiös sein oder auch nicht, der Heilige jedenfalls ist vorbildlich, was Tiefgründiges, Philosophisches oder Geistliches angeht. Alles Religiöse in der Familie – Beten, den Gottesdienst besuchen, in der Bibel lesen oder an irgendwelchen anderen religiösen Aktivitäten teilnehmen – wird vom Heiligen entweder angeregt oder selbst praktiziert.

Von Heiligen erwartet man oft, dass sie einen religiösen Beruf ergreifen. Viele Pastoren, Priester, Nonnen und Rabbis haben die Erwartung ihrer Familie erfüllt, als sie sich für die geistliche Laufbahn entschieden haben. Das muss ihnen nicht bewusst sein, aber irgendwo in sich spürten sie die Anweisung, sich ordinieren zu lassen. Und das war dann nicht göttliche Berufung, sondern der Ruf der Familie. Der Heilige kann weitere Fähigkeiten und Talente haben, die nie zum Tragen kommen.

Kombinierte Rollen

In den meisten Familien findet sich mehr als nur eine Person für eine bestimmte Rolle. Einzelne können auch zwischen verschiedenen Rollen hin- und herschalten. Und dieselbe Person kann mehr als nur eine Rolle spielen. Tatsächlich bestehen die meisten Familien aus Menschen, die verschiedene Rollen kombinieren. Der Macher und der Ermöglicher treten oft in einer Person auf. Wer alle Jobs in der Familie ausfüllt, erlaubt es anderen, keinen tun zu müssen. Auch das Maskottchen kann mit anderen Rollen kombiniert werden. Der Held kann zugleich der große Spaßmacher sein. Der Heilige kann im Tandem mit dem Helden oder dem kleinen Prinzen daherkommen. Heilige wachsen manchmal in ihre Rolle hinein, indem sie in der Gemeinde die Prinzen- oder Prinzessinnenrolle spielen. Jede Kombination ist denkbar.

Viele Pastoren geben zugleich den Helden, den Heiligen und das verirrte Kind. Sie werden aufs Podest gehoben (der Held), man erwartet von ihnen religiöse Perfektion (der Heilige) und sie verbringen viel Zeit allein (das verirrte Kind). Diese Rollenkombination ist auf tragische Weise einsam. Wenn Pastoren sich sexuell vergangen haben, dann verhindert die Dreifachrolle Held-Heiliger-Verirrtes Kind, dass sie Hilfe bekommen.

Wir alle spielen unsere Rollen auch dann weiter, wenn wir längst auf eigenen Beinen stehen. Am Arbeitsplatz stellen wir fest, dass wir mit unseren Chefs und Mitarbeitern ähnlich umgehen, wie wir mit Familienmitgliedern umgegangen sind. Auch in der Gemeinde spielen wir in der Kindheit erlernte Rollen. Während der Pastor der Held und Heilige ist, spielen viele von uns Macher. Für die Ehe suchen wir uns Partner, deren Rolle sich mit der unseren ergänzt. Ein Held zum Beispiel wird einen Macher-Ermöglicher heiraten, jemanden, der den Laden am Laufen hält, während der Held unterwegs ist, um Applaus zu ernten.

Abhängigkeiten

Manche Familien sind voll von Süchtigen der einen oder anderen Art. Sexsüchtige Menschen kommen gewöhnlich aus Familien, in denen es zumindest einen weiteren Süchtigen gibt. Einer der Hauptmechanismen in problematischen Familien besteht ja darin, dass Gefühle unterdrückt werden, und dafür müssen viele Familienmitglieder zusammenwirken. Um diese fortgesetzte Unterdrückung von Gefühlen zu bewerkstelligen, können Familienmitglieder sich in Abhängigkeiten begeben, denn die Hauptfunktion von Süchten ist die Flucht vor oder das Dämpfen von Empfindungen.

Es gib zwei Kategorien von Süchten und Abhängigkeiten: Die einen beziehen sich auf Substanzen, die anderen auf Verhaltensweisen. Abhängigkeit von Suchtmitteln bedeutet, dass man dem Körper Substanzen wie Alkohol oder andere Drogen zuführt. Sucht- und zwanghaftes Verhalten bezieht sich auf permanent geübte Verhaltensweisen wie zum Beispiel sexuelle Aktivitäten. In der Übersicht sind einige solche Süchte und Abhängigkeiten aufgeführt.

Jede Substanz, jede Aktivität kann süchtig machen. Entscheidend ist, ob etwas zwanghaft und unkontrollierbar wird, ob es zum Zweck der Flucht vor Empfindungen geschieht, und ob es letztlich zerstörerische Folgen hat.

Jede Substanz, jede Aktivität kann süchtig machen. Entscheidend ist, ob etwas zwanghaft und unkontrollierbar wird, ob es zum Zweck der Flucht vor Empfindungen geschieht, und ob es letztlich zerstörerische Folgen hat. Viele Suchtmittel und Verhaltensweisen, die zwanghaft werden können, sind nicht an und für sich schlecht. Sex zum Beispiel ist eine von Gott erdachte, natürliche und schöne Aktivität. Süchte bilden sich dort aus, wo der Konsum von an und für sich normalen Substanzen und das Ausüben von an und für sich normalen Aktivitäten einen unkontrollierbaren, zerstörerischen Charakter annimmt.

Süchte und Abhängigkeiten dienen in Familien oft als Strategien zum Stressabbau. Wenn ein Familienmitglied Langeweile, Einsamkeit, Trauer, Zorn oder Furcht zu erkennen gibt (alles mit Stress verbundene Empfindungen), dann schreitet ein anderes Mitglied ein mit der Aussage „Ich bring dir erst mal was zu essen“, oder „Warum schaltest du nicht den Fernseher an“, oder „Nimm einen Drink; spül deinen Kummer hinunter.“ Das sind Einladungen, unangenehme Gefühle durch Verhaltensweisen oder Suchtmittel zu regeln. Diese Art von Stressmanagement verändert Stimmungen oder lenkt Menschen zumindest von ihren Empfindungen ab. Und diese Art von Stressmanagement kann zwanghaft werden, vor allem, wenn es regelmäßig von einem leicht beeindruckbaren Kind angewandt wird.

Die Süchtigen in einer Familie müssen nicht den Eindruck haben, dass ihr Verhalten außer Kontrolle ist. Es ist aber wahrscheinlich, dass ihr Verhalten einzelnen Familienmitgliedern unangenehm ist. Und doch übertrumpft die unausgesprochene Familienregel alles Unbehagen, die da lautet: „Wir setzen uns mit diesem Verhalten nicht auseinander, denn wir wollen, dass die Dinge geräuschlos ablaufen. Wir wollen nicht, dass der Rest der Welt von unseren Problemen erfährt.“

Viele Familienmitglieder leugnen ihre Sucht und ersinnen die verrücktesten Ausreden, um zwanghaftes Verhalten wegzuerklären. Manche Familienmitglieder verfallen selbst in Süchte als Methode, um mit Gefühlen klarzukommen, die sie nicht ausdrücken können oder nicht zulassen, wie etwa den Kummer darüber, dass sich eine oder einer aus der Familie allmählich selbst umbringt. Der Ehepartner eines Sexsüchtigen könnte zum Beispiel eine Esssucht oder Arbeitswut entwickeln. In vielen Familien wird zeitgleich eine Vielzahl unterschiedlicher Abhängigkeiten genährt, weil Mitglieder der Familie langsam an Kummer, Einsamkeit oder an ihrer Sucht kaputtgehen.

Die Saat für Sexsucht keimt auf dem tiefen, fruchtbaren Boden aus Chaos, Fehlfunktion, Schweigen und Missbrauch. Der Weg zur Heilung für Sexsüchtige beginnt dort, wo sie verstehen, was ihre Familie kennzeichnet. Wo wurden dort Grenzen verletzt? Wie wurden Regeln kommuniziert – ausdrücklich oder unausgesprochen? Wer hat welche Rolle eingenommen? Welche Süchte, welche Abhängigkeiten gab es, und welche Form nahmen sie an?

Solche Fragen zu stellen kann qualvoll sein. Und wenn Sie darüber nachdenken, kann es passieren, dass eine Stimme in Ihrem Kopf Einspruch erhebt: „Auf meine Familie trifft das nicht zu. So schlimm war es nicht. Bitte keine Kritik an meiner Familie. Sie haben mich schließlich geliebt.“ Ich lade Sie ein, solche innere Stimmen einmal stumm zu schalten, wenn Sie weiterlesen auf der Suche nach Auswegen aus der Sexsucht. Besonders Christen fällt es schwer, kritisch über ihre Familien nachzudenken. Wir sind alle dazu erzogen worden, unsere Väter und Mütter zu ehren. Etwas in uns will nicht wahrhaben, dass die Verhältnisse vielleicht doch so schlecht waren. Vor allem sollten wir uns klarmachen: Es geht nicht um Schwarz-Weiß-Malerei. Auch liebevolle und gute Eltern machen Fehler. Die meisten Eltern lieben ihre Kinder und tun alles, was sie können.

Als Lohn unserer Bemühungen, diese Sachverhalte zu verstehen, winkt die Chance, dass wir im Erfolgsfall selbst entscheiden können, was für eine Art Mensch, was für Eltern, Ehegatten oder Freunde wir heute und in Zukunft sein wollen.

Gesunde Familien

Es gibt sie wirklich. Selbst Menschen, die aus relativ problematischen Familien kommen, setzen alles daran, dass die eigene Familie gesund ist. Viele ehemalige Sexsüchtige haben damit Erfolg.

Am einfachsten lässt sich verstehen, was eine gesunde Familie ausmacht, wenn man die ungesunden Merkmale umkehrt. Schaubild 4 zeigt das Familienmodell, bei dem die ungesunden Mechanismen ersetzt sind durch gesunde.

Das Fundament gesunder Familien sind gute Grenzen. Und die sind flexibel. Wie es beim Prediger Salomo heißt, hat alles unter Gottes Himmel seine Zeit. In gesunden Familien gibt es eine Zeit für Be-

Gesunde innerfamiliäre Mechanismen			
Grenzen	**Regeln**	**Rollen**	**Hilfreiche Entscheidungen**
· Flexibel · Fürsorge und Zuwendung werden gewährt · Respekt vor persönlichen Grenzen	· Reden erlaubt · Gefühle erlaubt · Wir akzeptieren unsere Probleme · Wir stellen uns den Problemen · Wir übernehmen die Verantwortung für unser Handeln · Wir bitten um Hilfe	· Austauschbar · Zu gegebener Zeit übernimmt jeder mal die Helden-, Heiligen-, Maskottchen- und Macherrolle · Ermöglichen bedeutet Fürsorge, Ermutigung, Anerkennung · Keine Sündenböcke, kleine Prinzen/Prinzessinnen, verirrten Kinder	· Familienmitglieder setzen sich mit Stress, Furcht, Trauer und Zorn auseinander, stärken gegenseitig das Selbstbewusstsein und bitten beizeiten um Hilfe

Gesunde Zuwendung			
Emotional	**Körperlich**	**Sexuell**	**Geistlich**
· Bestätigung wird gewährt · Gefühle werden akzeptiert · Menschen wird zugehört · Individualität wird gefördert	· Sicherheit wird vermittelt · Grundlegende Bedürfnisse werden gestillt · Sorge für den eigenen Körper wird gelehrt und vorgelebt	· Der Körper anderer Menschen wird respektiert · Intimität wird vorgelebt und vermittelt · Sexualerziehung erfolgt	· Persönliche Spiritualität wird vorgelebt · Geistliche Disziplin wird gelehrt · Eine von Liebe, nicht von Angst geprägte Beziehung zu Gott wird vermittelt · Biblische und theologische Information wird vermittelt/ermöglicht

Gesunde Scham

Selbstfürsorge
- Trifft gute Entscheidungen
- Gönnt sich Gutes
- Pflegt vertrauensvolle Beziehungen
- Bittet um Hilfe

Gesundes Selbst

Ermächtigung
- Erkennt an, auf Gott und andere angewiesen zu sein
- Bestätigt sich selbst ohne zu missachten, dass das Leben nicht beherrschbar ist
- Entdeckt Gottes Willen für sich

Liebe · Freude · Frieden

rührungen und eine Zeit ohne Berührungen. Alles hängt vom Zweck der Berührung ab. Wenn sie selbstsüchtig oder sexuell motiviert ist, dann muss die Grenze hoch sein. Wenn sie respektvoll und Zeichen von Zuwendung ist, dann kann die Grenze überschritten werden. In einer gesunden Familie hat jeder das Recht auf seine eigene emotionale, körperliche, sexuelle und geistliche Privatsphäre. Ein anderes Mitglied der Familie darf die Grenze dieser Privatheit nur überschreiten, wenn es damit Zuwendung ausdrücken will. Und selbst wenn die Grenze in bester Absicht überschritten wird, muss man um Erlaubnis fragen.

Meine Tochter ist mittlerweile erwachsen. Sie rief mich neulich an und fragte mich in einer bestimmten Sache nach meiner Meinung. Um ihr eine vernünftige Antwort geben zu können, musste ich sie um einige Informationen bitten, die ansonsten vertraulich gewesen wären. Ich bin nicht davon ausgegangen, dass ich das Recht hatte, diese Informationen zu verlangen. Deshalb bat ich zuerst um Erlaubnis, auch nur die Frage stellen zu dürfen. Sie können mir glauben, dass ich diese Lektion auf bittere Art gelernt habe.

Die Regeln in gesunden Familien haben den Charakter positiver Empfehlungen, nicht negativer Verbote. Wir sprechen über und erlauben Gefühle, wir akzeptieren und ergründen ernsthaft unsere Probleme, wir übernehmen Verantwortung für unser Verhalten, und wir bitten, wenn nötig, um Hilfe.

Rollen sind austauschbar. Keine einzelne Person spielt stets dieselbe. Zum Beispiel können alle Mitglieder der Familie zeitweise Helden oder Macher sein. Alle teilen sich die Verantwortung dafür, dass das Nötige erledigt wird. Man teilt Anerkennung aus und feiert Erfolge gemeinsam. Humor ist dazu da, Freude am Leben zu vermitteln, und wird nicht eingesetzt, um andere zu beschämen. Jeder darf mal den Spaßmacher spielen. Wir sind alle Heilige. Alle fühlen sich gemeinsam dafür verantwortlich, eine gesunde Spiritualität zu praktizieren. Ermöglichen wird zu einer positiven Tugend der Fürsorge, Ermutigung und Anerkennung. Es gibt keine Sündenböcke, weil jeder für sein Verhalten die Verantwortung übernimmt und niemandem Schuld zuschiebt. Niemand verirrt sich. Die Bedürfnisse aller werden wahrgenommen. Familienmitglieder isolieren sich nicht, sondern bitten, wenn nötig, um Hilfe.

Anstatt sich in Süchte zu flüchten, um mit Stress und Gefühlen klarzukommen, lernen die Mitglieder gesunder Familien, wie sie auf gesunde Art Gefühle ausdrücken, Probleme lösen und sich selbst bestätigen können. Sie werden ermutigt, die ganze Palette von Gefühlen zuzulassen. Wenn es in der Familie Suchtkranke gab, so sind sie auf dem Weg der Besserung. Sie üben sich in Abstinenz und lernen, sich um sich selbst zu kümmern, und das wird ihnen helfen, gesund zu werden.

Emotional werden die Mitglieder der Familie anerkannt dafür, was sie sind und was sie können. Sie werden ermutigt, ihre Gefühle auszudrücken, und diese Gefühle werden respektiert. Ein Elternteil sagt vielleicht zu seinem Kind: „Du scheinst wütend zu sein. Kannst du über diese Wut sprechen?" Ein Mensch, der über seine Wut reden kann, muss nicht laut oder gar handgreiflich werden, damit er beachtet wird.

Familienmitglieder fühlen sich körperlich sicher, und Eltern vermitteln und leben vor, wie man für den eigenen Körper sorgt. In gesunden Familien respektiert jeder den Körper des jeweils anderen, der ja ebenfalls ein Tempel des Heiligen Geistes ist. Intimität ist zwischen den Eltern vorhanden. Informationen über Sexualität werden offen vermittelt, Fragen angemessen diskutiert.

Gesunde Familien stehen in Beziehung zu einem lebendigen Gott. Sie lesen in der Bibel. Sie üben sich in geistlicher Disziplin und freuen sich an Gottes Schöpfung. Eltern schicken nicht einfach ihre Kinder zur Kirche, sondern engagieren sich selbst dort.

In solchen Familien ist die Freude zu Hause. Hier wachsen Menschen auf, die ein gesundes Selbstempfinden haben. Ein gesundes Schamgefühl ist vorhanden. Das bedeutet, dass Menschen ihre von Gott verliehenen Gaben, ihre menschlichen Grenzen kennen und wissen, dass sie auf Gott und andere Menschen angewiesen sind. Sie begreifen, dass ihr Leben ohne Gott unbeherrschbar ist.

Ein solches gesundes Selbstempfinden führt zu starken Persönlichkeiten. Mitglieder gesunder Familien sind fähig, sich selbst zu lieben und Gottes Willen für ihr Leben zu entdecken. Gesunde Persönlichkeiten sind auch fähig, sich selbst Gutes zu gönnen. Sie wissen, was sie mögen, sie verfolgen ihre Interessen und sie sind in der Lage, wenn nötig, um Hilfe zu bitten. Sie sind fähig zu vertrauensvollen Beziehungen. Kurz gesagt: Sie sind fähig, „andere so zu lieben wie sich selbst".

Es ist wunderbar, zu einer solchen Familie zu gehören. Gesunde Familien verhindern, dass der Kreislauf des Missbrauchs von einer Generation zur nächsten vererbt wird.

6. Missbrauchserfahrungen in der Familie

Joe und seine Frau Mary streiten sich seit Jahren über Sex. Schon seit den Flitterwochen ist Joe ständig auf Sex aus, während Mary regelmäßig abwinkt. Mit dem Ergebnis, dass Joe sich zurückgewiesen und verletzt fühlt und sehr zornig ist. Mary dagegen fühlt sich erniedrigt, manipuliert und ist darüber ebenfalls zornig. Ihr Streitverhalten ist unberechenbar und zerstörerisch geworden, und beide haben Schuldgefühle, weil sie einander nicht zufriedenstellen können. Sie denken, dass sie eine schreckliche Ehe führen, weil ihr Sexualleben so leer ist. Joe ist darüber hinaus sexsüchtig. Er masturbiert, nutzt Pornografie und geht zu Prostituierten.

Die Intensität des Streits geht auf alte Verletzungen zurück, die die beiden in ihren jeweiligen Familien erlitten haben. Joe wurde von seiner Mutter emotional vernachlässigt. Nie hatte sie Zeit für ihn. Mary wurde im Alter von zwölf bis sechzehn Jahren wiederholt von ihrem Vater vergewaltigt. Wenn Joe mit Mary schlafen will, ruft das bei ihr das Trauma des Inzests ins Bewusstsein. Und wenn sie ablehnt, erinnert sich Joe daran, wie ihn seine Mutter abgewiesen hat. Joe geht nicht ins Freudenhaus, weil er Sex braucht und ihn von Mary nicht bekommt. Vielmehr sucht er nach der Liebe und Zuwendung, die er als Kind nicht bekommen hat.

Familiären Missbrauch verstehen

An Joe und Mary wird deutlich, warum es so wichtig ist, ungesunde Mechanismen in Familien zu verstehen. Bei familiärem Missbrauch geht es um die Verletzungen, die einem Familienmitglied von einem anderen Familienmitglied zugefügt worden sind. Diese Verletzungen können die Betroffenen bis an ihr Lebensende quälen, wenn diese nicht begreifen, was ihnen geschehen ist, und Heilung suchen. Auch die Genesung von Sexsucht kann erst einsetzen, wenn der oder die Betroffene zu einer bewussten Auseinandersetzung mit den Erfahrungen der Kindheit kommt.

Der Kreislauf des Missbrauchs ist heimtückisch. Die meisten Menschen, die Missbrauch verüben, sind früher selbst missbraucht worden. In manchen Familien reicht die Spur des Missbrauchs über Generationen zurück. Missbrauch ist eines der Vehikel, mit denen die „Sünden der Väter" (oder der Mütter) von einer Generation zur nächsten weitergereicht werden.

Im Alten Testament lesen wir wiederholt, dass die Sünden der Väter zukünftigen Generationen Unglück bescheren können (2. Mose 20,5) und dass die Sünden der Elterngeneration nicht in Vergessenheit geraten sollen (Psalm 109,14f). Davids sexueller Fehltritt mit Batseba wurde in den nachfolgenden Generationen noch überboten, selbst zu Inzest und Mord kam es.

Christen fragen sich möglicherweise, ob Sexsüchtige nicht einfach die Verantwortung für ihr Verhalten auf ihre Familien abwälzen oder auf die, die sie missbraucht haben. In der Tat neigen sexsüchtige Menschen dazu, ihre Schuld auf alle möglichen Leute zu schieben, die Eltern eingeschlossen. Und natürlich sind Schuldzuweisungen um der Schuldzuweisungen willen nicht zu rechtfertigen und verletzen das Gebot, Vater und Mutter zu ehren.

Wir behandeln das Thema Missbrauch, um es zu verstehen, nicht um Schuld zuzuweisen. Verständnis führt zu Heilung. Schuldzuweisungen führen zur Verurteilung. Sexsüchtige auf dem Weg zur Heilung versuchen den erlittenen Missbrauch zu verstehen, um gesund zu werden. Aber sie dürfen dieses Verständnis nicht suchen, um andere für ihr Verhalten verantwortlich zu machen.

Um den erlittenen Missbrauch zu verstehen und heil zu werden, muss das Opfer Zorn zulassen. Auch wird es den Täter oder die Täterin zur Rede stellen müssen. Sowohl der Zorn als auch die Konfrontation mit dem Täter dienen dazu, das Opfer zu heilen, nicht den

Täter zu verurteilen, und sind unverzichtbare Bestandteile im Prozess der Genesung von Sexsucht.

Den erlittenen Missbrauch verstehen heißt für die Betroffenen, dass sie sich klarmachen, was ihnen widerfahren ist, und dass ihr Suchtverhalten der Versuch ist, die Missbrauchserfahrung zu bewältigen. Das ermöglicht ihnen zu verstehen, wie schmerzlich der Missbrauch war, wie verängstigt sie waren, wie einsam, und wie wütend sie sind. Indem sie diese Empfindungen zulassen und gesunde Möglichkeiten finden, sie auszudrücken und mit ihnen umzugehen, können sie heil werden.

Missbrauchsopfer müssen darauf achten, dass sie nicht selbst in das Fehlverhalten verfallen, dessen Opfer sie geworden sind.

Von einem Elternteil oder einem Familienmitglied missbraucht zu werden ist eine ungeheuerliche Erfahrung, die starke, verwirrende, furchterregende Empfindungen auslöst. Sie kann zu sündigen und selbstzerstörerischen Bewältigungsstrategien führen. Menschen, die ein sündiges und gottloses Leben führen, haben oft elterliche Liebe vermisst. Um sich zu verändern, müssen sie erkennen, dass sie zu der Zeit, als sie missbraucht wurden, das Bestmögliche getan haben – sie haben überlebt. Aber nun können sie andere Entscheidungen treffen, eingeschlossen die Entscheidung, sich auf die Liebe Gottes einzulassen, der eben nicht wie der oder die Täter aus ihrer Familie ist.

Indem das Opfer sich mit dem erlittenen Missbrauch auseinandersetzt, gesteht es ein, dass die Erfahrung verheerenden Schaden angerichtet hat, und trifft Vorkehrungen, um das Missbrauchsverhalten für die Zukunft auszuschließen. Missbrauchsopfer müssen darauf achten, dass sie nicht selbst in das Fehlverhalten verfallen, dessen Opfer sie geworden sind. Wir alle neigen dazu, das erneut zu inszenieren, was wir in der Kindheit beobachtet haben. Ganz gleich, wie abartig das Verhalten in unserer Familie war, als Kinder haben wir es als „normal“ erlebt, und so können wir missbräuchliche Verhaltensmuster entwickeln, ohne dass wir auch nur darüber nachdenken.

Sexsüchtige müssen wahrnehmen, was ihnen widerfahren ist, müssen es verstehen, müssen den Schmerz darüber zulassen, anstatt ihn zu unterdrücken, und müssen dagegen angehen als Zeichen dafür, dass ihnen der böse Charakter des Erlittenen klar ist. Dieser Prozess kann viel Zeit erfordern, aber er ist unumgänglich, damit die Betroffenen zukünftig bessere Entscheidungen treffen können. Wenn Sexsüchtige diese anderen Entscheidungen treffen, dann durchbrechen sie den Kreislauf sündigen missbräuchlichen Verhaltens, und dann werden die Sünden der Eltern nicht länger von einer Generation zur nächsten weitergereicht.

Indem wir derartige konstruktive Aufarbeitung betreiben, ehren wir letztlich unsere Familien in dem Sinn, in dem Gott es geboten hat. Als Nathan David mit seiner ehebrecherischen Beziehung zu Batseba konfrontierte, ehrte er David, denn ihm lag daran, dass David wieder zurechtkam. Auch wenn Sexsüchtige ihre Familienmitglieder zur Rechenschaft ziehen, ehren sie sie, sofern sie damit auf deren Heilung und auf Versöhnung mit ihnen aus sind. Heilung kann nur dort erfolgen, wo Fehlverhalten nicht wiederholt wird und Empfindungen ausgedrückt und offen zur Sprache gebracht werden.

Arten von Missbrauch

Bei der Identifizierung von in der Familie erlittenem Missbrauch ist es wichtig, vier Bereiche menschlicher Erfahrung zu bedenken: den emotionalen, den körperlichen, den sexuellen und den geistlichen Bereich. Missbrauch kann in zweierlei Hinsicht erfolgen: zum einen in Form von Übergriffen, zum andern in Form von Vernachlässigung. Wenn in einer Familie die Grenzen allzu locker geworden sind, dann werden emotionale, körperliche, sexuelle oder geistliche Grenzen überschritten: Übergriffe finden statt. Wenn die Grenzen innerhalb einer Familie allzu undurchlässig geworden sind, dann bekommen

Familienmitglieder nicht die nötige Liebe, Aufmerksamkeit, Zuwendung oder Information. Sie werden vernachlässigt.

Pat Carnes' Untersuchung von 1000 Sexsüchtigen ergab, dass 97 % emotionalen Missbrauch, 72 % körperlichen Missbrauch und 82 % sexuellen Missbrauch erlitten haben.[8] Diese Zahlen offenbaren, dass Missbrauchserfahrungen eine wichtige Rolle bei der Entwicklung von Sexsucht spielen. Damit sexsüchtige Menschen geheilt werden können, ist es entscheidend, dass sie den erlittenen Missbrauch und seine Folgen in ihrem Leben verstehen.

Die folgende Tabelle liefert einen Überblick über die acht in diesem Kapitel beschriebenen Typen von Missbrauch. Den beiden Grundkategorien – Übergriff, Vernachlässigung – sind jeweils die Bereiche menschlicher Erfahrung – emotional, körperlich, sexuell, geistlich – zugeordnet. Aus der Tabelle geht hervor, welche Übergriffe ein Menschen in emotionaler, körperlicher, sexueller oder geistlicher Hinsicht erleiden kann. Analog können Menschen auch emotional, körperlich, sexuell oder geistlich vernachlässigt werden. Beim Studieren dieses Kapitels können Sie auf einem Blatt Papier eine persönliche Tabelle anlegen, auf der Sie in den entsprechenden Feldern festhalten, in welcher Form Sie Missbrauch erlebt haben.

Bevor Sie weiterlesen, möchte ich Sie ermutigen, eine Pause einzulegen und zu beten. Bitten Sie Gott, dass er Ihnen hilft, schmerzliche Erfahrungen in Ihrem Leben, die Heilung verlangen, zu verstehen. Bitten Sie ihn um Schutz und Kraft, wenn Sie über in der Familie erlittene Verletzungen und möglicherweise auch Missbrauch nachdenken. Wenn Sie das Gelesene im Hinblick auf Ihr Leben durchdenken, sollte Ihnen klar sein, dass sie nicht künstlich Dinge aufwühlen. Der Zweck der Reflexion vergangener Ereignisse ist nicht, Erinnerungen an Dinge zu erzeugen, die nie stattgefunden haben, sondern zu erkennen, was wie stattgefunden hat und geprägt hat. Seien Sie in jedem Fall barmherzig mit sich selbst. Halten Sie inne und legen Sie eine Pause ein, wenn es nötig ist. Und vor allem: Wenn Gefühle Sie zu überwältigen drohen, zögern Sie nicht, mit jemandem darüber zu sprechen.

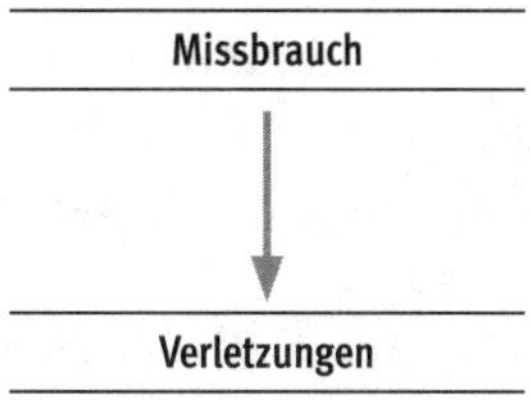

Übergriffe
allzu lockere Grenzen

Emotional	Körperlich	Sexuell	Geistlich
· Anschreien · Beschimpfen · Niedermachen · Beleidigen · Verfluchen · Geistiger Zwang · Inzest	· Schlagen · Treten · Bedrängen · Schubsen · Ohrfeigen	· Genitalien berühren, penetrieren · Beleidigende/ beschämende Anspielungen auf den Körper · Anzügliche Witze · Bewusst falsche Informationen über Sexualität	· Zerrbild eines strafenden und zornigen Gottes wird vermittelt · Selbstgerechtigkeit · Sexualität wird schlechtgemacht · Fragwürdiger Lebensstil wird vorgeführt

Vernachlässigung
allzu undurchlässige Grenzen

Emotional	Körperlich	Sexuell	Geistlich
· Nicht zuhören · Keine Zuwendung · Keine Fürsorge · Kein Ausdruck von Zuneigung	· Alleinlassen · Mangelhafte Ernährung, Unterbringung, Kleidung · Kein Vorbild in Sachen Körperwahrnehmung/ Hygiene	· Intimität wird nicht vorgelebt · Keine angemessene Sexualaufklärung	· Keine gesunde Spiritualität wird vorgelebt · Keine geistliche Disziplin

Emotionaler Missbrauch

Übergriffe auf die Gefühlswelt eines Menschen können auf unterschiedliche Weise erfolgen. Zum Beispiel kann man ihm einreden, er sei durch und durch schlecht. Am offensichtlichsten ist das Beschimpfen oder Anschreien, verbunden mit der unverschlüsselten verbalen Botschaft: „Du bist böse. Ich hasse dich. Du kriegst das nie im Leben hin. Ich verfluche den Tag, an dem du geboren wurdest. Du bist ein Idiot. Du bist abgrundhässlich."

Dieselben Botschaften können als Tatsachenbehauptungen maskiert daherkommen: „Es wundert mich nicht, dass du versagt hast. Du hast noch nie etwas geschafft. Du brauchst dich gar nicht erst um diese Ausbildung bewerben, du bist nicht schlau genug dafür. Mach dir keine Hoffnungen, dass sie sich von dir ausführen lässt – sie gibt sich mit jemandem wie dir nicht ab."

Zu anderen Zeiten kommt die Botschaft eher subtil daher: „Warum hast du keine besseren Noten? Dein Bruder hat das immer geschafft. Was findest du gerade an so einem? Merkst du nicht, dass er ein Verlierer ist?" Manche von uns kennen auch den gewissen Gesichtsausdruck unserer Eltern, den bestimmten Tonfall, den sorgenvollen Seufzer, den Fingerzeig, das Schulterzucken, das Stirnrunzeln.

All diese Botschaften sind missbräuchlich. Sie sind das Ergebnis unangebrachten Ärgers, unangemessen ausgedrückt und nie in hilfreicher oder konstruktiver Absicht vermittelt. Sie sind missbräuchlich, weil sie im Opfer lange schwärende, tiefe Wunden schlagen.

Eine andere Art des emotionalen Übergriffs ist das Einreden, dass Gedanken und Empfindungen schlecht oder falsch sind. „Geistige Vergewaltigung" mag vielleicht harsch klingen, aber es beschreibt diese Art des Missbrauchs korrekt, die einem Menschen seine eigenen Gedanken oder Gefühle verbietet. Aussagen wie „Stell dich nicht so an" oder ein zorniges „Das ist vielleicht eine blöde Reaktion" oder ein „Reiß dich bloß zusammen" sind Beispiele für geistige Vergewaltigung. Familienmitglieder werden aufgefordert, Gefühle zu unterdrücken, nur damit es einem anderen besser geht: „Es tut mir weh, wenn du so elend dreinschaust", oder: „Du machst mir Angst, wenn du zornig wirst", oder: „Es macht mir Kummer, wenn du dich sorgst", oder: „Wenn Papa wüsste, dass du das so empfindest, er würde sich schämen."

Eine andere verbreitete Botschaft lautet: „Du musst das nicht so ernst nehmen." Diese Art geistiger Vergewaltigung basiert auf dem Verniedlichen und Verharmlosen und geht oft einher mit Gründen, warum das Opfer etwas nicht so tragisch nehmen muss. Selbst Lösungen können in dem Zusammenhang angeboten werden: „Du musst nicht verzweifeln. Du könntest das und jenes tun, so bekommst du die Sache in den Griff." Wenn Familienmitglieder in die Situation kommen, glücklich, stolz oder froh zu sein, dann lernen sie, solche Empfindungen zu unterdrücken, damit sie „ja nicht eingebildet" werden. Entsprechende Wertungen und Äußerungen unterdrücken nicht nur ehrliche Wahrnehmungen und Empfindungen, sie erzeugen in den Opfern außerdem das Gefühl der Einsamkeit, denn offensichtlich empfindet niemand sonst in der Familie so wie sie.

Geistige Vergewaltigung liegt auch vor, wenn Menschen eingeredet wird, ihre Empfindungen seien Zeichen mangelnder Reife. Eine der frühesten Botschaften dieser Art kennen viele von uns – sie lautet: „Große Jungen/Mädchen weinen nicht." Im Lauf der Zeit werden wir aufgefordert: „Werde endlich erwachsen", „Benimm dich deinem Alter entsprechend", oder „Hör auf, dich wie ein Baby zu benehmen."

Geistige Vergewaltigung liegt auch vor, wenn versucht wird, Menschen einzureden, sie seien nicht wirklich erlöst, solange sie noch Trauer, Furcht oder Zorn empfinden. Bei der Beerdigung meiner Oma forderte uns der Pfarrer auf, nicht länger zu weinen. So würden wir unserem christlichen Glauben an Großmutters Erlösung Ausdruck verleihen. Ich glaube zwar bestimmt, dass meine Oma jetzt erlöst und in ihrem „ewigen Zuhause" bei Gott ist, aber dass wir bei ihrer Beerdigung angehalten wurden, nicht zu weinen, das hat unsere Fähigkeit zu trauern empfindlich eingeschränkt – abgesehen davon, dass diese Aussage keinerlei biblische Begründung hat. Ich sehe darin ganz klar eine religiöse Spielart geistiger Vergewaltigung.

Bei geistiger Vergewaltigung ist der Inhalt der Botschaft nicht immer, aber oft korrekt – sie wird jedoch zur falschen Zeit angebracht und soll Menschen von ihren Gefühlen abhalten. Die Absicht mag gut sein, aber der „geistige Vergewaltiger“ selbst ist gefühllos oder kommt nicht mit Gefühlen klar und versucht ihnen dadurch zu entgehen, dass er anderen ihre Gefühle verleidet.

Geistige Vergewaltigung findet da statt, wo jemand den Wert der Gefühle eines anderen missachtet oder nicht akzeptiert. Im Ergebnis gelangt das Opfer zu der Überzeugung, dass es schlecht, unreif, unverantwortlich, ein Zeichen von Schwäche, treulos oder in sonst einer Weise inakzeptabel ist, solche Gefühle zu haben.

Geistige Vergewaltigung findet da statt, wo jemand den Wert der Gefühle eines anderen missachtet oder nicht akzeptiert.

Ähnliche Empfindungen können Opfer von geistiger Vergewaltigung noch später im Leben den Tätern von einst gegenüber haben. Folglich unterdrücken sie auch weiterhin ihre Gefühle und suchen nach Möglichkeiten, sie zu betäuben oder ihnen ganz zu entkommen. Für Außenstehende sieht es so aus, als ob Missbrauchsopfer ihre Gefühle absichtlich verbergen. Das ist nicht der Fall. Missbrauchsopfer sind entweder zu gelähmt, zu ängstlich oder zu beschämt, um ihre Gefühle auszudrücken. Sie denken: „Würdest du mich wirklich kennen, dann würdest du mich hassen.“ Es fällt ihnen extrem schwer, sich ihren Gefühlen aufrichtig zu stellen.

Eine dritte Art von emotionalem Missbrauch liegt vor, wenn ein Elternteil eine eheähnliche Beziehung zu einem Kind aufbaut. Der einsame Vater, die einsame Mutter hat vielleicht eine schlechte Ehe hinter sich, lebt eine solche oder ist alleinerziehend, und nun behandelt er oder sie das Kind als ganz besonderen Freund, Vertrauten und Weggefährten. Das Kind lernt, auf den Erwachsenen einzugehen, ihm beizustehen und ihm Zuwendung zu geben. Was der Erwachsene mag, mag auch das Kind. Was der Erwachsene tut, tut auch das Kind. Man spricht auch von verdecktem emotionalem Inzest.[9]

Das kann wie eine besonders gute Beziehung wirken, denn das Kind erlebt außergewöhnliche Dinge mit einem seiner Eltern. Es kann sich extrem mächtig vorkommen, denn schon in einem sehr jungen Alter vertraut der Erwachsene ihm Eindrücke an, die er mit niemandem sonst teilt.

Gleichzeitig kommen aber die Gefühle und Bedürfnisse des Kindes, seine Interessen, seine Fähigkeiten zu kurz. Wenn Papa will, dass der Sohn Baseballspieler wird, dann passiert das so. Wenn Mama will, das die Tochter Jura studiert, dann wird sie das tun. Das Ergebnis? Die Opfer werden von sich selbst entfremdet, wissen nicht mehr, wer sie sind und was sie mögen. Ihre Identität besteht aus dem, was der Vater/die Mutter denkt, mag, fühlt.

Ein Mann erzählte mir, dass seine Freundin ihre Mutter ständig anrief, endlos Zeit mit ihr verbrachte und selbst ihre Verabredungen mit ihm von der Mutter abhängig machte. „Meinen Sie, ich sollte diese Frau heiraten?“, fragte er mich.

„Nein“, gab ich zurück. „Das wäre ein Fall von Bigamie. Sie ist bereits mit ihrer Mutter verheiratet.“

Emotionaler Inzest kann zwischen Vater und Sohn, Vater und Tochter (Papas kleines Mädchen), Mutter und Sohn oder Mutter und Tochter vorkommen. Der andere Elternteil ist aus der Beziehung ausgeschlossen, manchmal offensichtlich („Dein Vater ist nie zu Hause“) und manchmal weniger offensichtlich („Du und ich, wir können auch allein zum Spiel gehen. Mama hat für Baseball ohnehin nichts übrig“). Die Botschaft ist klar. Der andere Elternteil hat mehr oder weniger offensichtlich einen Makel, der es zwingend macht, dass der inzestuöse Elternteil und das Kind „zusammenhalten“.

Opfer von emotionalem Inzest wachsen auf mit einer inneren Stimme, die ständig überlegt: „Was würde Mama/Papa davon halten?“ Sie wissen nicht, wie sie für sich selbst sorgen, sich etwas Gutes tun, sich selbst mögen können, aber sie wissen, was Mama oder Papa brauchen. Wenn sie erwachsen werden, wandelt sich dieses Bedürfnis, für einen Elternteil zu sorgen, manchmal in das Bedürfnis, für andere zu sorgen. Als Kinder hing ihre Identität davon ab, wie gut sie auf ihre Eltern aufgepasst haben. Nun, als Erwachsene, hängt ihre Identität davon ab, wie gut sie sich um andere kümmern.

Im Lauf meiner Tätigkeit auf dem Gebiet der Sexsucht ist mir aufgefallen, wie viele Pfarrer, Seelsorger und andere Menschen mit Helferberufen Opfer von emotionalem Inzest sind. Sie haben gelernt, für andere zu sorgen, und haben später Berufe ergriffen, die ihnen erlaubt haben, genau das weiter zu tun. Das Problem ist nicht unbedingt, dass sie nicht geeignet wären für solche Berufe. Gott kann auch unsere Zerbrochenheit gebrauchen, um anderen umso besser helfen zu können. Das Problem zeigt sich dort, wo solche Menschen zwar anderen wunderbar beistehen können, aber keine Ahnung haben, wie man auf sich selbst achtet. Dieses Ungleichgewicht führt zum Burnout. Es ist anstrengend, ermüdend, ärgerlich und traurig, wenn man immer nur gibt und sich nie erlaubt, auch einmal etwas zu empfangen.

Im Lauf meiner Tätigkeit auf dem Gebiet der Sexsucht ist mir aufgefallen, wie viele Pfarrer, Seelsorger und andere Menschen mit Helferberufen Opfer von emotionalem Inzest sind.

Das Gegenteil von emotionalen Übergriffen ist emotionale Vernachlässigung. Diese Sorte Missbrauch ist nicht weniger verheerend. Opfer von emotionaler Vernachlässigung haben erlebt, dass sie von jemandem emotional im Stich gelassen wurden. Diese Person kann physisch anwesend sein, aber sie spricht nicht mit dem Opfer, teilt nichts von sich mit, hört dem Opfer, das emotionale Zuwendung braucht, nicht zu. Sie wirkt kalt, distanziert, desinteressiert.

Vielleicht sorgt sich dieses Familienmitglied ja doch, aber es kann seine Fürsorge nicht ausdrücken, und andere werden immer auf Armeslänge Abstand gehalten. Eltern und andere, die diese Art von Missbrauch verüben, sind oft selbst Missbrauchsopfer und glauben, dass niemand ihre emotionale Zuwendung braucht. Wie auch immer, sie wissen nicht, wie sie Zuwendung zeigen können, und ihre Kinder fühlen sich verlassen.

Beim eben beschriebenen emotionalen Inzest bildet der inzestuöse Elternteil gewöhnlich eine Allianz mit einem Kind gegen den anderen Elternteil. Wenn der andere Elternteil dem nicht entgegenwirkt oder es gar tatenlos duldet, verstößt er quasi damit das Kind. Ein und dasselbe Kind wird vom einen Elternteil emotional missbraucht und vom anderen im Stich gelassen sein.

Wenn ein kleines Kind emotional im Stich gelassen wird, entsteht ein tiefes emotionales Loch. Das Kind mag sich dessen nicht bewusst sein, aber es hat abgrundtiefe Einsamkeit und Sehnsucht nach Zuwendung kennengelernt. Das Kind empfindet diese Einsamkeit selbst inmitten vieler Menschen, die ihm Zuwendung anbieten. Aber elterliche Liebe und Zuneigung kann durch nichts ersetzt werden, und nichts kann das Loch ausfüllen. Sexsucht kann ein Versuch sein, Liebe, Zuwendung und Fürsorge zu erleben, aber die Suche zielt in die falsche Richtung und wird nie erfolgreich sein.

Körperlicher Missbrauch

Man spricht von körperlichen Übergriffen, wenn eine Person geschlagen, getreten, geschubst oder körperlich bedrängt wird oder eine andere Form physischer Gewalt erleidet. Kinder, Ehegatten, selbst Großeltern können Opfer von Gewalt durch Angehörige werden. Es kommt zu körperlichem Missbrauch, wenn ein Mensch wütend ist und andere zu kontrollieren versucht. Schon der sprichwörtliche Klaps kann den Tatbestand des Missbrauchs erfüllen, wenn er im Zorn und nicht in der Absicht liebevoller Korrektur verabreicht wird. Viele Experten verbuchen Schläge grundsätzlich unter Missbrauch. Opfer von körperlichem Missbrauch leben in ständiger Furcht und haben das Empfinden, dass sie ihre körperliche Unversehrtheit nicht behaupten können.

Familienmitglieder, die Zeugen von innerfamiliärer Gewalt werden, können ihrerseits Opfer sein. Wenn Kinder beobachten, wie ihre Mutter vom Vater verprügelt wird, dann kann der Effekt ebenso verheerend sein, als ob sie selbst geschlagen würden. Viele amerikanische Veteranen des Vietnamkrieges, die nie verwundet worden sind und auch selbst niemanden verletzt haben, leiden bis heute unter vielfältigen Symptomen chronischer Ängste und Depressionen.

Diesen Zustand nennt man Posttraumatisches Syndrom. Menschen mit posttraumatischem Syndrom haben gelernt, ihren Verstand und ihre Gefühle von der sie umgebenden Wirklichkeit abzuspalten – zu „dissoziieren". Ihr Geist verlässt den Körper und geht sonst wo hin, zu anderen Gedanken oder zu nur in der Einbildung vorhandenen sicheren Plätzen. Bestimmte Verhaltensweisen oder Drogen können die Dissoziation herbeiführen oder unterstützen und werden so zum Keim für Süchte. Viele Sexsüchtige, die körperlichen Missbrauch erlitten haben, leiden am Posttraumatischen Syndrom.

Körperlicher Missbrauch kann auch in Form von Vernachlässigung erfolgen, nämlich da, wo grundlegende körperliche Bedürfnisse nicht gestillt werden, wo Unterbringung, Ernährung, Kleidung mangelhaft sind, wo an der Gesundheitsversorgung gespart oder sie ganz verweigert wird. Eine subtilere Form von körperlicher Vernachlässigung liegt vor, wenn Kindern nicht beigebracht wird, auf ihren Körper zu achten. Kinder müssen lernen, genügend zu schlafen, ausreichend und gesundes Essen zu sich zu nehmen, ihre Zähne zu putzen, auf Hygiene zu achten und sich körperlich fit zu halten. Wo nicht vorgelebt oder vermittelt wird, dass und wie man auf seinen Körper achtet, auch da liegt Missbrauch vor.

Sexueller Missbrauch

Die Schätzungen gehen weit auseinander, aber vermutlich sind 25 bis 33 Prozent aller Frauen zu irgendeiner Zeit ihres Lebens sexuell missbraucht worden. Lange glaubte man, dass Männer nur selten sexuellen Missbrauch erleiden, aber inzwischen wird auch der Anteil der sexuell missbrauchten Männer auf 10 bis 15 Prozent geschätzt. Wie will man dieses Problem genau beziffern, wenn es für die Opfer so schwierig ist, darüber zu sprechen? Sexueller Missbrauch ist ein so verheerendes Problem, dass viele Menschen die hässliche Erfahrung ausblenden, keine Erinnerung daran haben, vielleicht sogar leugnen, dass sie Opfer sind.

Sexuelle Übergriffe – das kann das Berühren der Genitalien oder die Penetration durch jemanden sein, der dem Opfer entweder körperlich überlegen ist oder emotional Gewalt über das Opfer hat. Im Ergebnis verlieren die Opfer das Empfinden, dass sie Kontrolle über ihren Körper haben, und leben in beständiger Furcht, dass etwas Schlimmes passieren könnte oder sie erneut Übergriffe erleiden. Wie die Opfer körperlichen Missbrauchs können auch sie an den Symptomen des Posttraumatischen Syndroms leiden. Als Erwachsene haben sie oft große Schwierigkeiten mit normalen sexuellen Aktivitäten. Viele erinnern sich nicht einmal an ihre Erfahrungen als Kinder und wissen also auch nicht, was mit ihnen los ist. Das kann große Scham und Verwirrung auslösen. „Was stimmt nicht mit mir? Warum bin ich so furchtsam? Warum habe ich keine normalen sexuellen Empfindungen?“ Viele stellen solche Fragen selbst dann, wenn sie sich an den erlittenen Missbrauch erinnern.

Oft sind die Täter Personen, denen das Opfer vertraut hat. Als Folge kann es dem Opfer generell schwerfallen zu vertrauen. Wenn der Täter ein Mann war, dann misstraut es allen Männern. Wenn eine Frau den Missbrauch verübt hat, dann misstraut es allen Frauen. Hat der Täter seinen Rang oder seine Vorgesetztenfunktion ausgenutzt, dann misstraut das Opfer auch anderen Autoritäten. War der Täter Geistlicher, dann vertraut es oft noch nicht einmal mehr Gott.

Es gibt auch subtilere Formen sexueller Übergriffe. Küssen, umarmen, streicheln, auf dem Schoß sitzen, kitzeln und necken können denselben Effekt haben wie offensichtlicher sexueller Missbrauch. Das Opfer bekommt den Eindruck, dass der Körperkontakt nicht Zeichen gesunder Zuwendung ist, sondern der sexuellen Belohnung des anderen dient.

Viele Kinder haben gelegentlich im selben Zimmer oder sogar im selben Bett mit einem Elternteil geschlafen. Manchmal war der

Grund, dass das Kind sich im Dunkeln oder vor einem Gewitter fürchtete. Aber es kann auch sein, dass der Vater oder die Mutter einsam war. Es ist nicht unbedingt bedenklich, wenn ein Kind hin und wieder im elterlichen Schlafzimmer schläft. Entscheidend ist die Frage: Warum ist das Kind dort? Wenn es dem Kind unangenehm ist, dann ist Missbrauch im Spiel.

Manchmal gehen Eltern ins Schlafzimmer, wenn sich das Kind gerade ankleidet, oder ins Bad, wenn es badet oder die Toilette benutzt. Das wird spätestens dann grenzwertig, wenn das Kind in die Pubertät kommt, selbst wenn der betreffende Elternteil dasselbe Geschlecht hat. Denn es vermittelt Kindern, dass sie keine Kontrolle über ihre Umgebung oder ihre Privatsphäre haben. Empfindungen der Scham oder der Peinlichkeit sind die Folge. Später im Leben werden sie vielleicht zurückhaltend oder sind unfähig, ihren Körper ohne diese Empfindungen von Scham wahrzunehmen.

Eine weitere Variante von sexuellen Übergriffen ist das Verspotten oder Aufziehen von Kindern im Hinblick auf ihren Körper, ihre körperliche Entwicklung oder irgendwelche sexuellen oder romantischen Empfindungen, die sie haben. Eine Frau erzählte mir, dass ihr Vater bei der Thanksgiving-Feier vor dem versammelten Familienkreis verkündete, dass sie ihre erste Periode hatte. Er ärgerte sie mit der Aussage, ab sofort müsse sie sich vor Jungs in Acht nehmen, und es sei sein Job, sie zu beschützen. Dieser erstaunlich gefühllose Kommentar hatte mehr mit dem Unbehagen des Vaters selbst in Sachen Sexualität zu tun als mit seiner Sorge über Jungen im Leben der Tochter, und er vermachte dieses Unbehagen geradewegs an seine Tochter. Das war Missbrauch. Das hat Wunden geschlagen. Die Frau hatte Tränen in den Augen, als sie das erzählte, und sie war siebzig Jahre alt.

Als wären unsere Familien noch nicht schlimm genug, gibt es ja auch noch unsere Altersgenossen. Viele sind als Kinder oder Jugendliche von „Freunden" erbarmungslos geschmäht und gedemütigt worden im Hinblick auf ihren Körper. Dieses „Ärgern" tut ungemein weh und zeugt oft von mangelhafter Sexualerziehung.

Unsere ganze Kultur übt sexuellen Missbrauch an uns aus durch entsprechende Botschaften im Fernsehen, in Filmen, im Radio oder in Zeitschriften. Wir nehmen ahnungslos Fehlinformationen auf, während wir an der Ladenkasse stehen und eigentlich nur bezahlen wollen. Ich bin oft auf Flughäfen und kaufe mir dort gewöhnlich eine Zeitung, damit ich auf dem Flug etwas zu lesen habe. Allein schon wenn man den Zeitschriftenkiosk im Flughafen betritt, wird man erschlagen von sexuell aufgeladenen Fotos auf den Titelseiten der diversen Magazine. Ich habe diese Eindrücke nicht bestellt, und doch bin ich gezwungen, mich damit auseinanderzusetzen. Tagtäglich muss ich mir Gottes Sicht von gesunder Sexualität bewusst machen und sie der Sicht entgegensetzen, die in der Welt verbreitet wird.

Missbrauch in Form von sexuellen Übergriffen steht Missbrauch durch vernachlässigte Sexualerziehung gegenüber. Überlegen Sie mal: Was für Schlüsse hätten Sie daraus gezogen, wenn in Ihrer Familie nie über Sex gesprochen worden wäre? Hätten Sie Schwierigkeiten, sich vorzustellen, wie sie überhaupt auf die Welt gekommen sind, wenn Sie nie beobachten konnten, dass Ihre Eltern einander berühren, sich ihre Zuneigung zeigen, oder wenn das Wort Sex peinlich vermieden wurde? Hätten Sie Angst gehabt, was Ihre körperliche und sexuelle Entwicklung betraf, wenn Sie niemanden zum Reden gehabt hätten? Wenn es in der weiterführenden Schule nach dem Sportunterricht zum ersten Mal in die Dusche ging, wie war das – nackt den Schulkameraden oder -kameradinnen gegenüberzustehen? Aus dem Sportunterricht wird oft eine Lektion in vergleichender Anatomie. Mit wem konnten Sie über die Gefühle sprechen, die sie in dieser Situation hatten?

Sexsüchtige Menschen haben extrem verdrehte und angstbesetzte Vorstellungen von Sexualität.

Der Effekt vernachlässigter Sexualerziehung ist, dass Kinder in dem Glauben aufwachsen, nur sie hätten solche Gefühle. Da nie jemand mit ihnen über normale sexuelle Empfindungen gesprochen hat, nehmen sie an, dass ihre sexuellen Gefühle abnormal sind. Vielleicht interpretieren sie sogar ihre normale sexuelle Neugier als pervers, wenn sie niemanden zum Vergleichen haben und nicht erkennen können, dass diese Neugierde normal ist. Sie können Angst bekommen vor ihren sexuellen Empfindungen. Sie können den Schluss ziehen, dass Sex böse sein muss, sonst würde man nicht so auffällig darüber schweigen. Sexsüchtige Menschen haben extrem verdrehte und angstbesetzte Vorstellungen von Sexualität. Sie glauben nicht, dass sie mit irgendjemandem darüber reden können. Erlittener Missbrauch in Form von vernachlässigter Sexualerziehung macht es dem erwachsenen Sexsüchtigen schwer, die dringend benötigte Hilfe einzuholen.

Geistlicher Missbrauch

Wir waren zum Kaffeetrinken in der Wohnung einer befreundeten christlichen Familie. Die dreijährige Tochter turnte auf dem Treppengeländer herum, als sie plötzlich den Halt verlor, ihren Kopf anstieß und zu weinen begann. Die Mutter nahm sie in den Arm und sagte: „Es ist alles gut. Große Mädchen müssen nicht weinen." Dann sagte sie: „Ich frage mich, ob Jesus wohl einverstanden war, dass du das Treppengeländer herunterrutschst. Wenn ja, dann hätte er wohl nicht zugelassen, dass du dir den Kopf anstößt."

Oft weisen Eltern ihre Kinder zurecht, indem sie ihnen Konsequenzen vor Augen malen, die Gott schicken könnte. Es mag ja theologisch richtig sein, grundsätzlich über die Konsequenzen sündigen Verhaltens zu sprechen, aber bei solchen Situationen wie der geschilderten?!

Abgesehen davon kann man bei dem Thema „Konsequenzen" auch auf die Liebe Gottes abheben und muss nicht seinen Zorn in den Vordergrund stellen. Hätte ein unerbittlicher Gott seinen Sohn gesandt, um uns zu retten? Und doch sind viele Christen der unterschiedlichsten Konfessionen mit der Vorstellung eines Gottes groß geworden, der hart und auf Vergeltung aus ist.

Durch Missbrauch in Form geistlicher Übergriffe werden Menschen davon überzeugt, dass sie böse und schlecht sind und nur sündige Dinge tun. Schließlich fürchten sie sich derart vor Gottes Zorn und Missfallen, dass sie nach rigiden Schwarz-Weiß-Antworten suchen. Ohne die richtigen Antworten können sie sich nicht richtig verhalten, und dann wird Gott ihnen zürnen, denken sie. Menschen, die dieser Art von Missbrauch ausgesetzt sind, sind oft fleißige Bibelleser und Beter – nicht um geistlich zu wachsen, sondern weil sie Gott zufriedenstellen und Strafe abwenden wollen. Sie lernen oft auch, Gefühle zu unterdrücken, die angeblich „unchristlich" sind, so wie Zorn oder Furcht. Diese Form des Missbrauchs entspricht dem, was ich als die religiöse Variante geistiger Vergewaltigung bezeichnet habe.

Durch geistliche Übergriffe bekommen wir auch ausgesprochen negative Ansichten über Sexualität vermittelt. Anstatt Gottes großartiges Geschenk ehelicher Sexualität zu feiern, hat man uns vielleicht beigebracht, dass Sex schmutzig, abstoßend, ekelhaft, nur zum Zweck der Fortpflanzung und jedenfalls nicht zu unserer Freude da ist. Das Schweigen zu sexuellen Themen verstärkt noch das Empfinden, dass Sex etwas Schlechtes sein muss, sonst würde die Kirche doch bestimmt etwas dazu sagen.

Wir müssen aufpassen, dass wir nicht Körper und Seele auseinanderdividieren. Das wäre dualistisches Denken. Dem Dualismus zufolge ist die Seele gut, aber der Körper schlecht. Um die Seele weiterzuentwickeln, muss ein Mensch demzufolge den „Begierden des Fleisches" abschwören. Wo über Sexualität nicht in angemessener Weise gesprochen wird, wie von Gott vorgesehen, da bleiben wir mit angstbesetzten Vorstellungen über sexuelles Begehren zurück.

Wo über Sexualität nicht in angemessener Weise gesprochen wird, wie von Gott vorgesehen, da bleiben wir mit angstbesetzten Vorstellungen über sexuelles Begehren zurück.

Diese Furcht vor Sex wirkt sich auf sexsüchtige Männer und Frauen in zweierlei Hinsicht aus. Zum einen bestärkt es sie darin, dass sie ihr Problem für sich behalten. Wenn sie sexuelle Fehltritte begangen haben und wissen, dass die Kirche eine negative und verurteilende Haltung zur Sexualität hat, dann verstärkt das ihre Scham zusätzlich. Wer Sünden begangen hat, sollte sich schuldig fühlen und Buße tun für das, was er getan hat, aber ein überwältigendes Gefühl der Scham und die Furcht, dass Gott oder die Kirche einen strafen wird, verschließt einem erst recht den Mund. Und so bekommen Betroffene womöglich nie Hilfe.

Zum anderen verwandelt sich Sex durch abwertende Ansichten über Sex zu einer verführerisch „verbotenen Frucht". Die Ausübung von Sex wird so zu einer gefährlichen und deshalb umso aufregenderen Aktivität. Sex verheißt auf einmal nicht nur Wohlgefühl, sondern obendrein noch Nervenkitzel. Diese Qualitäten können süchtig machen, denn sie erlauben die Flucht vor Gefühlen.

Die Ansicht vieler Sexsüchtiger lautet wie gesagt: „Damit Sex gut ist, muss er schlecht sein."[10] Damit Sex aufregend oder wohltuend ist, muss er verboten sein. Oft sind Sexsüchtige gerade aufgrund ihres familiären Hintergrundes von „schlechtem" Sex angezogen. Wenn sie sexuell missbraucht worden sind und ihnen zugleich eingeschärft wurde, dass sie nicht promisk leben oder sexuelle Abenteuer meiden sollen, dann haben sie gelernt, dass Sex schmerzhaft ist und ungute Gefühle auslöst. Ein Kind in dieser Situation wird denken: „Papa sagt mir, ich soll keinen Sex haben, aber er hat Sex mit mir. Das tut so weh, aber es muss in Ordnung sein, denn schließlich ist es ja Papa, der es macht." Dieses Kind wird geradezu darauf abgerichtet, später im Leben nach quälenden sexuellen Beziehungen zu suchen.

Solche Mechanismen konditionieren einen Menschen auch zur Rebellion. „Meine Eltern sagen, ich soll nicht. Meine Kirche sagt, ich soll nicht. Aber sie haben mich missbraucht oder im Stich gelassen. Ich bin wütend. Was geht das Gott an? Jetzt will ich erst recht Sex." Ob ausdrücklich oder unbewusst, dieser Gedanke hat die Kraft, einen Menschen in zweifelhafte sexuelle Abenteuer hineinzutreiben.

Meine eigenen informellen Beobachtungen bestätigen, was andere

Religionssoziologen sagen: Menschen aus streng religiösen Elternhäusern, die eine negative Einstellung zur Sexualität vermittelt bekommen haben, stehen eher als andere in der Gefahr, eine Sexsucht zu entwickeln. Mehrere Prostituierte haben mir gesagt, dass sie sich freuen, wenn christliche Kongresse in ihrer Stadt stattfinden, denn dann hätten sie viel zu tun. Hotelketten berichten, dass während christlicher Tagungen der Abruf von Pornofilmen auf den Zimmern zunimmt. Ich hatte schon mit evangelikalen Gemeinden zu tun, in denen Ehebruch an der Tagesordnung war, und in einer Gemeinde war Partnertausch in einem Bibelgesprächskreis offenbar selbstverständlich.

Wo Menschen geistlich vernachlässigt werden, fehlen ihnen die Quellen, an die sie sich wenden könnten, wenn sie in Schwierigkeiten geraten.

Missbrauch in Form von geistlicher Vernachlässigung sieht so aus, dass niemand da ist, der gesunde Spiritualität praktiziert oder vorlebt. Solche Eltern können Säulen der Gemeinde sein und sich wortreich zu christlichen Werten bekennen, aber sie leben sie zu Hause nicht aus. Manche schieben den Gottesdienstbesuch und religiöse Übungen auf die Kinder, nehmen Gott und den Glauben aber selbst nicht ernst. Schlimmer noch, manche predigen religiöse Werte und verstoßen gleichzeitig gegen sie, bis dahin, dass sie andere Formen von Missbrauch verüben. Derartige Heuchelei zerstört Vertrauen. Wo Menschen geistlich vernachlässigt werden, fehlen ihnen die Quellen, an die sie sich wenden könnten, wenn sie in Schwierigkeiten geraten. Vielen Sexsüchtigen fehlt jeder Sinn für Spiritualität, und sie sind dem Glauben entfremdet aufgrund all der beschriebenen Furcht und ablehnenden Einstellungen. Eine große Herausforderung im Heilungsprozess besteht für sie darin, einen gesunden Sinn für Spiritualität wiederzugewinnen.

Kultureller Missbrauch

Seit dieses Buch 1992 erstmals erschienen ist, habe ich mit vielen sexsüchtigen Klienten gearbeitet, die keinen Missbrauch im bisher beschriebenen Sinn erlitten haben. Missbrauch muss nicht unbedingt innerhalb der Familie erfolgen. Und es sind beileibe nicht nur die familiären Verhältnisse schuld. Wir leben in einer zunehmend gewalttätigen Kultur, und zwar nimmt sowohl die physische als auch die sexuelle Gewalt zu. Wenn ich mir zum Beispiel im Fernsehen einen Spielfilm anschaue, dann will ich nicht mit sexueller Animation behelligt werden, aber sie ist da. Wenn ich in der Zeitschriftenabteilung bin, dann halte ich nicht Ausschau nach all den Hochglanzmagazinen, auf deren Titelseiten Nacktheit in einer Weise zur Schau gestellt wird, wie sie vor Jahren noch in pornografischen Zeitschriften versteckt war – auch das habe ich ungefragt vor Augen. Ähnliches könnte über Formen der Gegenwartskultur gesagt werden.

Wir wissen, dass heute selbst Kinder zufällig und leicht an Darstellungen von Sex und Gewalt geraten können, nämlich im Internet. Ganze Heerscharen von Kindern werden auf diese Weise abhängig von Pornografie und Selbstbefriedigung. Ein Therapeut rief mich kürzlich an und berichtete von einem achtjährigen Mädchen, das sich nicht sattsehen konnte an Pornografie im Internet. Das Mädchen kam aus einer relativ intakten Familie, aber es war ganz allein an dieses Material geraten. Allein schon die Tatsache, dass es so leicht darankam, ist Beweis für eine Kultur, die Missbrauch fördert.

Das verletzte Selbst und Scham

Wenn Kinder missbraucht werden, werden sie emotional, sexuell, spirituell und manchmal körperlich verletzt. Sie sind zu klein und zu hilflos, als dass sie sich selbst gegen diese Übergriffe zur Wehr setzen könnten. Was sollen Kinder von sich selbst halten, wenn sie aktiv missbraucht oder vernachlässigt worden sind? Sie kommen zu einem sehr logischen Schluss: „Wenn mir so etwas passiert, dann muss ich böse sein, denn böse Leute werden bestraft." Oder: „Wenn mich niemand liebt, dann muss ich wohl schlecht sein. Gute Menschen werden geliebt."

Diese Verletzungen führen zu einem tief greifenden Empfinden, das Scham heißt. Scham kann sowohl in unguter als auch in gesunder Form auftreten. John Bradshaw weist in seinem Buch *Healing the Shame that Binds You* darauf hin, dass Scham an und für sich nicht schlecht ist.[11] Ein gesundes Schamgefühl geht mit dem Wissen einher, dass alle Menschen sowohl Fähigkeiten als auch Fehler haben. Zu einem gesunden Schamgefühl gehört die Einsicht, dass wir auf andere angewiesen sind, dass wir nicht auf uns allein gestellt leben und stets auf uns achten können. Das gehört zum Wesen des Menschseins und verweist uns auf eine nützliche Abhängigkeit von anderen und von Gott.

Missbrauchsopfer allerdings verinnerlichen die Scham und glauben, dass sie vollkommen wertlos sind. Gesunde Scham geht einher mit der Überzeugung, dass Menschen nicht ihre eigene Rettung bewerkstelligen können und dass sie auf Gott angewiesen sind. Ungesunde Scham flüstert Menschen ein, dass sie Gottes Erlösung nicht verdient haben und vielleicht auch gar nicht fähig sind, sie anzunehmen. Diese Art Scham sagt Menschen, dass sie von Grund auf böse sind und nichts Gutes in ihnen ist.

Scham ist etwas anderes als Schuld. Sandra Wilson, Autorin mehrerer Bücher über Coabhängigkeit und Scham, trifft die folgende Unterscheidung: „Schuld ist, wenn wir wissen, dass wir Fehler gemacht haben. Scham ist, wenn wir glauben, dass wir der Fehler sind."[12]

Ungesunde Scham hindert Menschen daran, sich selbst in irgendeiner Weise Anerkennung zu schenken. Nichts, was sie tun, keine Erfolge, keine erkämpften Siege können sie davon überzeugen, dass sie gut sind. Sie gehen vielleicht zum Gottesdienst und hören Gottes Wort, sie glauben an Jesus, zumindest verstandesmäßig, aber sie können ihn nicht im Herzen spüren.

Ungesunde Scham ist das prägende Gefühl des missbrauchten und verletzten Kindes. Um dieses prägende Gefühl herum gruppieren sich andere Empfindungen (siehe Schaubild). Das im Stich gelassene Kind ist einsam und traurig. Das missbrauchte Kind ist verängstigt und furchtsam.

Ein weiteres Gefühl, das mit ungesunder Scham einhergeht, ist Zorn. Auch wenn Missbrauchsopfer glauben, dass sie den Missbrauch verdient haben, ist doch ein anderer Teil von ihnen überaus erbittert über den Missbrauch. Doch sie erlauben sich nicht, diesen Zorn zu empfinden, noch viel weniger ihm Ausdruck zu verleihen. Er ist tief vergraben und schwelt vor sich hin, und manchmal äußert er sich in zwanghaftem Verhalten. Irgendwie kommt er immer an die Oberfläche, egal, welche Anstrengungen jemand unternimmt, um ihn zu unterdrücken.

Ich staune immer wieder, welche Ausreden sexsüchtige Christen für ihr sündiges Verhalten finden. Eine naheliegende Erklärung wäre, dass Sünden gleich welcher Art Ausdruck von Rebellion und Zorn sind. Sexsüchtige können selbst Gott gegenüber Wut empfinden („Wie konnte Gott zulassen, dass mir so etwas passiert?“). Da Gott den Missbrauch nicht verhindert hat, kann der Zorn den Sexsüchtigen zu dem Gedanken verleiten: „Es schert mich nicht, was Gott davon hält. Er hat mir nicht geholfen. Ich werde mir selbst helfen.“

Auch Kinder, die Missbrauch erleiden, können sich bereits zusammenreimen: „Wenn ich ein guter Mensch wäre, würde mir das nicht passieren“, oder: „Wenn ich ein guter Mensch wäre, dann würden meine Bedürfnisse erfüllt werden. Die logische Schlussfolgerung ist, dass ich ein schlechter und wertloser Mensch bin.“

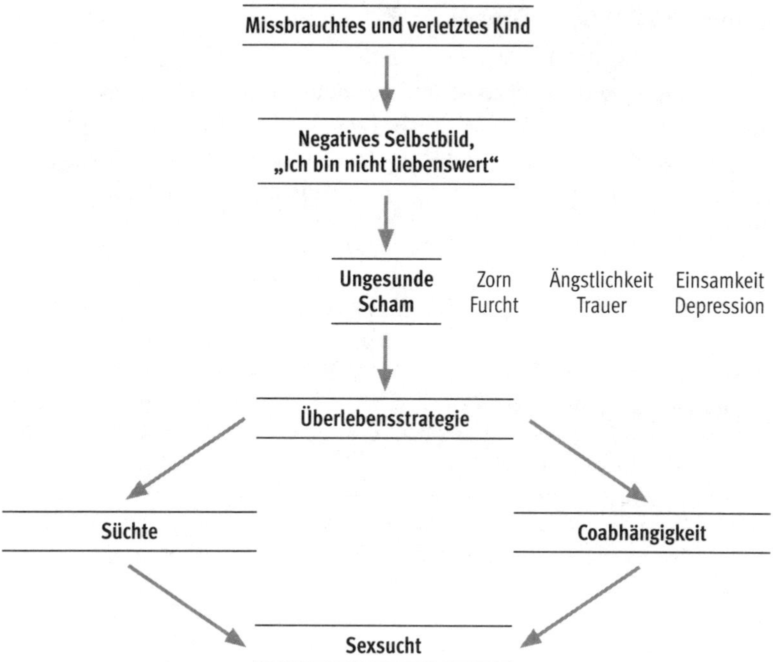

Das missbrauchte und verletzte Kind

Derartiges trauriges, verzweifeltes, zorniges, rebellisches und (manchmal) logisches Denken führt Sexsüchtige zu vier Glaubenssätzen über sich selbst:

1. Ich bin ein schlechter, nichtswürdiger Mensch.
2. Niemand wird mich je so lieben, wie ich bin.
3. Niemand kann sich um mich kümmern außer mir selbst.
4. Sex ist das, was ich am meisten brauche.[13]

Sexsüchtige glauben, dass sexuelle Aktivität ihre einzige Möglichkeit ist, die benötigte Liebe und Zuwendung zu erhalten. Viele haben Sex als den einzigen Weg erlebt, auf dem sie jemals Aufmerksamkeit (irgendeiner Art) und körperliche Zuwendung bekommen haben. Sie haben gelernt, einen Zusammenhang zwischen Liebe, Zuwendung, Berührung und Sex herzustellen. Sex wurde ihr wichtigstes Bedürfnis, denn Sex war das Einzige, mit dem sie die Erfüllung von Bedürfnissen assoziieren konnten. Wie gehen Sexsüchtige mit ihrem tiefen Bedürfnis nach Liebe und ihrem tiefen Schamempfinden um? Das ist Thema des nächsten Kapitels.

7. Wie Sexsüchtige mit Missbrauch umgehen

Sexsüchtige Menschen kommen gewöhnlich aus Familien, die problematische und missbräuchliche Beziehungsmechanismen aufweisen. Erlittener Missbrauch hat ihr Schamempfinden in ungesunder Weise beeinflusst. Ihre Eltern und andere Familienmitglieder haben ihnen viele der selbstzerstörerischen Strategien vorgelebt, mit denen sie ihre eigenen Missbrauchserfahrungen und/oder ihre Scham in Schach zu halten versuchten.

Die Strategien, die Sexsüchtige im Umgang mit erlittenem Missbrauch und Scham praktizieren, lassen sich in zwei Grundkategorien unterteilen: Flucht und Coabhängigkeit. Zum einen versuchen sie, dem ungesunden Schamempfinden zu entkommen, zum andern versuchen sie, von anderen die Anerkennung zu erhalten, die sie sich selbst nicht geben können, und werden auf diese Weise coabhängig.

Flucht

Sexsüchtige Männer und Frauen können schmerzliche Empfindungen nicht ertragen und versuchen solchen Empfindungen durch sexuelle Aktivitäten zu entfliehen. Forschungen haben ergeben, dass sexuelle Aktivitäten und Fantasien die Gehirnchemie beeinflussen und tief greifendes Wohlgefühl erzeugen können.[14] Das kann eine wunderbare Erfahrung zwischen zwei liebenden Menschen sein.

Sexsüchtige allerdings betreiben das Geschäft der Veränderung ihrer Gehirnchemie und damit ihrer Stimmung pausenlos. Sie nutzen Sex wie eine Droge, um ein Stimmungshoch zu erzeugen. Je weiter die Krankheit fortschreitet, umso weniger schert es Sexsüchtige, wer der Sexualpartner ist. Es geht nur noch um den Kick. Wenn sie keinen Partner finden, dann tut es behelfsweise auch Selbstbefriedigung.

Manchmal erzeugt die mit promiskem Sexualverhalten einhergehende Gefahr Adrenalin, das seinerseits süchtig machen kann. Sexsüchtige Menschen lassen sich auf gefährliche Liebschaften ein, wie im Fall von Männern, die mit verheirateten Frauen ins Bett gehen, obwohl der zugehörige Ehemann jederzeit in der Tür stehen kann. Sowohl der Sex als auch ein neuer Partner als auch die Gefahr verschaffen ihnen ein Hoch. In ihrem erregten Zustand vergessen sie zeitweise ihre Ängste, ihre Traurigkeit, ihre Einsamkeit und ihren Zorn.

Sexuelle Aktivität ist oft nicht die einzige Sucht, in die sich Sexsüchtige flüchten. Es können Süchte aller Art ins Spiel kommen. Jede Sucht kann auf gefährliche Weise ausgelebt werden und den Süchtigen einen Adrenalinrausch verschaffen.

Je gravierender ein Mensch missbraucht wurde, umso größer ist die Wahrscheinlichkeit, dass er eine mehrfache Abhängigkeit entwickelt. Zum Beispiel sind rund 50 Prozent aller Sexsüchtigen zugleich alkoholabhängig.[15] Manchmal muss sich ein und derselbe Sexsüchtige einer Alkohol-, einer Drogen- und einer Verhaltenstherapie unterziehen, um sein Leben in den Griff zu bekommen.

Flucht und Stimmungsbeeinflussung sind nicht der einzige Grund, warum bestimmte Substanzen süchtig machen oder Verhaltensweisen, wie sexuelle Aktivitäten, zwanghaft werden. Eine andere Möglichkeit ist, dass sie als Belohnung dienen. Sexsüchtige glauben oft, dass niemand sich um sie kümmert. Wenn sie folglich den Eindruck haben, dass sie gut waren oder etwas ordentlich hinbekommen haben, dann belohnen sie sich mit allerlei suchterzeugenden Dingen: einer Zigarette, einem Drink, einer Einkaufstour, einem Joint.

Coabhängigkeit

Der andere Weg zum Umgang mit unguter Scham besteht darin, dass man Anerkennung außerhalb seiner selbst sucht. Ein schamerfüllter Mensch mag sich selbst nicht und muss jemanden finden, der ihn mag.

Betty wuchs in einer sehr strengen Familie auf. Ihre Eltern kritisierten sie oft. Während der Highschool hatte sie keinen Freund und dachte oft, dass niemand sie je lieben würde. Umso beglückter war sie später auf dem College, als Harry sich für sie interessierte. Sie führten eine stürmische Beziehung, in der Harry oft an ihr herumnörgelte. Das verletzte Betty zwar, aber sie gab ihm oft recht und hatte das Gefühl, dass sie wirklich in vieler Hinsicht besser werden müsste. Direkt nach dem College heirateten Betty und Harry. Beide hatten in der Collegezeit Alkohol konsumiert, aber sie dachten, dass sie da schon „herauswachsen" würden. Betty schaffte es, Harry nicht. Er trank weiter. Mit der Zeit wurde seine Trunksucht schlimmer. Das kostete ihn mehrmals den Job. Wenn er betrunken war, wurde Harry oft gegen die ganze Familie ausfällig. An vielen Tagen war Harry nicht fähig, zur Arbeit zu gehen, und dann rief Betty jeweils seinen Chef an, um Harry krankzumelden. Öfter und öfter suchte Betty nun Chatrooms im Internet auf. Sie lernte viele Leute kennen, darunter Männer, die sie lobten und ihr Selbstgefühl stärkten. Einer dieser Kontakte entwickelte sich zur Telefonbekanntschaft, dann in Richtung intime Gespräche und schließlich zu einer Affäre. Irgendwann brach Betty die Beziehung ab, aus Sorge, Harry könnte dahinterkommen, aber dafür tummelte sie sich wieder in den Chatrooms.

Durch Bettys Coabhängigkeit von Harry blieb sie einsam und verschämt. Sie fand Anerkennung im Internet, und diese Gewohnheit führte sie geradewegs auf den Weg zur Sexsucht. Coabhängigkeit ist Sucht nach Anerkennung und die Abhängigkeit von irgendeiner Person, von der man sich diese Anerkennung verspricht. Coabhängige tun alles, um die Anerkennung dieses Menschen zu erhalten und zu verstetigen. Sexsüchtige Menschen glauben, dass sexuelle Aktivität ein Weg ist, um Anerkennung zu bekommen. Von Menschen, die sich auf Sex mit ihnen einlassen, glauben sie, dass sie sie mögen. Wenn Sexsüchtige Frauen und Männer heil werden wollen, dann müssen sie lernen, wie sie auf „gesunde“ Weise Anerkennung bekommen können. Es ist deshalb wichtig, dass Coabhängigkeit gründlich verstanden wird.

Wenn Sexsüchtige Frauen und Männer heil werden wollen, dann müssen sie lernen, wie sie auf „gesunde“ Weise Anerkennung bekommen können.

Der Begriff Coabhängigkeit wurde ursprünglich geprägt, um den Zustand von Menschen zu beschreiben, die in enger Beziehung zu Alkoholikern stehen. Alkoholiker sind vom Alkohol abhängig, und Coabhängige sind von Alkoholikern abhängig. Die Verbindung von Coabhängigen zu den Süchtigen ist so eng, das Bedürfnis nach Anerkennung so groß, dass sie nicht von ihnen loskommen oder für sich selbst sorgen können. Und das ungeachtet der Trunksucht und des missbräuchlichen Verhaltens, das mit Alkoholismus einhergeht.

Heute spricht man oft von Coabhängigkeit, wenn die Abhängigkeit eines Menschen von einem anderen gemeint ist. Die meisten Coabhängigen sind als Kinder im Stich gelassen worden und sind mit der beklemmenden Furcht aufgewachsen, dass sie erneut verlassen werden könnten. Sie sind bereit, alle ihre Bedürfnisse und Interessen zu opfern, wenn das nötig sein sollte, die Menschen zufriedenzustellen, deren Anerkennung sie so verzweifelt suchen. Diese Opferbereitschaft hat einen hohen Preis. Coabhängige reiben sich so sehr für die Zuneigung anderer auf, dass sie ausbrennen und müde und depressiv werden. So sehr fürchten sie sich davor, verlassen zu werden, dass sie gravierende Ängste entwickeln. Völlig fixiert auf ihre Bemühungen um die dauerhafte Anerkennung des anderen, vernachlässigen sie andere wichtige Seiten des Lebens.

Coabhängige glauben oft, dass andere Menschen sie mögen, wenn sie nur genug Geld, ein schönes Haus, ein schnittiges Auto, einen tollen Job oder den richtigen Abschluss vorweisen können. Manche Geistliche sind „ordinierte Coabhängige“, die glauben, dass Menschen sie nur mögen, wenn sie einen geistlichen Beruf haben. Coabhängige treiben sich selbst an, manchmal gnadenlos, um im Leben voranzukommen. Manchmal verschafft ihnen Erfolg eine Menge Anerkennung auf einmal, und sie fühlen sich für kurze Zeit richtig gut, aber das hält nicht lange vor. Dann brauchen sie den nächsten Schuss, und sie knien sich wieder rein, um ihn zu erhalten.

Coabhängige versuchen mit den unterschiedlichsten Methoden, einen Menschen bei sich zu behalten. Manchmal sind sie gar nicht so sehr auf die Zuneigung des Betreffenden aus; es reicht ihnen schon, wenn er nur da ist. Sie erweisen ihm zahllose Dienste, opfern ihre Zeit und ihre Interessen, um es dem anderen recht zu machen. Sie können unermüdliche Aufpasser sein.

Sexsüchtige, die zugleich Coabhängige sind, brauchen viel Sex, um sich selbst lieben zu können. Sie halten Sex für ihr wichtigstes Bedürfnis. Sex verschafft ihnen die Bewunderung und Zuwendung, nach der sie sich so verzweifelt gesehnt haben. Von ihrer Coabhängigkeit versprechen sie sich nicht nur die Gesellschaft eines anderen, sondern auch Sex.

Alle in Helens Bekanntenkreis hielten Henry, ihren Mann, für einen ganz patenten Kerl. Er machte alles für sie, kaufte ihr Dinge, überraschte sie mit Blumen, half ihr bei der Hausarbeit. Ihre Zeit war seine Zeit. Was sie wollte, das wollte er auch. Henry war so ein großartiger Ehemann, wie konnte sie sich ihm sexuell verweigern? Sie war schockiert, als sie eines Tages einen Stapel Pornohefte in seinem Schreibtisch fand. Henry war ein coabhängiger Sexsüchtiger, der sich unablässig bemühte, von seiner Frau sexuelle Gefälligkeiten zu bekommen.

Auch wenn die Bemühungen von Coabhängigen für eine begrenzte Zeit den Schmerz und die Furcht vor erneutem Verlassenwerden dämpfen, wirken sie doch nur selten nachhaltig. Oft treibt Coabhängigkeit einen Menschen dahin, unübliche und deshalb schambesetzte sexuelle Praktiken auszuüben. Coabhängigkeit mildert die empfundene Scham vielleicht zeitweise, aber auf lange Sicht verstärkt sie die Scham nur noch. Viele Menschen pendeln hin und her zwischen der verzweifelten Suche nach Anerkennung und dem Bedürfnis, dem Gefühl der Vergeblichkeit ihrer Bemühungen zu entkommen. Es ist ein endloser Teufelskreis.

Sexsucht ist ein Versuch, die Scham zu kontrollieren, indem man gleichzeitig auf Flucht und auf Coabhängigkeit setzt. Sexuelle Aktivität dient zur selben Zeit als Fluchtmittel wie auch als Versuch, Anerkennung zu erringen.

Lassen Sie uns die in diesem Abschnitt beschriebenen Mechanismen noch einmal im Zusammenhang betrachten. Sexsucht ist deshalb so mächtig, weil sie versucht, mit dem ungesunden Schamempfinden klarzukommen, das in einer problematischen Familie erzeugt wurde.

Sex ist für den Süchtigen attraktiv – nicht etwa nur deshalb, weil der Gegenspieler Gottes auf diesem Weg versucht, Menschen von einem guten Weg abzubringen, sondern weil Sex als Medizin für in der Kindheit erlittene Verletzungen herhalten kann. Insofern ist Sexsucht eine Überlebensstrategie. Diese Strategie vermeidet kurzfristig Schmerz und nimmt dafür ein langsames Sterben in Kauf. So wie ein Kokainsüchtiger nach der wohltuenden Wirkung des nächsten Kicks giert, so verzehrt sich ein sexsüchtiger Mensch nach der Erleichterung, die ihm das nächste sexuelle Erlebnis verschafft.

Wer jemals an einem Sexsüchtigen verzweifelt ist, der einfach nicht von seinem Verhalten lassen kann, sollte sich klarmachen, dass zumindest aus der Perspektive des Süchtigen die sexuelle Aktivität ermöglicht hat, den Schmerz zu überstehen. Es ist nicht so, dass Sexsüchtige nicht von ihrer Sucht frei werden wollen. Es ist auch nicht so, dass sie schreckliche, sündige, unmoralische Menschen wären. Nur können sie nicht so einfach die Strategien ablegen, von denen sie glauben, dass sie ihnen das Überleben gesichert haben.

Wenn ein Ehepartner, ein Freund, ein Pastor, ein Seelsorger einen

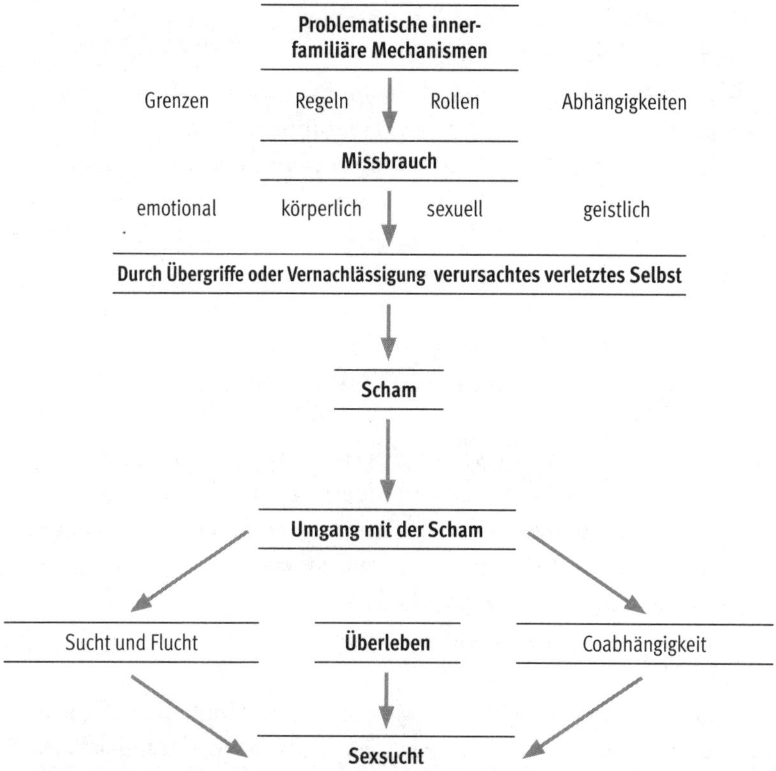

Ursachen und Wurzeln von Sexsucht

Sexsüchtigen bittet, mit seinem problematischen Sexualverhalten aufzuhören, dann hört der Sexsüchtige diese Botschaft einerseits und stimmt ihr zu. Zugleich meldet sich aber eine innere Stimme und sagt: „Wenn ich das aufgebe, dann werde ich sterben. Der Schmerz ist zu groß. Das halte ich nicht aus." Eine andere Stimme, auf einer anderen Ebene, ergänzt rasch: „Warum sollte ich damit aufhören? Es ist das Einzige, was ich mir selbst gönne. Niemand sonst kümmert sich um mich." Die dritte Stimme ist die des im Stich gelassenen Missbrauchsopfers. Sie sagt, oft in zornigem Tonfall: „Erzähl mir nicht, dass ich aufhören soll. Die Menschen haben meine Bedürfnisse jahrelang ignoriert. Wer wird mir schon helfen?“

Wenn wir überlegen, wie wir einem sexsüchtigen Menschen helfen können, von seinem Verhalten wegzukommen, dann haben wir es einerseits mit einem Erwachsenen zu tun, der einwilligt, andererseits mit einem verletzten Kind, das ablehnt. Wenn unsere Logik und unser Vorgehen nur auf den Erwachsenen abzielen, der uns zustimmt, dann werden wir in unserem Bemühen scheitern.

Zwanghafte Religiosität und Coabhängigkeit

Als Kind wurde Dan von seinen Eltern zur Kirche geschickt mit dem Argument, nur so könne er verhindern, in die Hölle zu kommen. Dan wurde von seinem Vater emotional missbraucht – der Vater versagte ihm jegliche Anerkennung. Dan wurde zwar ein erfolgreicher, angesehener Anwalt, aber darüber konnte er sich nicht freuen, und er konnte sich selbst nicht leiden. Immer öfter hatte er Umgang mit Prostituierten.

Dan engagierte sich auch kräftig in seiner Gemeinde. Er war in mehreren Ausschüssen tätig. Als Gemeinderatsvorsitzender hatte er zahlreiche Funktionen inne. Er unterrichtete in der Gemeindebibelschule und sang im Chor. Der Pastor bezeichnete ihn als seine rechte Hand und hätte nicht gewusst, wie er ohne Dan zurechtgekommen wäre.

Aber als ich mit Dan sprach, gestand er mir, dass er sich nie zufrieden und immer schuldig fühlte. Er versuchte sein religiöses Engagement immer noch mehr zu verstärken, um sich besser zu fühlen. Er eröffnete mir, dass er beschlossen habe, seine Anwaltspraxis aufzugeben und – als Mittdreißiger – ein theologisches Seminar zu besuchen. Vielleicht würde ihm ja der Beruf des Pastors Zufriedenheit verschaffen.

Dan ging ans Seminar, aber dann wurde er wegen Förderung der

Prostitution verhaftet. Schließlich unterzog er sich einer Therapie und nahm den Anwaltsberuf wieder auf. Er arbeitet nun vor allem mit Sexualstraftätern. Ihm ist inzwischen klar, dass nicht Gott ihn zum Pastorenamt hatte bringen wollen, sondern sein Schuldgefühl und seine zwanghafte Religiosität.

Ein wesentliches Merkmal zwanghafter Religiosität ist die Vorstellung, dass es eine Formel gibt, die Anerkennung, Glück und Erfolg garantiert. Sexsüchtige glauben, dass ihre sexuelle Gier verschwindet, wenn sie nur die richtige Formel kennen.

Das Gefährliche an zwanghafter Religiosität ist, dass die religiöse Anstrengung oder die religiösen Übungen wichtiger werden als jedes Ziel oder Resultat. Religiöse Betriebsamkeit wird wichtiger als eine vertrauensvolle, erfüllte Beziehung zu Gott. Sexsüchtige sind in ihren Familien unangemessen behandelt worden und wissen nicht, wie man ein gutes, vertrauensvolles Verhältnis pflegt. Wie können sie Vertrauen zu einem Gott lernen, den man Vater nennt, wenn sie nie den vertrauensvollen Umgang mit anderen Menschen kennengelernt haben?

Ein wesentliches Merkmal zwanghafter Religiosität ist die Vorstellung, dass es eine Formel gibt, die Anerkennung, Glück und Erfolg garantiert.

Jesus selbst hat gegen zwanghafte Religiosität gekämpft. In Markus 2,23-28 fragen ihn Pharisäer ungläubig, wie er zulassen kann, dass seine Jünger am Sabbat Korn ausraufen – ein grober Verstoß gegen die religiösen Feiertagsvorschriften. Jesus erinnert sie daran, dass selbst König David von den Schaubroten im Tempel gegessen hat, die nach Recht und Gesetz nur für die Priester da waren. Jesus verweist darauf, dass der Sabbat für die Menschen da ist und nicht umgekehrt. Wir befolgen Gebote nicht deshalb, weil wir Gott gefallen und besänftigen müssten. Vielmehr sind die Gebote zu unserem Schutz da und um uns zu lehren, wie wir mit uns selbst, mit anderen Menschen und mit Gott am besten zurechtkommen können.

Die Pharisäer waren zwanghaft religiös. Religiöse Übungen waren für sie wichtiger als Menschen und deren geistliche Bedürfnisse. Ihr zwanghaft religiöses Denken war so streng, dass es sie gehindert hat, in Jesus den Messias zu erkennen.

Religiosität wird zwanghaft, wo wir – wie die Pharisäer – gewohnheitsmäßig religiöse Übungen verrichten, um an die Zauberformel zu kommen, die uns glücklich macht und die Flucht vor Gefühlen oder die Vermeidung von Intimität erlaubt. Wenn zwanghaft religiöse Menschen eine Stunde in der Bibel gelesen haben, dann denken sie, dass zwei Stunden vermutlich besser wären. Wenn sie zweimal pro Woche die Kirche besuchen, dann bringen drei Kirchenbesuche wohl noch mehr. Hundert auswendig gelernte Bibelverse sind nicht so gut wie tausend. Mitarbeit in einer Gemeindegruppe ist nicht so gut wie Mitarbeit in fünf Gruppen.

Zwanghaft religiöse Menschen huldigen einer falschen Vorstellung von Sicherheit. Sie glauben, dass Gott sie umso mehr liebt, je mehr sie tun. In den meisten Kirchen bekommen sie viel Lob für ihren vorbildlichen Einsatz und ihre extremen Anstrengungen.

Zwanghafte Religiosität wird zu religiöser Arbeitswut. Die Geschäftigkeit dient zur Flucht. Arbeit erfordert viel Energie, nimmt viele Gedanken in Beschlag. Sie erzeugt ihrerseits Erregung und Adrenalin, und das lenkt den Süchtigen von anderen, vor allem schmerzlichen Gefühlen ab. Der schiere Einsatz von Arbeit kann Großes bewirken – den Bau neuer Kirchen, bessere Finanzen, mehr Gemeindeglieder. Es ist aufregend, die Früchte der Anstrengung zu ernten. Aber für Sexsüchtige ist es nur eine weitere Flucht.

Da das Hochgefühl rasch wieder abebbt, ist mehr und mehr religiöse Aktivität nötig, um es zu verstetigen. Das ist der Gewöhnungsfaktor. Mehr und mehr vom selben Verhalten ist nötig, um den Kick zu erreichen. Viele zwanghaft religiöse Menschen erleiden einen Burnout, verlassen manchmal sogar die Kirche, um der endlosen Tretmühle ihrer Geschäftigkeit zu entkommen. Wenn sie nicht ausbrechen, dann werden sie oft unwillig und verfallen in Klagen darüber, dass sie die einzigen sind, die sich einsetzen.

Letztlich verfallen zwanghaft religiöse Menschen in Trübsinn, weil ihr rastloser Einsatz ihnen nicht das ersehnte Glück verschafft hat. Sexsüchtige werden auch durch zwanghafte Religiosität nicht frei von ihren Begierden und problematischen Neigungen und sind dann oft sehr enttäuscht über Gott und den Glauben. Ich kenne zahllose Sexsüchtige, die deshalb aus der Kirche ausgetreten sind.

Einsatz und das Hochgefühl und das Adrenalin, das damit einhergeht, ist für den zwanghaft religiösen Menschen eine Form der Flucht. Er erreicht damit, dass er Schmerz unterdrücken kann. Man kann mit religiösen Mitteln auch Stimmungen beeinflussen. Bewusstseinserweiternde Experimente sind nicht auf fernöstliche Religionen oder Kulte beschränkt. Die Musik, die Rituale, die ständig wiederholten Lesungen und Gebete, das gedämpfte Licht oder die erhabene Atmosphäre von Gotteshäusern – das alles kann Stimmungen verändern. Christen sagen gern: „Das dient dazu, dass wir uns besser auf Gott einstellen und ihm näher sein können." Süchtigen freilich liegt nichts an einer intensiveren Gottesbeziehung; sie wollen ihre Stimmung heben und Beziehungen vermeiden. Für zwanghaft Religiöse kann Gottesdienst eine ekstatische Erfahrung sein, in der sie „wegtreten". Sie gehen auf Abstand zu Gott, öffnen sich nicht etwa für ihn.

Etwas kann süchtig machen oder zwanghaft werden, wenn es gewohnheitsmäßig ausgeübt oder benutzt wird, um Gefühle zu unterdrücken oder zu vermeiden.

Solche Formen religiösen Ausdrucks sind nicht an und für sich suchterzeugend. Zwanghaft religiöse Menschen lassen zu, dass der Jubel oder die erhebende Wirkung religiösen Erlebens sie in eine Art Trancezustand versetzt, in dem sie ihren Gefühlen entfliehen können. Es ist so, als ob man eine bestimmte Musik auflegt, nicht um der augenblicklichen Stimmung Ausdruck zu verleihen, sondern um die Stimmung zu ändern. Man fühlt sich lausig, also legt man was Fröhliches auf, damit es einem besser geht. Das ist an und für sich legitim, aber wenn man das ständig macht, wenn man eigenen Gefühlen grundsätzlich ausweicht, dann kann es zwanghaft werden. Denken Sie daran: Etwas kann süchtig machen oder zwanghaft werden, wenn es gewohnheitsmäßig ausgeübt oder benutzt wird, um Gefühle zu unterdrücken oder zu vermeiden.

Wenn die Formel funktioniert, fühlt sich ein zwanghaft religiöser Mensch tatsächlich „gut". Aber dieses Empfinden sollte nicht verwechselt werden mit echtem innerem Frieden. Damit hat es nichts zu tun. Das gute Gefühl des Süchtigen beruht darauf, dass es ihm für den Augenblick gelingt, den wahrhaft quälenden Gefühlen in seinem Innern zu entkommen.

Sexsüchtige sehnen sich nach dieser Erfahrung, gut zu sein und sich gut zu fühlen. Zwanghafte Religiosität dient ihnen als Möglichkeit der Flucht. Trotz der letztlich zerstörerischen Dinge, die sie tun, können sie einen zeitweiligen Rausch erleben, in dem sie sich eben nicht als sündige, sondern vielmehr als geistliche Menschen empfinden.

Zwanghafte Religiosität hat eine interessante Eigenschaft: Sie vermittelt anderen in der Gemeinde den Eindruck, dass die zwanghaft Religiösen wirklich sehr fromme Menschen sind. Wenn Sexsüchtige zugleich zwanghaft religiös sind, dann können sie auf andere, die sie nur flüchtig kennen, beeindruckend demütig wirken. Dieselben Menschen fallen aus allen Wolken, sobald das sündige Sexualverhalten eines Süchtigen bekannt wird, denn sie haben ihm oft einen ganz anderen Charakter zugeschrieben. Christen fragen sich: „Wie kann das sein, dass er/sie so etwas getan haben soll?" Und manchmal werden sie dann zornig über die vermeintliche „Heuchelei". Dabei erleben sie in Wirklichkeit gerade eine Anfrage an ihren eigenen Glauben. Wenn Menschen selbst sexuelle Sünden begehen, dann sind sie von der Enthüllung sexueller Fehltritte anderer peinlich berührt, denn das erinnert sie an ihr eigenes Verhalten. Es ist einfacher, auf den sexsüchtigen Menschen herabzusehen und ihm aus dem Weg zu gehen, als sich mit dem eigenen Fehlverhalten auseinanderzusetzen. Oft sind Menschen, die schroff über das sündige Verhalten von Sexsüchtigen urteilen, selbst nicht frei von problematischem Sexualverhalten.

In Kombination mit zwanghafter Religiosität kann Coabhängigkeit einen Sexsüchtigen zu einem wahnwitzigen Maß an Aktivität und Fürsorglichkeit antreiben. Das ist der Grund, warum zwanghaft religiöse Sexsüchtige, die obendrein coabhängig sind, oft als leuchtende Vorbilder im Glauben und als tragende Säulen der Gemeinde erscheinen.

Sexsüchtige Coabhängige kennen das Gebot „Liebe deinen Nächsten" (3. Mose 19,18). Aber den zweiten Halbsatz „... wie dich selbst" scheinen sie nie gehört zu haben, denn sie wissen nicht, wie man sich selbst liebt. Coabhängige in der Kirche haben das Gebot umgeschrieben. Bei ihnen liest es sich so: „Liebe deinen Nächsten, weil du von ihm geliebt werden willst." Doch da Sexsüchtige sich selbst nicht lieben, sind sie unfähig, andere zu lieben. Anstatt andere zu lieben, tun sie etwas für andere, in der Hoffnung, dass die anderen sie lieben. Andere müssen sie lieben, weil sie sich nicht selbst lieben können.

Die Denkweise von Coabhängigen führt zu einer Theologie der Werkgerechtigkeit und nicht zur „Gerechtigkeit allein aus Glauben".

Christliche Wohltätigkeit als Ergebnis der Denkweise von Coabhängigen geschieht nicht etwa als Antwort auf Gottes Liebe (das wäre die angemessene Begründung), sondern vielmehr als Versuch, sich Gottes Liebe zu verdienen. Die Denkweise von Coabhängigen führt zu einer Theologie der Werkgerechtigkeit und nicht zur „Gerechtigkeit allein aus Glauben". Für coabhängige Sexsüchtige besteht die Herausforderung darin, zu begreifen, dass sie sich nicht erst völlig verausgaben müssen, um die Zuwendung Gottes oder eines Menschen zu verdienen. Jesus Christus ist für uns gestorben, als wir noch Sünder waren. Seine Liebe muss nicht verdient oder erarbeitet werden – sie ist ein Geschenk und wird uns bedingungslos angeboten.

Scham erzeugt Coabhängigkeit und hält viele Menschen, Sexsüchtige eingeschlossen, davon ab, dieses Geschenk anzunehmen. Ein sexsüchtiger Coabhängiger denkt sich: „Wenn Gott Jesus gesandt hat, um für Sünden zu sterben, dann sicherlich nicht für meine. Meine Sünden sind schreckliche sexuelle Vergehen, die sich nicht einmal

Jesus ausmalen kann." Wo Sexsüchtige so denken, bleibt ihr Sexualverhalten die verborgene Sünde, die nicht einmal Jesus Christus heilen kann.

Der Coabhängige muss Anerkennung von anderen finden. Sexsucht und zwanghafte Religiosität sind Versuche, mit der eigenen Scham zurechtzukommen. Es sind verhängnisvolle Ersatzhandlungen, die nur kurzzeitig, niemals dauerhaft Erleichterung verschaffen. Die Frage liegt auf der Hand: Was löst das Problem wirklich? Was bringt dauerhafte Genesung? Wie findet ein Mensch in Jesus Christus eine Beziehung zu Gott? Wie findet man Frieden, Ruhe, Gnade, Liebe, leidenschaftliche Zuwendung, Annahme? Diesen Fragen werden wir im folgenden Abschnitt nachgehen.

Teil 3:
Die von Sexsucht geschlagenen Wunden heilen

8. Der Weg zur Heilung

Der Heilungsprozess ist kein einmaliges Ereignis, sondern eine lebenslange Reise. Die ersten Schritte auf dem langen Weg zur Heilung sind Gegenstand dieses Kapitels. Ich hoffe und bete darum, dass es hilfreich für alle ist, die sich nach emotionaler und geistlicher Ganzheit sehnen – ganz gleich, ob sie suchtkrank sind oder nicht. Vielleicht sind sie betroffen und versuchen seit Jahren, von Ihrer Sucht frei zu werden. Vielleicht leben Sie mit einem sexsüchtigen Menschen zusammen und fragen sich, ob es Hoffnung gibt. Wie auch immer – ich hoffe, dass die folgenden Seiten Ermutigung und Trost für Sie bereithalten.

Der Heilungsprozess ist kein einmaliges Ereignis, sondern eine Reise.

Dass es eine Aussicht auf Heilung gibt, einen gangbaren Weg dorthin – allein schon diese Erkenntnis vermittelt ein friedvolles Gefühl. Zum Prozess der Heilung von Sexsucht gehören die Beantwortung wichtiger Fragen, die Bereitschaft zur Übernahme von Verantwortung und das Verständnis dafür, wie Menschen sich verändern. Wenn Sie sexsüchtig sind und es Ihnen bisher widerstrebte, sich auf den Weg zur Heilung zu begeben, dann wird Ihnen manche Frage, die ich stelle, mancher Rat, den ich gebe, nicht schmecken. Der Weg zur Heilung ist beschwerlich und verlangt Suchtkranken und Leidenden oft unglaublich viel Geduld ab. Aber ich kann Ihnen sagen, dass der im Folgenden beschriebene Weg gangbar ist! Die Prinzipien sind gewonnen aus meinem eigenen Heilungsprozess und aus den Einsichten, die ich als Begleiter vieler Betroffener auf ihrem Weg zur Heilung gewonnen habe.

Drei geistliche Fragen

Wenn ich mit neuen Klienten zu arbeiten beginne, die von Sexsucht frei werden wollen, ganz gleich, ob in der Einzelberatung, in einem Workshop oder einem Seminar, dann konfrontiere ich sie zunächst mit drei geistlichen Fragen:

1. Wollen Sie gesund werden?
2. Wonach sehnen Sie sich?
3. Sind Sie bereit, Ihr Leben aufzugeben?

Wollen Sie gesund werden?

Im 5. Kapitel des Johannesevangeliums wird berichtet, wie Jesus einen Mann heilt, der achtunddreißig Jahre lang gelähmt war. All die Jahre über hat er am Teich Betesda gelegen, dem man heilende Wirkung nachsagte. Jesus wusste darüber Bescheid, und insofern hat es mich als geschulten Seelsorger immer erstaunt, dass seine erste Frage an den Mann lautet: „Willst du gesund werden?" Was hat sich Jesus dabei gedacht? Warum hat er ihn nicht gefragt, wie er so krank geworden ist, oder wie es ihm geht, oder wie er ihm helfen kann? Warum sonst lag der Mann wohl da, wenn nicht, um gesund zu werden? Die Frage, die Jesus gestellt hat, zeugt auf den ersten Blick nicht gerade von Mitgefühl. Aber Jesus ist der Chefpsychologe, und die Antwort des Mannes gibt uns Aufschluss über die Absicht hinter der Frage Jesu. Der Mann sagt: „Ach Herr, ich habe niemanden, der mir in den Teich hilft. ... Versuche ich es aber allein, komme ich immer zu spät." Offensichtlich hat sich der Mann mit seinem Dasein als Gelähmter abgefunden. Jesus wusste: Um gesund zu werden, musste der Mann die Veränderung erst ausdrücklich wollen.

Als ich selbst noch suchtkrank war, habe ich an mir beobachtet, dass ein Teil von mir frei werden wollte und ein anderer Teil nicht.

Ich war hin- und hergerissen, wie die „Wellen im Meer, die vom Sturm hin- und hergetrieben werden“ (Jakobus 1,8). Ich bezweifelte, dass ich mein sündiges Sexualverhalten aufgeben könnte – war es doch die Methode, die mir zu überleben und meine Bedürfnisse zu befriedigen half. Ich hatte Gott gebeten, mir die sündigen Gedanken wegzunehmen, aber er hatte es nicht getan, jedenfalls nicht so, wie ich es mir vorgestellt hatte, nämlich kurz und schmerzlos. Ich war zwar Christ, aber ich wollte Gott nicht wirklich vertrauen und wollte ihm mein Verhalten nicht unterstellen.

Die in diesem und den folgenden Kapiteln beschriebenen Strategien sind nicht kompliziert. Entscheidend ist aber, ob ein sexsüchtiger Mensch sich wirklich verändern will. Wenn nicht, dann wird jede noch so einfache Strategie versagen. Es gilt, die Sünde des Stolzes zu überwinden. Kann man Gott wirklich zutrauen, dass er von Sexsucht befreien kann? Meine Antwort ist ein uneingeschränktes Ja. Aber dem steht oft der eigene Stolz entgegen.

Wer heil werden will, muss die Verletzungen und den Zorn der Vergangenheit hinter sich lassen, um sich auf Gott einlassen zu können. Auch müssen Süchtige sich klarmachen, dass sie auf anderen Wegen Liebe finden und ihre Sehnsucht stillen können. Daran hat man ein Leben lang zu tun. Aber alles beginnt mit Veränderungsbereitschaft.

Die Erfahrung der Anonymen Alkoholiker in sieben Jahrzehnten lehrt: Man kann Suchtkranken am ehesten helfen, wenn sie „am Boden sind“, wenn ihr Leben so offensichtlich in Scherben liegt, dass alles Leugnen und Ablenken nicht mehr funktioniert und alle Ausreden versagen. Das traf auch auf mich zu. Bei den Anonymen Alkoholikern gibt es ein Motto, das ich voll unterschreiben kann: „Es konnte nur so weit kommen, weil ich meine Situation immer beschönigt habe.“ Wenn Süchtige nicht mehr ein noch aus wissen, wenn sie keinen Ausweg mehr sehen, dann sind sie eher bereit, sich auf Gott einzulassen, der die wahre Lösung bereithält.

Wonach sehnen Sie sich?

Vor einigen Jahren hatte ich einen sehr populären Mann aus Kalifornien als Klienten. Er hatte mir von sexuellem Verkehr mit mehr als 3000 Frauen berichtet, darunter Prostituierte, deren Dienste ihn 3.000.000 Dollar gekostet hatten. Er war ein hoffnungsloser Mann, deprimiert, drogenabhängig. Er schaute mich an und sagte: „All der Sex war nie genug. Ich wollte immer noch mehr." Er war offensichtlich sexsüchtig. Ich sagte ihm, dass er sich meiner Einschätzung nach in Wirklichkeit nach Gott sehne und dass Sex diese geistliche Sehnsucht niemals stillen könne. Ich bin froh, berichten zu können, dass der Mann inzwischen Christ geworden ist, eine Ehe führt und monogam und sexuell rein lebt. Er sagt heute, dass er mit einem Sexualpartner – nämlich seiner Frau – vollauf zufrieden ist und dass er Sex nun als befriedigend erlebt, weil er auf geistlich begründeter Liebe beruht. Seine Geschichte erinnert mich an eine Begebenheit in der Bibel.

In Johannes 4,6-26 lernen wir eine Frau aus Samarien kennen, die fünfmal verheiratet war und gegenwärtig mit einem weiteren Mann zusammenlebt. Sie ist in der Mittagshitze zu einem Brunnen gekommen, um nicht den respektablen Frauen aus dem Dorf zu begegnen, die bereits früh am Morgen Wasser holen. Dort am Brunnen begegnet sie Jesus. Sie ist einsam, verängstigt und von Scham erfüllt. Sie sehnt sich nach Liebe und Zuwendung und hat sie vergeblich bei einer Reihe von Männern gesucht. Jesus weiß darüber Bescheid. Die Frau bietet Jesus Wasser aus dem Brunnen an, aber er sagt ihr: „Wer dieses Wasser trinkt, wird bald wieder durstig sein." Jesus bietet der Frau am Brunnen „lebendiges Wasser" an, das Wasser der Erlösung.

Nur in der Beziehung zu Gott wird unser tiefer geistlicher und emotionaler Durst gestillt. Kein noch so verlockendes Angebot, kein noch so hoch gepriesener Ersatz kann uns die Befriedigung schenken, die der Glaube bietet. Um gesund zu werden, müssen Süchtige sich eingestehen, dass all ihr Bemühen um Befriedigung ihrer Sehnsüchte fehlgeschlagen ist. Sie müssen entdecken, wonach sie sich wirklich sehnen, und müssen sich darauf einlassen.

Die Vorstellung, dass die Liebe Gottes lebendiges Wasser ist, leuchtet nicht unmittelbar ein. Es geht um etwas, das uns Leben gibt. Denken Sie an einen Menschen in der Wüste, der am Verdursten ist. Süchtige sind oft in einer geistlichen und emotionalen Wüste und sterben schier vor Durst. Sie haben vergiftetes Wasser getrunken, das ihnen kein Leben gibt.

Viele meiner Klienten möchten lebendiges Wasser erleben, sehnen sich nach Gottes Vergebung und Erlösung. Ihr Verstand allerdings ist ein Kaffeefilter – gefüllt mit dem weiter oben beschriebenen Unrat. Wenn die Verletzungen, die wir in unserem Leben erlitten haben, unseren mentalen Filter mit Botschaften der Scham gefüllt haben, dann wird alles, was durch diesen Filter hindurchläuft, nach Scham schmecken. Selbst das lebendige Wasser, das Jesus uns anbietet, schmeckt dann nach Scham, denn wir glauben nicht, dass wir es verdient haben. Wir müssen die Botschaften in unserem „Filter" austauschen, damit wir uns wirklich auf das einlassen können, was Gott uns versprochen hat.

Auch wenn wir die alten Botschaften nie ganz aus unserem Gedächtnis löschen können, so können wir doch ihren Einfluss nach und nach verringern, indem wir uns täglich bewusst machen, dass Gott uns tatsächlich liebt. Auf diese Weise lässt sich unser Durst stillen.

Sind Sie bereit, Ihr Leben aufzugeben?

Der Apostel Paulus sagt uns, dass wir ein Leben der Liebe führen sollen, so wie Jesus Christus die Gemeinde liebt und sein Leben für sie eingesetzt und geopfert hat. Paulus rät uns auch, dass wir dem Vorbild Jesu Christi folgen sollen, auch wenn wir ihm nie ganz gleich werden können. Christus starb für uns; er war bereit, den Preis für unsere Sünden zu zahlen. Als seine Nachahmer müssen wir ebenfalls bereit sein, den Preis zu bezahlen – nämlich unser Leben aufzugeben. Unser altes Leben geben – um ein neues zu erleben.

Lüsternheit ist gleich normale sexuelle Lust plus Selbstsucht. Alles an Lüsternheit ist Götzendienst, Stolz und Überheblichkeit. Reinheit ist gleich normale sexuelle Lust plus Selbstlosigkeit. Die höchste Form von Selbstlosigkeit ist die Bereitschaft, für einen anderen zu sterben. Überlegen Sie mal: Für wen oder was wären Sie bereit zu sterben? Die meisten von uns würden bereitwillig ihr Leben für ihre Kinder einsetzen. Nach der Tragödie der Terrorangriffe vom 11. September 2001 drückten viele Amerikaner ihr Empfinden aus, dass sie bereit wären, für ihr Land zu sterben. In ähnlicher Weise müssen diejenigen von uns, die eine sexuell reine Ehe führen wollen, bereit sein, für ihre Ehepartner zu sterben. Sich voll und ganz zu investieren.

Zur Bereitschaft, heil zu werden, gehört die Bereitschaft, für etwas oder für jemanden zu sterben. Das ist das Gegenteil von Selbstsucht. Nur wenigen wird je abverlangt, dass sie tatsächlich physisch für jemanden sterben müssen, aber wenn wir gesund werden wollen, dann müssen wir bereit sein, unsere selbstsüchtigen Wünsche und Vorstellungen aufzugeben. Indem wir unser Leben aufgeben, erleben wir die Kraft Jesu Christi.

Ich bin fasziniert von der Geschichte von Lazarus in Johannes 11. Lazarus und seine Schwestern Maria und Marta waren eng mit Jesus befreundet. Als Jesus hört, dass Lazarus schwer erkrankt ist, lässt sich Jesus Zeit. Tagelang lässt er auf sich warten. Tatsächlich kreuzt er erst auf, nachdem Lazarus bereits gestorben und begraben ist. Maria und Marta eilen Jesus entgegen und sagen ihm sinngemäß: „Wärst du nur hier gewesen, dann wäre unser Bruder noch am Leben.“ Deutlicher ausgedrückt: „Jesus, du kommst zu spät!“

Obwohl Jesus weiß, dass er Lazarus wieder ins Leben zurückholen wird, ist er doch tief bewegt von der Trauer, die die Angehörigen und Freunde von Lazarus zeigen. Er geht zur Grabhöhle und verlangt, dass der Stein, der das Grab verschließt, weggewälzt wird.

Marta macht Einwände, weist darauf hin, dass Lazarus seit vier Tagen tot ist und die Verwesung schon eingesetzt hat. Jesus macht klar, dass Lazarus nur gestorben ist, damit durch seine Auferweckung Gott verherrlicht wird. Das mag uns grausam vorkommen, bis wir einsehen, dass wir nur durch den Tod die Kraft Jesu Christi erleben können. Wir können seine Kraft erst erleben, wenn wir unser Leben aufgeben, das Angebot der Erlösung durch Jesus Christus annehmen und die Kontrolle über unser Leben an ihn abtreten. Solange wir versuchen, alleine klarzukommen, führen wir einen langen, schmerzlichen und aussichtslosen Kampf. Wir müssen Jesus das Kommando übergeben.

Süchtige und ihre Angehörigen haben wie Maria und Marta viele „Wärst du nur"-Fragen an Jesus: Wo bist du? Was ist das Problem? Warum kommst du mir nicht zu Hilfe? Viele Sexsüchtige fragen sich, warum Jesus sie nicht heilt, bevor sie ihr Leben ruinieren. Jesus weiß, dass wir nur fähig werden, uns auf ihn einzulassen, wenn wir unsere Hilflosigkeit und unser völliges Scheitern – unseren geistlichen und emotionalen Tod – eingestehen.

Wenn ein Mensch den Eindruck hat, dass er alles verloren hat, dann erlebt er den emotionalen Tod.

Als ich meinen Zusammenbruch erlebte, verlor ich buchstäblich alles: Geld, Arbeit, meinen Ruf. Es war, als würde ich sterben. Wenn ein Mensch den Eindruck hat, dass er alles verloren hat, dann erlebt er den emotionalen Tod. Eine deprimierende Erfahrung. Aber die Anonymen Alkoholiker wissen seit Langem, dass ein Süchtiger erst am Boden sein muss, da, wo es nicht mehr weiter abwärtsgeht, um trocken zu werden. Am Boden sein heißt: Man sieht ein, dass alle eigenen Anstrengungen restlos gescheitert sind. Erst dieser emotionale Tod ermöglicht es uns, die Kontrolle abzugeben. Aber dieses Abgeben der Kontrolle heißt nicht, dass wir aufgeben, sondern dass wir Einsicht zeigen. Es erfordert, dass wir die Versuche, uns selbst zu helfen, einstellen und unsere Machtlosigkeit eingestehen. Es bedeutet, dass wir um Hilfe bitten. Erst wenn wir fähig sind, vor Gott zu kapitulieren, kann der Prozess der Veränderung beginnen.

Verantwortlichkeit lernen

Sexsüchtige, die gesund werden wollen, die Sehnsucht nach Gott haben und bereit sind, ihr Leben aufzugeben, müssen Verantwortlichkeit lernen, um ein Leben in sexueller Reinheit zu führen.

Es ist wichtig zu verstehen, was Verantwortlichkeit ist und was alles dazugehört. Über einen Zeitraum von siebzehn Jahren habe ich verschiedenste Rechenschafts- und Verantwortlichkeitsmodelle von Selbsthilfeorganisationen und therapeutischen Gemeinschaften studiert und mit ihnen gearbeitet. Ich habe versucht, die all diesen Modellen gemeinsame Weisheit herauszudestillieren. Und ich glaube, dass wir in den ersten vier Kapiteln des Buches Nehemia das beste Beispiel für angewandte Rechenschaftsprinzipien finden. Es ist die Geschichte vom Wiederaufbau einer zerstörten Stadt. Wir werden sehen, dass dieser Prozess des Wiederaufbaus einer zerstörten Stadt uns als Vorbild dienen kann für die Etablierung von Verantwortlichkeit und den Wiederaufbau von Leben, die durch Sexsucht zerstört worden sind.

Der Prozess umfasst zehn Komponenten.

1. Bei Trauer und Zerbrochenheit ansetzen

Das alttestamentliche Buch Nehemia spielt in der Zeit der babylonischen Gefangenschaft des jüdischen Volkes. Nehemia ist fronpflichtig und arbeitet am Hof des persischen Großkönigs Artaxerxes als Mundschenk. Er kann zwar nicht frei über sein Leben verfügen, aber er ist im Dunstkreis der Macht. Nehemia bekommt Besuch von einigen Verwandten und sie schildern ihm die trostlose Situation von Jerusalem: Die Stadt liegt in Trümmern, ihre Tore sind verbrannt (Nehemia 1,3). Dieser Schadensbericht ist ein Hilferuf. Das begreift Nehemia sofort. Er ist bekümmert und erschüttert, er weint tagelang (Nehemia 1,4).

Angesichts der Zerstörungen, die Sucht anrichtet, ist es hilfreich und geboten, über den Schaden zu trauern. Wenn wir uns das ersparen wollen, dann lastet der Schmerz der Vergangenheit weiter auf uns, und früher oder später wird das den Heilungsprozess sabotieren und uns zurücktreiben in die Sexsucht.

2. Bekennen und Buße tun

Nach der Trauerphase spricht Nehemia ein zweiteiliges Gebet (Nehemia 1,5-11). Zum einen bekennt er die Sünden des jüdischen Volkes – es hat Gottes Gebote gebrochen – und erklärt seine Bereitschaft, Buße zu tun, und seinen Wunsch, in die Heimat zurückzukehren.

Echte Trauer über den Schmerz und den Schaden, den Sexsucht verursacht hat, führt zur Bereitschaft, unsere Verstöße gegen Gottes Gebote zu bekennen.

3. Empfindungen und Bedürfnisse ehrlich äußern

Nehemia ist immer noch traurig, als er Wein vorbereitet und dem König Artaxerxes aufträgt. Der König fragt Nehemia, was ihn bedrückt und was er braucht. Nehemia erklärt dem König, dass er über die Zerstörung Jerusalems, der Heimat seiner Vorfahren, trauert. Er bittet um Erlaubnis, nach Jerusalem zurückzukehren und die Stadt wieder aufzubauen.

Dass Nehemia ehrlich über seine Empfindungen und Bedürfnisse spricht, macht ihn verwundbar. Was, wenn seine Traurigkeit den König gegen ihn aufbringt? Was, wenn seine Bedürfnisse ignoriert, seine

Bitten abgelehnt werden? Aber letztlich ist es gerade Nehemias ehrlicher Ausdruck seiner Gefühle und Bedürfnisse, aufgrund dessen ihm der König seine Bitten bewilligt.

Kaum etwas fällt Süchtigen schwerer, als die eigenen Gefühle und Bedürfnisse ehrlich auszudrücken. Viele von uns haben sich ein Leben lang selbstzerstörerisch verhalten, nur um das zu vermeiden. Wenn wir gesund werden wollen, dann müssen wir lernen, unsere Gefühle und unsere emotionalen und geistlichen Bedürfnisse zu äußern.

4. Die Kraft der Gemeinschaft nutzen

Der König bewilligt, worum Nehemia ihn gebeten hat. An diesem Punkt der Geschichte freilich ist Nehemia drauf und dran, einen großen Fehler zu machen. Er will auf Geleitschutz verzichten und die tausend Meilen von Susa nach Jerusalem alleine unter die Füße nehmen. Zu seinem Glück ist der König weiser. Er stattet Nehemia nicht nur mit Geleitbriefen aus, sondern ordnet auch eine Eskorte zu seinem Schutz ab (Nehemia 2,9).

Ich kenne niemanden, der alleine von Sexsucht frei geworden wäre.

Ich kenne niemanden, der alleine von Sexsucht frei geworden wäre. Wir alle brauchen eine Armee von Unterstützern, die uns auf der Reise zur Heilung beisteht. Wenn wir es auf eigene Faust versuchen, wird uns der Teufel garantiert ein Bein stellen. Im Kinofilm *Gladiator* wird Maximus, ein römischer Feldherr, Opfer einer Intrige und landet in der Sklaverei. Als Gladiator kehrt er nach Rom zurück. Der Kaiser lässt im Kolosseum Szenen großer römischer Triumphe nachstellen. Maximus und andere Gladiatoren werden in die Arena geführt, um eine Horde Barbaren zu verkörpern, die bei der zweiten Eroberung Karthagos dahingemetzelt wurde. Maximus kennt die Geschichte und weiß im Voraus, welche Art tödlicher Angriff ihnen bevorsteht. Er sammelt die Gladiatoren um sich mit den Worten: „Was immer durch diese Tore kommt, wir können es überleben, wenn wir zusammenhalten." Die Gladiatoren schließen die Reihen und verschanzen sich hinter ihren Schilden, als sie von römischen Streitwagen eingekreist werden. Dieses geschlossene Auftreten als Kohorte war seit Jahrhunderten eine erfolgreiche Strategie in der römischen Kriegsführung. Maximus führt die Gladiatoren auf diese Weise zum Sieg gegen die übermächtigen Gegner.

Aus dem 1. Petrusbrief wissen wir, dass der Teufel wie ein brüllender Löwe seine Opfer umkreist (1. Petrus 5,8). Allein geht man ein; in der Gruppe (Kohorte) können wir überleben. Effektive Verantwortlichkeit geschieht nur innerhalb von Gruppen. Ich höre oft, dass mir jemand sagt: „X und ich, wir geben uns gegenseitig Rechenschaft." Was aber passiert, wenn X mal nicht zur Stelle ist, oder krank, oder zu müde, um zuzuhören? Wir brauchen eine Gruppe von Menschen, denen gegenüber wir Verantwortlichkeit einüben; Listen mit Namen und Telefonnummern, die wir anrufen können, wenn wir angefochten werden.

5. Einen Tag nach dem andern leben

Nehemia kehrt nach Jerusalem zurück und begutachtet den Schaden. Es muss ausgesehen haben wie in New York auf Ground Zero nach den Terroranschlägen des 11. September. Nehemia versammelt die führenden Männer Jerusalems um sich und sagt ganz einfach: „Kommt, lasst uns die Mauer wieder aufbauen" (Nehemia 2,11-18). Die Arbeit wird aufgeteilt (Kapitel 3). Niemand wird entmutigt oder überwältigt von den gewaltigen Dimensionen des Projektes, denn die Mauer von Jerusalem wird in überschaubaren Abschnitten wiedererrichtet.

Wenn ein Mensch gesund werden will, dann ist die Konfrontation mit dem gesammelten in seinem Leben entstandenen Schaden oft erst einmal ein Schock. Die Trümmer eines Lebens, das durch Sexsucht zerstört wurde, lassen sich nicht so einfach wieder zusammensetzen. Wenn wir versuchen, alles auf einmal zu richten, dann werden wir an dieser übermächtigen Aufgabe verzagen. Deshalb ist es wichtig, sich die Weisheit des bei den Anonymen Alkoholikern verbreiteten Rats „Ein Tag nach dem anderen“ klarzumachen. Genauso geschieht Heilung: Einen Tag nach dem anderen. Auch ein Leben, eine Ehe, eine berufliche Laufbahn wird Stück für Stück gebaut – oder wiedererrichtet. Eins nach dem anderen.

6. Unrat und Schmutz eliminieren

Nehemia gibt Malkija und seiner Familie den Auftrag, das Misttor neu zu errichten (Nehemia 3,14). Jedes Stadttor in Jerusalem hat eine Funktion. Durch dieses bewusste Tor wurde aller Müll, aller Unrat der Stadt entsorgt. Kennen Sie das Gefühl, dass Sie den unwürdigsten Auftrag von allen haben? Tatsächlich war das Misttor vielleicht das wichtigste Tor von allen. Eine Stadt, die ihren Müll nicht los wird, erstickt im eigenen Dreck.

Bei Sexsüchtigen kann die Entsorgung von Unrat und Schmutz bedeuten, dass sie pornografisches Material loswerden müssen (einschließlich Internetzugang, Satelliten- oder Kabelfernsehen), dass sie geheime Postfächer und Bankkonten auflösen, sich von Sexualpartnern trennen und selbst Freundschaften beenden, durch die sie in Versuchung geraten könnten. Es heißt auch, dass man sich vom Müll negativer und schamerfüllter Gedanken, schmerzlicher Erinnerungen, Ängste und Ressentiments trennen muss.

7. Vor der eigenen Tür anfangen

Zwei Familien bauen einen Abschnitt der Mauer auf, der direkt am eigenen Haus vorbeiführt (Nehemia 3,10).

Viele der Menschen, mit denen ich arbeite, wollen gern auf Abstand zu sich selbst gehen. Kurz nach einem Workshop schickte mir ein Mann, der gerade mal fünf Tage enthaltsam gelebt hatte, eine E-Mail. Darin erklärte er mir, dass er ein Buch über sein Leben schreiben wolle, um anderen zu helfen. Ich antwortete ihm, er solle nach Hause gehen, solle Verantwortlichkeit lernen, seiner Frau und seiner Familie dienen, und mir erst wieder schreiben, nachdem er ein Jahr lang sexuell nüchtern gelebt habe. Besonders am Anfang bedeutet Verantwortlichkeit nicht, dass man loszieht, um die Welt zu retten. Vielmehr gilt es, dass man alles für die eigene Rettung und für die eigene Familie tut.

8. In Zeiten des Hochgefühls auf Zeiten der Schwäche vorbereiten

Zu einem späteren Zeitpunkt in der Geschichte erfährt Nehemia von einem bevorstehenden Angriff. Israels Feinde sind wütend, dass die schutzlose Stadt wieder befestigt wird. Nehemia ordnet an, dass die Mauer von einer Kette von Wächtern rund um die Uhr bewacht wird, besonders an ihren schwächsten Stellen (Nehemia 4,9ff).

Wer auf dem Weg zur Heilung von Sexsucht ist, weiß, dass Angriffe nicht ausbleiben. Satan, unser Feind, wird uns genau dort auf die Probe stellen, wo unsere Verteidigung am schwächsten ist. Deshalb müssen wir uns auf solche Angriffe vorbereiten. Süchtige sagen mir oft: „Wenn ich in Versuchung gerate, dann rufe ich jemanden an." Sie können sich offenbar nicht vorstellen, dass genau das Teil der Versuchung sein kann: Niemanden anzurufen. Die Anfechtung kann offenbaren, dass sie immer noch dem selbstsüchtigen und verletzten Teil ihrer selbst vertrauen, der auf eine rasche Lösung aus ist.

Sich auf eine Attacke sexueller Versuchungen vorzubereiten heißt: Wir treffen Vorkehrungen für Situationen, von denen wir wissen, dass wir nicht stark genug sind, um alleine zu widerstehen. So eine Vorkehrung könnte im einfachsten Fall sein, dass wir andere bitten, uns regelmäßig anzurufen. Ich bitte die Männer, mit denen ich arbeite, sich für die ersten Wochen und Monaten des Heilungsprozesses eine Reihe von Männern zu suchen, die bereit sind, täglich, vielleicht sogar mehrmals täglich bei ihnen nachzufragen, wie es ihnen geht.

Sich auf eine Attacke sexueller Versuchungen vorzubereiten heißt: Wir treffen Vorkehrungen für Situationen, von denen wir wissen, dass wir nicht stark genug sind, um alleine zu widerstehen.

Vorbereitung bedeutet auch, dass man sich um ein umfassendes Verständnis des eigenen Verhaltensmusters bemüht und an den entsprechenden Stellen Leitplanken errichtet. Nehmen wir John als Beispiel: Sein typisches Ritual auf Geschäftsreisen besteht darin, dass er sich in seinem Hotelzimmer pornografische Filme anschaut, im örtlichen Telefonbuch nach Nachtklubs sucht und sich dann auf den Weg dorthin macht. Er kann sich selbst davon abhalten, indem er Hotels ausfindig macht, die keine pornografischen Video-on-demand-Angebote haben, oder er kann im Hotel darum bitten, dass das Fernsehgerät aus seinem Zimmer entfernt wird, oder gleich ausdrücklich ein Zimmer ohne Fernseher bestellen. Außerdem hinterlässt er im Kreis der Leute, denen er verantwortlich ist, die Telefonnummern, unter denen man ihn erreichen kann, und sie rufen ihn regelmäßig an, wenn er unterwegs ist. Anderes Beispiel: Andy hat mit Internetpornografie zu kämpfen, aber er braucht das Internet zum Ausüben seines Berufs. Er hat sich Leitplanken gesetzt, indem er auf seinem Computer eine Software installiert hat, die jede aufgesuchte Website protokolliert und das Protokoll an einige der Partner weitersendet, denen er Rechenschaft gibt. Er weiß, dass er besonders spätabends in Versuchung steht, seinem Verlangen nachzugeben, und so bittet er Mitglieder seiner Gruppe, ihn dann anzurufen.

Derartiges Vorausdenken und -planen ist nicht absonderlich. Menschen, die sexuell rein leben wollen, üben sich darin in Zeiten, in denen sie stark sind – wohl wissend, dass auch andere Zeiten kommen, in denen sie anfechtbar sind.

9. Neues bauen, nicht nur Altes abwehren

Nehemia lässt die Hälfte seiner Leute bauen, während die andere Hälfte Wache schiebt, bereit, die Stadt zu verteidigen (Nehemia 4,16f). Selbst die Männer, die zum Heranschaffen von Baumaterial abgestellt sind, tragen Waffen.

Auf dem Weg zur Heilung von Sexsucht werden wir müde und mutlos, wenn wir uns unentwegt nur verteidigen. Wir müssen daher in unseren Leben auch neue Verhaltensweisen, Gewohnheiten, Einstellungen und geistliche Übungen etablieren. Wir errichten ein neues Leben in Christus, wir erneuern unsere Ehen, und wir üben uns ständig in neuen und vertieften Wegen des Umgangs mit Gott und anderen Menschen. Wir sind genauso in der Verantwortung, das Gute zu tun – wieder aufzubauen –, wie wir in der Verantwortung stehen, uns der Sünden und Fehltritte zu enthalten, die uns und andere zerstören.

Die Anonymen Alkoholiker unterscheiden das auch sprachlich. Sie nennen einen Menschen „trocken", wenn er oder sie Alkohol meidet. Sie sprechen von einem „nüchternen" Menschen, wenn er oder sie ein neues Leben aufbaut. Wenn Sexsüchtige sagen, dass sie trocken und nüchtern sind, dann meinen sie damit, dass sie sexuelle Sünden vermeiden und dass sie neue Verhaltensweisen einüben.

10. Anderen dienen

Nehemia sagt: „Habt keine Angst vor ihnen! Vertraut dem Herrn, denn er ist groß und mächtig. Kämpft für eure Brüder und Söhne, für eure Töchter und Frauen und für eure Häuser!" (Nehemia 4,8).

Selbstsüchtige Sorgen als hauptsächliche Triebfeder werden uns nicht weit bringen. Vielmehr sollten wir uns die Menschen vor Augen führen, die wir wirklich lieben, und uns klarmachen, dass unsere Heilung ihnen zugutekommen soll. Uns treibt der aus Liebe gespeiste Wille, ihnen niemals wieder wehzutun. Wenn wir bereit sind, unser Leben aufzugeben, dann sind wir auch bereit, es für andere einzusetzen.

Noch einmal sei es gesagt: Diese Art von Verantwortlichkeit kann nicht allein oder in einer Zweierschaft praktiziert werden. Man braucht dazu eine gut organisierte und geleitete Unterstützergruppe. Das gilt für sexsüchtige Menschen und ihre Partner wie auch für andere, die versuchen, ein gesundes Leben zu führen.

Im Lauf der Jahre habe ich verschiedenste Arten von Hilfegruppen kennengelernt. Wie die Anonymen Alkoholiker für Alkoholkranke, so gibt es auch für sexsüchtige Männer und Frauen Gemeinschaften mit einem entsprechenden Zwölf-Schritte-Programm. In der ersten Zeit meines eigenen Gesundungsprozesses habe ich regelmäßig an den Treffen solcher Gruppen teilgenommen.

Für Christen mag es mitunter eine Herausforderung sein, dass viele Unterstützer- und Selbsthilfegruppen nicht ausdrücklich auf christlicher Grundlage arbeiten; dass die moralischen und geistlichen Werte, die Christen wichtig sind, dort folglich nicht so stark betont werden. Es gibt in den letzten Jahren aber auch immer mehr christliche Unterstützer- und Selbsthilfegruppen, die mit dem Zwölf-Schritte-Konzept arbeiten. Viele treffen sich in Gemeindehäusern. Wenn Sie in Ihrer Gegend keine christliche Gruppe finden, überlegen Sie, ob Sie nicht selbst eine gründen wollen. Eine gute Selbsthilfegruppe weist die folgenden Merkmale auf: Sie lebt von völliger Aufrichtigkeit, respektiert Verletzlichkeit, ermutigt zum Eingestehen eigenen Fehlverhaltens, zur Wiedergutmachung, zur Verantwortlichkeit (wie in diesem Kapitel dargelegt) und zu einer Beziehung zu Gott.

Den Prozess der Veränderung verstehen

Der Weg zur Heilung ist ein Prozess, in dessen Verlauf alte, suchthafte und zerstörerische Verhaltensweisen überwunden und in neue, gesunde Verhaltensweisen umgewandelt werden. Dieser Prozess hat mehrere Stufen. Ich spreche oft mit Menschen, die möglichst sofort und auf der Stelle gesund werden wollen. Die Aussicht, dass der Prozess lange dauern kann, macht ihnen Angst. Aber ein Leben, das im Lauf vieler Jahre zerstört worden ist, wird vielleicht erst durch jahrelange Aufbauarbeit wieder heil. Lassen Sie den Mut nicht sinken. Einige positive und beglückende Veränderungen zeigen sich augenblicklich – und eine nachhaltige, das ganze Leben prägende Veränderung über Höhen und durch Tiefen braucht ihre Zeit, wie es bei wachstumshaften Prozessen immer der Fall ist.

Wenn wir uns auf den Weg zur Heilung begeben, ist es vorteilhaft, wenn wir den Prozess der Veränderung verstehen. Ich möchte den Prozess in fünf Schritten beschreiben und bediene mich dazu der Theorien von Virginia Satir, einer namhaften Therapeutin des 20. Jahrhunderts:

Altes Verhalten (Zurechtkommen, überleben, Gewohnheiten)	**Einsicht in die Notwendigkeit von Veränderung**	→ **Chaos**	→ **Einüben**	→ **Neues Verhalten**

Der Prozess der Veränderung

Altes Verhalten ist sündig und zerstörerisch. Es ist der alte Status quo. Das alte Verhalten ist davon gekennzeichnet, wie wir seit unserer Kindheit versucht haben, zurechtzukommen und zu überleben. Wir wissen, dass Sexsucht zerstörerisch ist, aber es ist das, was wir kennen.

Einsicht ereignet sich, wenn uns ein Verhalten bewusst wird, das wir verändern müssen. Vielleicht stellt uns jemand zur Rede, oder wir lesen etwas über gesundes, konstruktives Verhalten. Oder wir vertrauen Gott unser Leben an und werden uns darüber klar, dass wir unser sündiges Verhalten abstellen müssen. Jeder Sexsüchtige erkennt unzählige Male, dass sich etwas ändern muss, aber die Gewohnheit ist so stark, dass der Süchtige immer wieder darin verfällt.

Steve hat sich seit der Mittelschule mit Pornografie beschäftigt und masturbiert. An der Highschool hatte er mit mehreren Mädchen Sexualverkehr. Am College behielt er dieses Verhaltensmuster bei, bis er Jean kennenlernte und sich verliebte. Jean war Christin und wollte auch in Sachen Sex biblischen Prinzipien folgen. Steve ließ sich darauf ein, weil er sie so sehr liebte. Er masturbierte nun noch mehr, aber er dachte, das würde sich legen, sobald sie erst verheiratet wären. Steve wurde Christ und sah ein, dass auch er sich sexuelle Reinheit zum Ziel setzen sollte. Trotz dieser Erkenntnis und seiner Liebe zu Jean konnte er nicht damit aufhören, pornografische Bilder anzuschauen und zu masturbieren. Nachdem Jean und er geheiratet hatten und ein normales Sexualleben führten, schockierte und bedrückte es ihn umso mehr, dass er unfähig war, damit aufzuhören.

Chaos stellt sich ein, wenn wir willens sind, uns zu verändern, und ernsthafte Anstrengungen dazu unternehmen. Wir begeben uns damit auf Neuland und wissen nicht, wie wir uns verhalten oder was wir tun sollen. Die alten Verhaltensweisen haben wir abgelegt, aber wir haben noch kein neues Verhalten gelernt. Chaos ist verwirrend, beängstigend und schmerzhaft.

Steve schaffte es, sein sündiges Sexualverhalten abzustellen. Er war einerseits stolz darauf, andererseits machte es ihm Angst und deprimierte ihn. Er war verwirrt, weil er gedacht hatte, der moralische „Sieg“ würde seine Verhaltensweisen ungeschehen machen.

Im nächsten Stadium der Veränderung *üben* wir uns im neuen Bewusstsein, in neuen Beziehungen, in neuer Spiritualität. Wir befolgen das, was uns Pastoren, Seelsorger und weise Leuten raten.

Steve besuchte Therapiestunden und Treffen einer Selbsthilfegruppe. Auch bemühten er und Jean sich eifrig um neue Erfahrungen emotionaler und geistlicher Intimität. Es war nicht einfach, es gab manche Rückschläge, aber Steve hielt an seiner Vision von sexueller Reinheit fest.

Schließlich, nach langer Übung, wird aus neuartigen Entscheidungen *neues Verhalten*. Im Fall von Sexsüchtigen sind Nüchternheit, Reinheit und Treue die neuen Verhaltensregeln. Dazu gesellen sich weitere neue Verhaltensweisen, die unseren Glauben, unsere Beziehungen, unser ganzes Tun betreffen. Jedes Mal, wenn wir uns verändern wollen, geht das mit einer Menge Ängsten und Schmerzen einher. Aber wir werden reifer und entwickeln uns weiter, und die Ängste schwinden in dem Maß, in dem wir gesunde, konstruktive Entscheidungen treffen. Das ist der Weg zur Heilung.

Wir werden reifer und entwickeln uns weiter, und die Ängste schwinden in dem Maß, in dem wir gesunde, konstruktive Entscheidungen treffen.

Ich vergleiche den Prozess der Veränderung gern mit dem Weg, der das Volk Israel aus der Gefangenschaft in Ägypten ins verheißene Land führte. Im Folgenden einige Anmerkungen zu den Parallelen zwischen dem Weg der Israeliten in die Freiheit und dem Weg von sexsüchtigen Menschen zur Heilung.

Überlebensstrategien entpuppen sich oft als Verhaltensweisen, die uns versklaven

Die letzten Kapitel im 1. Buch Mose (37-50) berichten von Josef und dem Umzug der Kinder Israels nach Ägypten aufgrund einer schweren Hungersnot (1. Mose 41,57). Sie kommen also aus gutem Grund nach Ägypten – sie wollen dem lebensbedrohlichen Hunger entkommen. Aber nach Josefs Tod und mit einem neuen Pharao auf dem Thron ändert sich alles. Die Israeliten haben sich in ihrer neuen Heimat so stark vermehrt, dass der Pharao in ihnen eine Bedrohung sieht. Folglich versklavt er sie (2. Mose 1,6-11).

Die Israeliten kamen nach Ägypten, um bedrückendem Hunger zu entkommen. In ähnlicher Weise wollen auch Süchtige tiefe, ungestillte emotionale und geistliche Bedürfnisse befriedigen. Wir entwickeln Strategien, um damit umzugehen und zu überleben, und diese Strategien scheinen den Hunger zumindest zeitweise zu stillen, aber am Ende finden wir uns versklavt durch ein lebensbedrohliches *altes Verhalten,* das wir weder kontrollieren noch stoppen können.

Dem ersten Schritt auf dem Weg zur Heilung gehen ein neues Bewusstsein und viele Eingriffe Gottes voraus

Gott sieht das Leiden seines Volkes und möchte es befreien. Er nutzt das Wunder des brennenden Dornbusches, um Mose Einsicht in die Not des Volkes zu vermitteln. Gott fordert Mose auf, sein beschauliches Leben im Land Midian aufzugeben und beim Pharao für die Israeliten zu intervenieren (2. Mose 3). Der Pharao denkt nicht daran, auf Moses Forderungen einzugehen, und so überzieht Gott sein Land mit zehn Plagen, um einen Sinneswandel im Pharao zu bewirken. Schließlich ändert der Pharao seine Haltung und willigt ein, das Volk Israel in die Freiheit zu entlassen.

Furcht ist oft der größte Feind einer bedeutsamen Veränderung im Leben

Gott will das Volk Israel zurück ins Land der Verheißung bringen, und auf dem Weg dorthin kommt es ans Rote Meer. Der Pharao bereut inzwischen seine Entscheidung, die Israeliten freizulassen, und macht seine Armee mobil, um sie wieder einzufangen. Als die Israeliten das merken, packt sie die Furcht. Ihre Befreiung ist im Gange; sie stehen am Ufer, die Freiheit vor Augen, aber sie sehnen sich nach der Sicherheit und Vertrautheit der Sklaverei zurück (2. Mose 14,10-14).

Ähnliches spielt sich bei lebensverändernden Prozessen ab. Gerade sind wir den ersten Schritt in Richtung Freiheit gegangen, da überfällt uns Furcht und hindert uns, weiterzugehen. Auf einmal kommt uns die schmerzhafte, aber vertraute Vergangenheit erstrebenswerter vor als die ungewisse Zukunft. Es zieht uns zurück in die alten Verhältnisse – auch wenn sie tödlich für uns sind.

Die Fähigkeit, Trauer und Schmerz zu empfinden, ist auf dem Weg zur Heilung unverzichtbar

Die Israeliten sahen sich mit einem scheinbar unüberwindlichen Hindernis konfrontiert – mit dem Roten Meer. In ähnlicher Weise haben süchtige Menschen ein Meer vor sich, das es zu durchqueren gilt. Es ist das Meer ihrer eigenen Tränen; das Meer der Sorgen. Die meisten Süchtigen fürchten, dass sie nie wieder zu weinen aufhören werden, wenn sie sich erst einmal ihren wahren Empfindungen und Lebenserfahrungen stellen. Sie stellen sich das unbeschreiblich schmerzhaft vor.

Maria war eine Sexsüchtige, die eine ganze Reihe Männergeschichten gehabt hatte. In einer Therapiesitzung begann sie plötzlich zu schluchzen. Ihr ganzer Körper zitterte. Auf einmal hörte sie auf und sagte: „Das war wirklich albern. Ich darf mich nicht so gehen lassen.“

Eine der Lehren, die sie als Kind verinnerlicht hatte, lautete, dass sie stark sein müsse, und Weinen war ein Zeichen von Schwäche. Süchtige und andere Menschen müssen lernen, dass sie nicht ertrinken werden, wenn sie ins Meer ihrer Sorgen eintauchen. Gott ist bei ihnen und wird sie nie etwas empfinden lassen, was sie mit seiner Hilfe nicht auch ertragen könnten.

Der Weg zur Heilung wird Schritt für Schritt bewältigt

In der Geschichte vom Auszug aus Ägypten teilt Gott das Rote Meer, und die Israeliten durchqueren es sicher. Als die Ägypter ihnen folgen wollen, lässt Gott das Wasser zurückfluten, und die Verfolger ertrinken. Die Israeliten sind dem Feind entronnen, aber nun sind sie in der Wüste, im Land des Chaos, und sie fragen sich, wie sie das überleben sollen. Wieder grummeln die Leute, dass das Leben in Ägypten doch gar nicht so schlecht gewesen sei. Trotz ihres Undanks versorgt Gott sie mit Manna und Wachteln, aber was er schickt, reicht jeweils nur für einen Tag.

In der Bibel werden wir wieder und wieder ermahnt, dass wir Gott täglich neu vertrauen sollen. Jesus hat uns zu beten gelehrt: „Unser tägliches Brot gibt uns heute“ (Matthäus 6,11; Lukas 11,3). Auch auf dem Weg zur Heilung ist es gut, dieses Prinzip zu kennen und anzuwenden: Wenn wir den Blick zu weit voraus richten oder uns Sorgen um die Zukunft machen, dann schränken wir damit unsere Fähigkeit ein, auf Gott zu vertrauen.

Wir stillen unseren Durst mit dem lebendigen Wasser, das nur Gott anbietet

Als Nächstes heißt es: „Die Israeliten brachen aus der Wüste Sin auf und zogen von einem Lagerplatz zum nächsten, wie der Herr es ihnen befahl“ (2. Mose 17,1). In der Wüste, im Land des Chaos, sind die Menschen durstig und finden nichts zu trinken. Erneut klagen sie, dass das Sklavendasein in Ägypten doch allemal der Freiheit in der Wüste vorzuziehen sei. Und einmal mehr stillt Gott ihre Bedürfnisse auf wundersame Weise. Diesmal verschafft er ihnen Wasser aus einem Felsen (2. Mose 17,6)!

Suchtkranke entkommen der Sünde auf demselben Weg, auf dem die Israeliten der Wüste Sin entkommen sind: Sie folgen Gottes Anweisungen. Aber auch wenn wir auf unserem Weg zur Heilung Fortschritte machen, ist doch die Versuchung immer noch gegenwärtig, emotionalen und geistlichen Durst mit den alten Verhaltensweisen zu stillen. Manchmal kann es uns sogar so vorkommen, als ob wir ohne sie verschmachten müssten.

Wenn wir zur wahren Anbetung Gottes zurückkehren, kommt vieles wieder ins Lot

Während der Zeit des Chaos in der Wüste trifft sich Gott mit Mose auf dem Berg Sinai und händigt ihm die Steintafeln mit den Zehn Geboten aus (2. Mose 20). Mose ist für lange Zeit weg, und die Leute beginnen sich zu fragen, ob Mose sich wohl aus dem Staub gemacht hat. Anstatt ihr Vertrauen auf Gott zu setzen, der sie bisher noch nie im Stich gelassen hat, schaffen sie sich goldene Götzenbilder und beten sie an (2. Mose 32,1-6). Als Mose zurückkehrt und sieht, was das Volk getan hat, zerschmettert er im Zorn die Tafeln mit den Zehn Geboten (32,19). Gottes wertvolles Geschenk an das Volk ist kaputt. Aber Mose stellt den rechten Gottesdienst wieder her, indem er die falschen Götzen zerstört (32,20). Er hält dem Volk eine Standpauke, anschließend tritt er bei Gott fürbittend für das Volk ein. Gott vergibt dem Volk die Schuld und schreibt die Zehn Gebote noch einmal auf Steintafeln (34,1).

Im Wüstenchaos der Heilung von Sucht kann es Zeiten geben, in denen wir bezweifeln, dass Gott sich um uns kümmert. Wir fragen uns, ob Gott uns vergessen oder ob er uns alleingelassen hat inmitten unserer Kämpfe. Wenn Angst und Sorge uns überwältigen, dann ist die Versuchung groß, dass wir Gottes Gebote brechen, unser Vertrauen auf falsche Götzen setzen, wie etwa auf alte Gewohnheiten, und unser Leben wieder selbst in die Hand nehmen.

Im Wüstenchaos der Heilung von Sucht kann es Zeiten geben, in denen wir bezweifeln, dass Gott sich um uns kümmert.

Der Pfad zur richtigen Heilung führt über die wahre Anbetung, in der wir all unser Vertrauen auf Gott richten. Wo wir das tun, da kann Gott vieles wieder zurechtbringen, was durch unsere Hingabe an falsche Götter zerstört worden ist.

Rückfall ist die Versuchung, zum Vertrauten zurückzukehren

Im dritten Buch Mose werden viele der Gesetze und Gebote, die Gott Mose anvertraut hat, erläutert und ausgeweitet. In 3. Mose 18 finden wir Gottes Vorstellung von Sexualität beschrieben. Demnach ist der sexuelle Verkehr Ehemännern und -frauen vorbehalten.

Im vierten Buch Mose befiehlt Gott Mose, aus jedem der zwölf Stämme Israels einen Mann auszuwählen und als Kundschafter ins verheißene Land zu senden (Kapitel 13). Der Bericht der Kundschafter fällt zwiespältig aus. Das Land fließt über von Milch und Honig, aber es ist auch von hünenhaften Menschen bevölkert. Zehn der zwölf Kundschafter sind so verängstigt, dass sie an der Eroberung des von Gott versprochenen Landes zweifeln. Als Josua und Kaleb, die übrigen zwei, das Volk zu überzeugen versuchen, dass das Land mit Gottes Hilfe eingenommen werden kann, werden sie niedergebrüllt.

Als die zehn anderen Kundschafter die schlechte Nachricht von den Riesen verkünden, weinen die Israeliten laut und stellen einmal mehr die Frage, warum Gott sie in diese Wüste geführt hat, die wohl einen elenden Tod für sie bereithält. Sie sind auch der Leitung durch Mose überdrüssig und wollen einen neuen Anführer wählen, der sie nach Ägypten zurückbringen soll (4. Mose 14).

Im Heilungsprozess von Suchtkranken sind die ersten beiden Jahre oft gespickt mit Hindernissen (Riesen), die so unüberwindlich erscheinen, dass uns Zweifel an der Möglichkeit der Heilung kommen. In solchen Zeiten ist die Gefahr eines Rückfalls besonders hoch. Sobald wir uns mit großen Herausforderungen konfrontiert sehen, sehnen wir uns zurück nach dem, was in der Sucht den Fleischtöpfen Ägyptens entspricht – nach den alten Verhaltensweisen, mit deren Hilfe wir in der Vergangenheit zu überleben versucht haben.

Risiken eingehen und sich der eigenen Furcht stellen sind wichtige Schritte auf dem Weg zur Heilung

In unserer epischen Geschichte bleibt Gottes Volk für weitere dreiundvierzig Jahre vor den Toren des verheißenen Landes. Die Generation, die aus Ägypten ausgezogen ist, setzt nie einen Fuß in die neue Heimat. Nur ihre Nachkommen, angeführt von Josua, durchqueren schließlich den Jordan. Das Durchqueren des Flusses ist mit großen Risiken behaftet. Aber nachdem das Volk sich seiner Furcht gestellt und übergesetzt hat, ist es dann auch in der Lage, das neue Heimatland einzunehmen und einen neuen Lebensstil einzuüben (Josua 4).

Den Riesen der Furcht und des Risikos entgegentreten – das verleiht uns die Kraft und den nötigen Mut, um uns einen neuen, gesunden Lebensstil anzueignen und uns endlich zu Hause zu fühlen.

Im Lauf des Heilungsprozesses sollten wir darauf gefasst sein, dass weisere und erfahrenere Leute uns mit Aufgaben betrauen, die wir nicht von vornherein verstehen

Auch nachdem die Israeliten ins verheißene Land eingezogen sind, gilt es noch, schwer befestigte feindliche Siedlungen zu erobern. Um die Mauern der Stadt Jericho zu bezwingen, befiehlt Gott ihnen, die Stadt an sechs Tagen hintereinander jeweils einmal zu umrunden, und bei der Umrundung am siebten Tag sollen sie die Posaunen blasen. Können Sie sich vorstellen, was das Volk von einer solchen Anweisung hielt? Aha, du willst also, dass wir unsere hochgerüsteten Feinde mit einer siebentägigen Parade und ein paar Posaunen niederringen? Aber dann handeln sie genau nach Anweisung, und Gott erfüllt sein Versprechen – die Mauern stürzen ein, und Josuas Armee erzielt einen großen Sieg.

Im Lauf des Heilungsprozesses kann es zu Situationen kommen, in denen weise und erfahrene Leute – Pastoren, Seelsorger und andere – uns bitten, Dinge zu tun, die wir nicht verstehen. Das ist in dieser Phase des Prozesses geboten. Es winken große Siege in Form von Wachstum, Einsicht, geheilten Beziehungen und vertieftem Glauben.

Missachtung von Gottes Geboten bringt Niederlagen und entmutigt

Unsere Geschichte ist noch nicht zu Ende und verläuft auch nicht nur harmlos. Achan, einer von Josuas Männern, missachtet Gottes Verbot, in Jericho zu plündern. Als Josua eine kleine Armee losschickt, um die benachbarte Stadt Ai zu erobern, wird die Armee zurückgeschlagen, sechsunddreißig Gefallene sind zu beklagen. Davon ist selbst Josua entmutigt (Josua 7,7).

Jeder Sieg auf dem Weg zur Heilung schafft Selbstvertrauen, aber Siege können auch übermütig machen. Wenn wir die ersten Riesen bezwungen haben, dann geraten wir leicht in Versuchung, uns selbst zu belohnen auf eine Art, die Gott die Ehre stiehlt. Auch wenn die Verstöße im Lichte dessen, was wir bereits überwunden haben, geringfügig erscheinen, können sie uns doch beim nächsten größeren Hindernis zum Verhängnis werden. Sie können uns entmutigen. Selbst im Triumph müssen wir unsere Nüchternheit absichern durch unbedingtes Beachten von Gottes Geboten.

Es gilt, Gott immer fester zu vertrauen

Natürlich gelingt es den Israeliten am Ende, das von Gott verheißene Land ganz einzunehmen. Aber zugleich hören sie nicht auf, an Gott zu zweifeln und sich gegen ihn aufzulehnen. In unserer Geschichte sind Menschen unablässig herausgefordert, auf Gottes Fürsorge zu vertrauen. Gott beweist ihnen auch ständig seine Vertrauenswürdigkeit – auf dem ganzen Weg von der Sklaverei in Ägypten durchs Rote Meer und durch die chaotische Wüste hindurch, über den Jordan und schließlich ins verheißene Land.

Für den genesenden sexsüchtigen Menschen kommt der Tag, an dem die Nüchternheit solide und stabil erscheint. Aber der Kampf ist noch nicht vorbei. Der Weg zur Heilung ist eine ständige Herausforderung, Gott noch mehr zu vertrauen. Echte Veränderung stellt sich nur ein, wenn wir unser altes Leben aufgeben, unsere Ängste und Zweifel besiegen, uns mehr auf Gott verlassen und uns ihm ausliefern. Indem wir das mehr und mehr einüben, führt Gott uns ständig weiter weg von alten sündigen Verhaltensweisen – sexuellen und anderen – hin zu neuen Verhaltensweisen, die rein, gesund und lebensspendend sind.

Manchmal sind Menschen in selbstzerstörerischen Verhaltensweisen gefangen und sind nicht willens, den Weg zur Heilung zu beschreiten. Dann kann es geboten sein, dass wir sie mit ihrem Verhalten konfrontieren. Süchtige, die noch nicht zur Veränderung bereit sind, sind in einem Zustand der Furcht und des Abstreitens. Wie kann man einen Süchtigen dazu bewegen, dass er Hilfe annimmt? Wann ist Eingreifen angezeigt, und wie kann es aussehen? Davon handelt das folgende Kapitel.

9. Sexsüchtige zur Rede stellen

Wenn Sie von jemandem vermuten, dass er oder sie sexsüchtig ist, dann sollten Sie diesem Menschen Hilfe anbieten, bevor er oder sie sich selbst und anderen mehr Schaden zufügt. Sexsüchtiges Verhalten ignorieren hieße, dass man Kameraderie mit der Sünde des Süchtigen treibt. Wenn man Süchtige mit ihrem Verhalten konfrontiert, dann nennt man diesen Vorgang Intervention. Dieses Kapitel richtet sich an alle, die einen Sexsüchtigen kennen oder mit einem oder einer Sexsüchtigen zusammenleben, der oder die Hilfe bisher ablehnt.

In Matthäus 18,15-17 liefert Jesus einige Anhaltspunkte dafür, wie wir jemanden zur Rede stellen können, der uns verletzt hat. Er gibt uns eine Lektion in christlicher Konfliktbewältigung und zugleich ein hervorragendes Beispiel für die Durchführung einer Intervention. *Erstens:* den Betreffenden unter vier Augen ansprechen. „Wenn er auf dich hört, hast du deinen Bruder zurückgewonnen“ (18,15). *Zweitens:* Wenn man damit nicht erfolgreich ist, einen zweiten Anlauf in Gegenwart von einem oder zwei Zeugen unternehmen (= Gruppenintervention). *Drittens:* Wenn der Betreffende immer noch nicht hören will, den Fall vor die Gemeinde bringen. *Viertens:* Wenn der Betreffende sich auch der Gemeindedisziplin nicht unterwirft, soll er oder sie aus der Gemeinde ausgeschlossen werden.

Dieses Kapitel präsentiert einige praktische Möglichkeiten, wie man mithilfe der Prinzipien zur Konfliktregelung und Intervention aus Matthäus 18 mit einem sexsüchtigen Menschen umgehen kann.

Direkte persönliche Ansprache = Einzelintervention

Wenn Sie überlegen, einen Sexsüchtigen alleine zur Rede zu stellen, dann sollten Sie zunächst eine Art Selbstcheck vornehmen. Bedenken Sie die folgenden Fragen:

1. Können Sie dem Menschen liebevoll begegnen, bringen Sie ihm Mitgefühl entgegen? Wenn Sie innerlich nicht frei von Zorn, verurteilenden oder strafenden Gedanken sind, dann sollten Sie andere bitten, die Intervention vorzunehmen oder Sie zu begleiten. Das wichtigste Kriterium jeder Intervention ist, dass sie aus Liebe heraus geschieht und nicht durch Richtgeist motiviert ist.
2. Stehen Sie in einer coabhängigen Beziehung zum Süchtigen? Wenn Sie stark auf die Zuneigung und/oder Anerkennung eines Sexsüchtigen ausgerichtet sind, dann fehlt Ihnen womöglich die Kraft oder die Objektivität, den Süchtigen alleine mit seinem Verhalten zu konfrontieren.
3. Ist Ihre eigene Haltung zur Sexualität klar und einwandfrei? Die meisten Sexsüchtigen können ihnen von Leuten berichten, die sich über ihr Sexualverhalten ereifert haben und dabei dieselben oder ähnliche Fehltritte begangen haben.
4. Sind sie fähig, die Intervention wirklich durchzuziehen? Direkte persönliche Ansprache bringt es mit sich, dass man Ultimaten setzen und sie auch ernst nehmen muss. Nehmen Sie Abstand von dieser Art Intervention, wenn Sie nicht stark genug sind, umzusetzen, was Sie sich vorgenommen haben.

Wenn Sie alle Fragen mit Ja beantworten können und bereit sind, die Sache in Angriff zu nehmen, dann weihen Sie jemanden in Ihren Plan ein. Das macht Sie rechenschaftspflichtig, gibt Ihnen aber auch Rückhalt und stärkt Ihr Durchhaltevermögen. Es hilft Ihnen auch, sich über Ihre Motive klar zu werden und zu vergewissern, dass Ihr Tun aus Liebe, nicht aus Richtgeist heraus geschieht.

Das Ziel einer Intervention ist klar: Der Süchtige soll dazu gebracht werden, Hilfe zu suchen und anzunehmen. Bevor Sie also das Gespräch mit einem Süchtigen suchen, machen Sie sich kundig, wo und wie er oder sie Hilfe bekommen kann. Stellen Sie eine Liste mit Telefonnummern von Seelsorgern, Therapieeinrichtungen und Selbsthilfegruppen zusammen. Seien Sie darauf gefasst, dass Sie im Rahmen der Intervention den Betreffenden zu einem Seelsorger bringen oder begleiten müssen; eventuell braucht er auch finanzielle Unterstützung für eine Therapie.

Nachdem Sie den Selbstcheck vorgenommen, Ihre Motive abgeklärt und Informationen über Behandlungs- und Hilfsmöglichkeiten gesammelt haben, nehmen Sie Ihren Mut zusammen und bitten den Betreffenden zu einem Gespräch unter vier Augen. Sprechen Sie nur die Verhaltensweisen an, von denen Sie wissen. Sie können das Gespräch zum Beispiel so beginnen: „Du weißt, ich mag dich. Ich mache mir Sorgen über einiges, was mir an dir aufgefallen ist. Und zwar meine ich …“ (und dann gilt es, Tatsachen unangemessenen oder befremdlichen sexuellen beziehungsweise sexuell gefärbten Verhaltens zu nennen).

Wo angebracht, können Sie von eigenen Schwächen berichten und von Ihren Erfahrungen mit Hilfsangeboten. Zum Beispiel so: „Ich weiß, wovon ich spreche. Ich habe selbst ein paar zwanghafte/suchthafte Seiten an mir, nämlich …“ (konkret beschreiben). „Ich habe das nicht mehr im Griff gehabt, und ich hatte Angst, jemand könnte mir auf die Schliche kommen und würde mich dafür verachten. Geholfen hat mir dann …“ (und dann können Sie erzählen, wie Sie wieder auf die Beine kamen). Wenn Sie selbst von keinen ähnlich gelagerten Problemen berichten können, dann können Sie von jemandem erzählen, den Sie kennen (ohne Namen zu nennen!), der ein Suchtproblem hatte und Hilfe gefunden hat.

Versuchen Sie, sich in den sexsüchtigen Menschen einzufühlen: „Ich kann mir denken, dass du sehr einsam bist. Ich stelle mir das ermüdend und beängstigend vor.“ Oder: „Ich kann mir vorstellen, dass du sauer auf mich bist, weil ich das zur Sprache bringe." Vermeiden Sie es, selbst eine Diagnose zu stellen. Also nicht: „Du musst wirklich in einer verbogenen Familie aufgewachsen sein." Verkneifen Sie sich auch verurteilende Kommentare nach dem Motto: „Wie konntest du nur solche Schweinereien machen?"

Unterscheiden Sie sorgfältig zwischen dem Eindruck, den das Verhalten des Sexsüchtigen auf Sie gemacht hat, und dem Eindruck auf andere: „Als du das mit dem … gemacht hast, hat mich das tief verletzt und wütend gemacht", oder: „Das war mir oberpeinlich, das tat richtig weh" (und dann beschreiben Sie, warum es Sie verletzt hat). Halten Sie dem Süchtigen keinen ganzen Katalog von Fehlverhalten vor, zumindest diesmal nicht. Es würde den Süchtigen nur in Verteidigungsstellung treiben. Wenn ein Sexsüchtiger abzuwehren beginnt, können Sie entgegnen: „Ich verurteile dich nicht, und du musst mir gegenüber auch gar nicht dein Verhalten begründen. Ich möchte nur, dass du mir zuhörst. Du sollst wissen, wie dein Verhalten auf mich gewirkt hat."

Als Nächstes sagen Sie deutlich, was Sie erwarten. Wie soll sich das Verhalten des Süchtigen Ihnen gegenüber verändern? Zum Beispiel: „Ich erwarte, dass du aufhörst, schmutzige Witze über mich zu verbreiten." Wenn Sie Ehepartner des Süchtigen sind, könnte es heißen: „Dränge mich nicht zum Sex. Ich mag es nicht, wenn du mich in dieser oder jener Weise anfasst. Verlange nicht … von mir" (das entsprechende sexuelle Verhalten benennen). „Ich erwarte, dass du mir treu bist und die Beziehung(en) abbrichst."

Dann beschreiben Sie die Konsequenzen für den Fall, dass der Süchtige die gesetzten Grenzen nicht respektiert. „Wenn du das noch mal machst, dann werde ich …" (beschreiben Sie genau, was Sie tun werden). Als Ehepartner können Sie z. B. sagen: „Wenn du mit dieser Art Verhalten weitermachst, dann kann ich nicht mehr mit dir das Leben teilen. Ich kann es nicht ertragen, dass du dich selbst, unsere Ehe, unsere Familie kaputt machst." Ein Arbeitgeber kann die offensichtlichen arbeitsrechtlichen Konsequenzen aufzeigen. Ein Pastor kann die Konsequenzen im Blick auf die Gemeinde deutlich machen.

Versichern Sie dem Süchtigen ihre Liebe, Ihre Sorge um ihn: „Ich mag dich. Ich mache mir Gedanken um dich. Unsere Beziehung ist mir viel wert, und ich möchte, dass sie weitergeht. Ich hoffe und bete, dass du dir helfen lässt." Sprechen Sie von Ihrem Glauben an einen persönlichen Gott, der auch sexsüchtige Frauen und Männer liebt und sich um sie kümmert, über Ihr Vertrauen auf Gottes Wort, auf Bibelverse, die Gottes Liebe und Offenheit für bußfertige Sünder zum Ausdruck bringen.

Sexsüchtige sind mitunter sehr ablehnend gegen alles, was nach Glauben und Religion aussieht. Lassen Sie sich nicht in einen Streit verwickeln. Das wäre der schnellste Weg, das Gespräch zu beenden. Einfühlung ist der richtige Weg: „Es muss wirklich bitter sein, wenn man betet und nicht die erhoffte Antwort bekommt. Ich denke manchmal, dass Gott vielleicht unauffälliger, weniger dramatisch vorgeht, als wir es erwarten. Und manchmal verstehe ich auch nicht, was Gott tut und wie. Aber ich weiß, dass ich dir helfen will. ..." (und dann können Sie die Möglichkeiten aufzählen, wie Sie helfen wollen).

Im schlimmsten Fall weigert sich der Sexsüchtige, Ihnen zuzuhören, nimmt keine Hilfe an oder wird gar aggressiv. Das wäre natürlich sehr enttäuschend. Bleiben Sie mit Ihrer Enttäuschung nicht allein. Suchen Sie Unterstützung. Sie können mit Ihrem Pastor oder einem Seelsorger/einer Seelsorgerin über das Erlebte sprechen und das weitere Vorgehen beraten. Machen Sie sich klar, dass der Zorn des Süchtigen oder seine Abwehr nichts mit Ihnen als Person zu tun hat, auch nicht damit, was Sie getan haben und wie Sie es getan haben. Sexsucht ist eine mächtige Erkrankung. An der Reaktion von Sexsüchtigen wird deutlich, wie sehr sie die Krankheit immer noch im Griff hat.

Intervention in der Gruppe

Wo ein so angesprochener Mensch auf persönliche Ansprache nicht eingeht, da wird die Intervention einer Gruppe nötig. Dem Rat Jesu folgend, sollten Sie ein oder zwei Menschen hinzuziehen, um Sie zu unterstützen und den Süchtigen mit zusätzlichen Fakten zu konfrontieren. Sexsüchtige, die hartnäckig abstreiten, dass sie ein Problem haben, müssen mit Beweisen konfrontiert werden – mit unleugbaren Tatsachen, die belegen, dass es das Problem wirklich gibt. Einem Einzelnen gegenüber mag es ihnen noch leichtfallen, sich herauszureden. Aber zwei oder drei Leuten gegenüber sündiges Verhalten abzustreiten, das alle bezeugen können, ist schon sehr viel schwieriger.

Ich habe einmal in einer Suchtklinik gearbeitet, die auf die Behandlung suchtkranker Berufstätiger spezialisiert war. Die Patienten waren Ärzte, Rechtsanwälte, Geistliche, und sie suchten uns meistens auf, nachdem sie von einer Gruppe zur Rede gestellt worden waren. Einer meiner Kollegen, Dr. Richard Irons, pflegte zu sagen, dass persönliche Ansprache unter vier Augen bei solchen Süchtigen so sei, als würde man allein im Basketball gegen den früheren NBA-Superstar Michael Jordan antreten – so kann keiner gewinnen. Aber er wies auch darauf hin, dass ein Team von Leuten fast immer zum Ziel kommt, auch wenn nicht eines von den Teammitgliedern NBA-Format hat.

Bevor man sich an einer Gruppenintervention beteiligt, sollte man sich über die Rolle des Moderators und der Gruppenteilnehmer klar werden, über das Wesen des Gruppenprozesses und über einige besondere innerfamiliäre Mechanismen.

Der Moderator

Gruppeninterventionen brauchen einen Moderator. Das kann ein Seelsorger oder Pastor sein, der bereits Erfahrungen mit Gruppeninterventionen hat. Es gibt auch spezielle Schulungen für Gruppeninterventionen. Wenn Sie Schwierigkeiten haben, Informationen über die Aufgabe des Moderators zu finden, dann nehmen Sie Kontakt mit einer der im Anhang aufgelisteten Einrichtungen auf. Die Rolle des Moderators ist ausgesprochen wichtig. Der Moderator hat das Ziel, die Intervention auf eine Art und Weise zu steuern, dass der Sexsüchtige nach Möglichkeit gar nicht anders kann, als Hilfe anzunehmen.

Die Gruppenteilnehmer

Gruppeninterventionen können unterschiedlichste Teilnehmer einschließen. Zur klassischen Gruppenintervention bei Alkoholikern gehören Familienmitglieder, Freunde, Arbeitgeber, Gemeindemitglieder und andere direkt oder indirekt Betroffene, die unter dem Verhalten des Süchtigen zu leiden haben und Fakten beisteuern können. Der Moderator vergewissert sich, ob alle, die an der Intervention teilnehmen wollen, die nötige Reife haben und emotional stabil genug sind. Zum Beispiel kann es sein, dass Familienmitglieder gerade erst anfangen, die Tragweite des Verhaltens eines Sexsüchtigen zu begreifen. Sie sind folglich so verletzt und wütend, dass sie kaum in einem Gruppengespräch die Haltung wahren könnten. Und das würde den Sexsüchtigen dann nur in die Defensive drängen oder vom eigentlichen Anliegen der Intervention ablenken.

Der Gruppenprozess

Oftmals ruft ein Moderator die Gruppe bereits vor der Intervention zusammen. In einem ersten Treffen lässt er sich die Fakten schildern, sammelt Informationen über die jeweiligen persönlichen Grenzen der Teilnehmer und verschafft sich einen kompletten Überblick über die Folgen für den Fall, dass der Süchtige nicht bereit ist, Hilfe einzuholen. Außerdem hält er eine komplette Übersicht geeigneter Hilfs- und Behandlungseinrichtungen und -quellen bereit und erstellt eine Liste all der Leute, die bereit sind, den Süchtigen bei der Inanspruchnahme dieser Hilfsangebote zu unterstützen. Der Moderator kann mit einzelnen Teilnehmern auch durchsprechen, was sie einbringen, wie und wann sie es gegebenenfalls sagen können.

Wie bringt man einen Süchtigen dazu, sich einer Gruppenintervention zu stellen? Fast immer ist Überraschung der Erfolgsfaktor. Wenn Süchtigen genügend Zeit bleibt, sich auf das Kommende einzustellen, dann werden sie dem Gespräch aus dem Weg gehen. Gruppenintervention läuft in gewisser Weise ähnlich ab wie eine Spontanparty, die einem überraschten Geburtstagskind zuteil wird. Man findet einen Vorwand, um den Betreffenden an den Ort zu bringen, an dem andere auf ihn warten. So wird die Intervention eingefädelt.

Manche Süchtige kommen nur zur Besinnung, wenn sie zuvor die Konsequenzen ihres Verhaltens zu spüren bekommen.

Der Moderator leitet das gesamte Treffen, er erteilt einzelnen Teilnehmern zu gegebener Zeit das Wort bzw. bittet sie zu sprechen. Er kann das Gespräch einleiten mit Worten wie: „Wir sind hier, weil Sie uns wichtig sind (du uns wichtig bist) und weil wir uns große Sorgen um Sie (…) machen. Wir sind nicht hier, um Sie zu verurteilen, aber wir müssen mit Ihnen über bestimmte Verhaltensweisen sprechen, die uns befremden.“ Anschließend folgt die Gruppenintervention demselben Muster wie die bereits beschriebene Einzelintervention. Jeder Teilnehmer drückt seine Zuneigung und Sorge aus, legt Fakten auf den Tisch, macht deutlich, inwiefern das Sexualverhalten des Süchtigen ihn direkt betroffen hat, zieht Grenzen, nennt Konsequenzen für den Fall der Grenzüberschreitung und bietet Hilfe an.

Wenn der Sexsüchtige sich all dem verweigert, dürfen die Teilnehmer der Gruppe den Umgang nicht aufrechterhalten. Der Ehepartner sollte klarmachen, dass er mit dem Süchtigen nicht mehr Tisch und Bett teilt. Die Gemeinde sollte den Süchtigen vom Abendmahl ausschließen. Einen Menschen auszuschließen ist für alle ungemein schmerzlich, aber es ist das Fürsorglichste, was man tun kann, und ehrlich noch dazu. Das angesprochene Sexualverhalten, was immer es im Einzelnen war, ist unerträglich und muss aufhören. Manche Süchtige kommen nur zur Besinnung, wenn sie zuvor die Konsequenzen ihres Verhaltens zu spüren bekommen.

Alle Teilnehmer der Gruppenintervention müssen Disziplin üben, damit die angekündigten Konsequenzen auch wirklich wirksam sind. Wenn Sexsüchtige mit ihrem Verhalten ungeschoren davonkommen, dann werden sie glauben, dass sie das System einmal mehr ausgetrickst haben und ihr Verhalten unverändert beibehalten können.

Innerfamiliäre Mechanismen

Gelegentlich kommt es vor, dass Familienmitglieder das problematische Verhalten eines Süchtigen genauso vehement leugnen wie der Sexsüchtige selbst. Wie bereits erwähnt, stellt sich die Familie – insbesondere der Ehepartner – oft zuallerletzt der bedrückenden Wahrheit vom inakzeptablen Sexualverhalten des Süchtigen. Freilich weiß die Familie auf einer bestimmten Ebene sehr wohl, was los ist, ganz gleich, wie gut der Sexsüchtige sein Suchtverhalten verschleiert, und für die Angehörigen ist genauso wie für ihn das Aufdecken der Wahrheit sinnvoll. In solchen Fällen sollte die Gruppenintervention die Familienmitglieder umfassen, die der Wahrheit ins Gesicht sehen und die bereit sind, etwas zu tun. Familienmitglieder, die das Problem nicht wahrhaben wollen, sollten bei der Intervention nicht anwesend sein. Man sollte sie allerdings über das Vorhaben auf dem Laufenden halten.

Manchmal sind Angehörige ebenso krank wie der Sexsüchtige selbst. Wenn die Planer einer Intervention selbst nicht zur Familie gehören, sollten sie sich bewusst machen, dass sie es nicht mit dem Süchtigen allein zu tun haben, sondern auch mit seiner Familie. Seien Sie darauf gefasst, vor und nach der Intervention auch für Familienmitglieder zu sorgen, und informieren Sie sich vorab über Hilfsangebote auch für sie.

Interventionen sind hoch emotionale Ereignisse. Sie können Wutausbrüche, Leugnen, Ausreden und dramatische Auftritte auslösen. Sexsüchtige können ihr problematisches Sexualverhalten rundweg abstreiten oder sich in die Opferrolle begeben. Manche Sexsüchtige verfallen auf religiöse Formen von Selbstverleugnung, nur um keine Hilfe in Anspruch nehmen zu müssen. Ich bekam kürzlich Kenntnis von einer Intervention in einer Gemeinde. Der Gemeindevorstand und der Pastor stellten einen Mann zur Rede, der mit einer ganzen Reihe von Frauen aus der Gemeinde geschlafen hatte. Der Mann brach in Tränen aus, zeigte tiefe Zerknirschung und flehte Gott um Vergebung an. Sein Verhalten änderte er freilich nicht. Dieselbe Gruppe intervenierte erneut. Und wieder bat der Mann unter Tränen um Vergebung. Diesmal allerdings forderte ihn die Gruppe auf, sich so lange von der Gemeinde fernzuhalten, bis er über einen gewissen Zeitraum sexuelle Nüchternheit geübt hätte. Da wurde der Mann ausfällig und beschuldigte die Gruppe, ihm Gottes Liebe und Vergebung zu verweigern. Innerhalb kurzer Zeit schaffte er es, die Gemeinde zu spalten – alles im Namen von Gottes Liebe und Vergebung.

Interventionen sind hoch emotionale Ereignisse. Sie können Wutausbrüche, Leugnen, Ausreden und dramatische Auftritte auslösen.

Wer sich an einer Intervention beteiligt, hat eine sehr schwierige Aufgabe. Den Teilnehmern an einer Intervention wird äußerste emotionale Offenheit abverlangt. Wenn Sie einem Interventionsteam angehören, kann ich Ihnen nur raten, sich selbst in diesem Prozess Unterstützung zu suchen. Auch wenn Sie eine direkte Ansprache im Sinn haben, sollten Sie sich des Rats und der Unterstützung eines Pastors oder Therapeuten vergewissern. Stellen Sie sicher, dass nach einer Intervention Leute aus Ihrem Unterstützerkreis ansprechbar sind, um das Erlebte zu reflektieren. Sie werden ihren Zuspruch brauchen und die Bestätigung, dass Sie das Rechte getan haben.

Auch wenn ich mittlerweile in viele Interventionen einbezogen war, fordert jedes solche Ereignis seinen Preis von mir. Ich begebe mich nie in eine solche Situation, ohne vorher ernsthaft gebetet zu haben. Das macht mich ruhig und fähig, von Gott Weisung zu erwarten. Kürzlich habe ich die Intervention bei einem Pastor miterlebt. Er geriet in helle Aufregung und wurde dramatisch und begann, uns mit Bibelversen zu bombardieren und über Vergebungsbereitschaft zu predigen. Er war laut und garstig. Er hielt uns allen vor, wir würden „das Werk des Teufels" tun. Anschließend hatte ich es wirklich nötig, mich bei befreundeten Therapeuten auszusprechen. Sie erinnerten mich an die Tatsachen, die wir über diesen Mann wussten, und bescheinigten uns, dass wir die Intervention aus der rechten Motivation heraus unternommen hatten.

Wenn eine Intervention gut verläuft und der Süchtige einwilligt, sich in Behandlung zu begeben, dann ist der nächste Schritt, die angemessene Behandlung zu finden. Worauf man dabei achten sollte, darum geht es im folgenden Kapitel.

10. Was es zu behandeln gilt

Wenn ein Suchtkranker erst einmal so weit ist, dass er sich in Behandlung begeben will, dann gilt es, jemanden zu finden, der das Krankheitsbild beurteilen kann und die Sexsucht formal diagnostiziert. Eine wachsende Anzahl von Lebensberatern und Seelsorgern ist darin geschult. Sie fragen nach der Vorgeschichte und der Entwicklung der Verhaltensweisen und schätzen ab, welche Behandlung angezeigt ist. Es gibt auch gedruckte Fragenkataloge für die Diagnose. Die ältesten und vielfach bewährten Fragebögen sind der Sexual Addiction Screening Test (SAST) nach Carnes und das Sexual Addiction Inventory (SAI). Das ausführliche SAI umfasst 170 Fragen. Der SAST umfasst je nach Fassung 25 bis 44 Fragen und ist damit vergleichsweise kurz. Er ist auf verschiedenen (auch deutschsprachigen[16]) Internetseiten online abrufbar. Aber Vorsicht mit Selbstdiagnosen! Bücher lesen oder sich durch Onlinetests klicken sind gute Möglichkeiten, um sich das Thema bewusst zu machen, aber letztlich kommt es auf eine professionelle Einschätzung an.

Nachdem die Sexsucht formal festgestellt worden ist, muss der behandelnde Arzt oder Therapeut fünf grundlegende Bereiche bearbeiten, um eine Genesung zu erzielen (siehe Schaubild). Als da wären: Sexuelle Verhaltensweisen abstellen, Rituale abstellen, das Fantasieren abstellen, Verzweiflung überwinden, Scham überwinden.

Ein effektiver Behandlungsplan wird Elemente aus allen fünf Bereichen enthalten. Von Anfang an sollte jeder Bereich auf einer gewissen Ebene angesprochen werden, aber das Abstellen des problematischen Sexualverhaltens hat höchste Priorität. Die Arbeit in einem Bereich wirkt sich auf die Arbeit in einem anderen Bereich aus. Effektive Behandlung ist zyklisch, und Erfolg in einem Bereich fördert auch den Erfolg in allen anderen Bereichen des Kreises. Der Durchbruch zur Nüchternheit z. B. mindert die Verzweiflung und die Scham.

Scham überwinden

- Sünde bekennen, Buße tun
- Geistliche Übungen praktizieren
- Traumata verarbeiten
- Einer wohltuenden Gemeinde, einer fürsorglichen Gemeinschaft angehören

Fantasien Einhalt gebieten

- Die drei Motive des Fantasierens verstehen
- Erkennen, wofür die Fantasien stehen und welche Bedürfnisse des verletzten Selbst sie repräsentieren
- Bedürfnisse durch gesunde Entscheidungen stillen

Verzweiflung überwinden

- Gott finden
- Um Vergebung bitten
- Eingestehen, dass man die Kontrolle verloren hat
- Bestätigung von anderen
- Hören, was andere erlebt haben

Rituale abstellen

- Rituelle Verhaltensweisen identifizieren
- Schranken errichten
- Gesunde emotionale, körperliche und geistliche Rituale entwickeln

Sexuelle Gewohnheiten abstellen

- Abstinenzvereinbarung
- Rechenschaft geben
- Seelsorge
- Medizinische Hilfe
- Ambulante Programme und Intensivkurse
- Stationäre Behandlung

Dieses Kapitel ist zweigeteilt. Der erste Teil beschäftigt sich mit den fünf Bereichen der Behandlung, nach Dringlichkeit geordnet. Der zweite Teil beschreibt zusätzliche Behandlungsthemen, die in der einen oder anderen Weise alle fünf Bereiche betreffen.

Der Heilungsprozess bedeutet viel Arbeit. Das kann für den Süchtigen bisweilen sehr ermüdend und entmutigend sein. Aber das Ziel ist allen Einsatz wert. Im Lauf der Jahre haben viele Therapeuten, auch ich, eine direkte Korrelation zwischen dem Umfang der investierten Arbeit und der Stabilität und Belastbarkeit der erzielten Nüchternheit festgestellt. Bei den Anonymen Alkoholikern heißt es: „Wir müssen den Weg bis zur Genesung gehen, und sei er noch so lang“, oder auch: „Halber Einsatz führt zu ganzem Scheitern.“ Das sind keine lockeren Sprüche, sondern Sätze, die ermutigen. Die ganze Arbeit lohnt sich, denn sie bringt Heilung und Nüchternheit.

Die fünf Bereiche der Behandlung

Sexuelle Verhaltensweisen abstellen

Das Abstellen problematischer sexueller Verhaltensweisen steht am Anfang. Das bezieht sich auf die drei Grundsteine der Sexsucht – Fantasieren, Selbstbefriedigung, Gebrauch von Pornografie – und auf jede andere problematische Gewohnheit, der sich der Süchtige hingegeben hat. So wie Alkoholiker mit dem Trinken aufhören müssen, bevor sie behandelt werden können, müssen Sexsüchtige mit dem Ausleben ihrer sexuellen Begierde aufhören, damit sie sich überhaupt auf den Weg zur Heilung begeben können.

Zu den Methoden und Hilfsmitteln, die es Betroffenen erleichtern, ihr sexuelles Ausagieren zu stoppen, gehören: Eine Abstinenzvereinbarung, Seelsorge, medizinische Hilfe, ambulante Begleitung und intensive Therapieprogramme sowie stationäre Behandlung.

Abstinenzvereinbarung

Es ist entscheidend und unverzichtbar, dass Sexsüchtige alle sexuellen Aktivitäten für wenigstens neunzig Tage einstellen. Sie müssen sich auf eine Abstinenz- oder Zölibatsvereinbarung einlassen, in der sie erklären, dass sie keine sexuellen Handlungen an sich selbst (durch Masturbation) oder an irgendjemandem sonst vornehmen werden, den Ehepartner eingeschlossen. Dieser Vertrag dient zwei wesentlichen Zielen – einem physiologischen und einem verstandesmäßigen. Zum einen bewirkt ein längerer Verzicht auf sexuelle Aktivität die Rückstellung der neurochemischen Toleranz, die Süchtige in ihren Gehirnen entwickelt haben. Sexsüchtige können Symptome einer Entgiftung ähnlich der eines Alkoholentzugs erleben, wenn auch nicht so schwer. Die meisten Menschen haben – je nach dem Grad sexueller Aktivität zuvor – zwischen dem Ende der ersten und dem Ende der zweiten enthaltsamen Woche schwer zu kämpfen, dass sie den Vertrag einhalten. Danach fällt ihnen die Abstinenz allmählich leichter. Zweitens bricht der Abstinenzvertrag die tief verankerte Überzeugung des Süchtigen, die da lautet: „Sex ist mein allerwichtigstes Bedürfnis." Stattdessen entdeckt der Süchtige: „Sex ist nicht mein wichtigstes Bedürfnis." Die neunzig Tage Abstinenz sind also von symbolischer Bedeutung (ob es gerade neunzig sein müssen, ist Ansichtssache).

Verheiratete Sexsüchtige unterschreiben den Vertrag mit Zustimmung ihres Ehepartners. In 1. Korinther 7,5 schreibt der Apostel Paulus: „Keiner soll sich dem Ehepartner verweigern, außer beide wollen eine Zeit lang verzichten, um für das Gebet frei zu sein." Diese Anweisung besagt implizit, dass Sexualität zeitweise durch Gebet ersetzt werden kann. Dahinter steht meines Erachtens die Überzeugung des Apostels, dass Ehepaare sich gemeinsam um ein tieferes geistliches Leben bemühen sollen. Außer dem Gebet bieten sich auch andere geistliche Übungen für Paare an, zum Beispiel gemeinsames Bibelstudium, Auseinandersetzung mit einem Andachtsbuch, gemeinsamer Gottesdienstbesuch.

Oft lassen sich Ehepartner gern auf den Abstinenzvertrag ein, weil der Süchtige sie über Jahre unablässig bedrängt hat. Manche fürchten sich davor, weil sie glauben, dass der Süchtige entmutigt und weniger motiviert sein könnte, nüchtern zu werden, wenn sie ihm nicht zu Willen sind. Andere betrachten den Vertrag skeptisch, weil sie sich fragen, wie sie selbst ohne Sex auskommen sollen. Manchmal empfiehlt es sich, die Abstinenzvereinbarung mit einem Seelsorger zu besprechen, um Missverständnisse über den Zweck und das Wesen des Vertrags zu vermeiden. Ehepartner sollten sich klarmachen, dass die Häufigkeit von Sex nie einen Aufschluss darüber erlaubt, ob ein Sexsüchtiger nüchtern geblieben ist.

Die Abstinenz kann nicht für immer gelten, sofern der Sexsüchtige verheiratet ist. Insofern unterscheidet sich die Genesung von Sexsucht von der Genesung von Alkoholismus. Alkoholiker können (und müssen) für den Rest ihres Lebens auf Alkohol verzichten, aber Sexsüchtige verzichten gewöhnlich nicht für immer auf Sex. Genesung von Sexsucht lässt sich eher vergleichen mit der Genesung von Essstörungen. Ess-Brech-Süchtige oder Fettsüchtige können nicht einfach das Essen einstellen, aber sie können lernen, zu essen, wenn ihr Körper Hunger hat. Verheiratete Sexsüchtige lernen, dass sexueller Verkehr mit dem Ehepartner in Ordnung und erfüllend ist, wenn er Ausdruck der Intimität in der Ehe ist – und nicht im Gegenteil ein Fluchtmittel, um Intimität zu vermeiden oder negativen Gefühlen zu entkommen.

Seelsorge

Manche Sexsüchtige gelangen allein dadurch zur Nüchternheit, dass sie sich einer Selbsthilfegruppe anschließen. Die meisten Sexsüchtigen brauchen allerdings zusätzliche Seelsorge. Die tief emotionalen und geistlichen Fragen, die mit Sexsucht zusammenhängen, verlangen nach dem Rat und der Begleitung durch einen geschulten Berater. Ich empfehle ganz bewusst die Suche nach einem christlichen Seelsorger, der sich mit dem Phänomen Sexsucht wirklich auskennt.

Wenn er zudem noch in geistlichen und seelischen Fragen versiert ist und Erfahrung in Lebensbegleitung hat, umso besser.

Es gibt Lebensberater und Seelsorger mit den unterschiedlichsten Qualifikationen. Manche Pfarrer und Pastoren haben Schulungen als Seelsorger absolviert, andere nicht. Manche Seelsorger haben ein Hochschuldiplom oder einen Doktorgrad, andere haben eine spezialisierte Fachschule durchlaufen, manche haben sich nebenberuflich oder im Fernstudium qualifiziert. Oft bürgt die Beratungseinrichtung, bei der sie arbeiten, für die Qualität ihrer Arbeit. In manchen Fällen können auch Laienseelsorger zumindest im Anfangsstadium der Behandlung helfen.

Medizinische Hilfe

Medizinische Untersuchungen sind dringend empfohlen. Da man vom gleichzeitigen Vorliegen weiterer psychischer Probleme ausgehen muss, so wie Depressionen, Angst- und Aufmerksamkeitsstörungen, ist es wichtig, dass Sexsüchtige eine profunde medizinische Untersuchung durchlaufen. Zwar können auch manche erfahrene Hausärzte diese Untersuchung vornehmen, aber in aller Regel ist es besser, einen im Umgang mit Suchtkrankheiten kompetenten Psychologen oder Psychiater zu konsultieren. Eine wachsende Zahl entsprechender Kliniken benutzt bildgebende Verfahren wie die Magnetresonanztomografie (MRT) oder SPECT-Aufnahmen bei ihren Untersuchungen. In einigen sehr komplizierten Fällen kann es nötig sein, eine solche Klinik zu finden.

Ambulante Programme und Intensivkurse

Wenn Selbsthilfegruppen, Seelsorge und medizinische Begleitung nicht ausreichen, um das problematische Sexualverhalten abzustellen, dann kommt als nächster Schritt ein ambulantes Entzugsprogramm, wie es sie auch für Alkoholabhängige gibt. Das Programm umfasst drei bis fünf Stunden Behandlung am Tag, an drei bis fünf Tagen pro Woche. Der Süchtige darf normalerweise zu Hause oder in einem

Hotel in der Nähe leben. Zu einem solchen Programm gehören Therapiesitzungen, Unterstützung durch eine Gruppe und Lerneinheiten. In vielen Programmen werden Ehepartner und Familienangehörige mit einbezogen.

In den letzten Jahren sind in den USA eine Reihe von Wochenkursen für Sexsüchtige, ihre Ehepartner und für Paare entwickelt worden. Diese Workshops bieten Unterricht und Arbeit in Kleingruppen. Süchtige, Ehepartner und Paare erkunden das Wesen der Sucht, von Coabhängigkeit und Beziehungsproblemen. Sie befassen sich auch mit in der Kindheit erlittenen Verletzungen und bekommen praktischen Rat, wie diese Wunden heilen können. Solche Workshops sind für viele Süchtige der letzte Auslöser, um sich ein paar Monate später auf den Weg zur Heilung zu begeben.

Stationäre Behandlung

In manchen Fällen ist eine intensive stationäre Behandlung erforderlich. Eine solche Behandlung ist angezeigt bei Sexsüchtigen, die unter schweren Depressionen leiden oder suizidgefährdet sind. Stationäre Programme werden zumeist von Ärzten geleitet. Kompetente Therapeuten, Seelsorger, Psychologen oder Psychiater begleiten die Kranken.

Eine solche Behandlung dauert gewöhnlich zwei bis fünf Wochen. Je nach Einrichtung können zeitweise Familienmitglieder mitleben, die der Einladung des Süchtigen folgen. Das gehört zum Behandlungsplan und nennt sich „Familienwoche".

Stationäre Behandlung ist aufwendig und kostenintensiv. Menschen, die wirklich eine stationäre Behandlung brauchen oder wollen, müssen oft selbst dafür bezahlen. (Die Behandlung von Sexsucht ist im Leistungsumfang vieler Krankenkassen nicht enthalten, und so muss ein Kranker oft zumindest eine schwere Depression aufweisen, damit er auf Kassenkosten eine entsprechende Einrichtung aufsuchen kann.)

Jede dieser Behandlungsstufen – von der Abstinenzvereinbarung bis zur stationären Behandlung – steht für jeweils strengere Kontrolle über die Umgebung des Sexsüchtigen und zugleich verstärktes Angebot von Hilfe und Supervision. Aber letztlich müssen Sexsüchtige auch in stationärer Behandlung lernen, sich selbst zu überwachen.

Rituale abstellen

Das Abstellen von Ritualen ist wesentlich, um dem sexuellen Ausagieren Einhalt zu gebieten. Rituale sind all die Gedanken und Handlungen, die zum Ausleben problematischer Verhaltensweisen führen. Wenn Alkoholiker sich gestatten, eine Bar aufzusuchen, dann werden sie dort vermutlich auch etwas trinken. Trinken heißt die Sucht ausleben. Der Gang in die Bar ist das Ritual. Ähnliches gilt für Sexsüchtige. Wenn sie sich ihre Rituale genehmigen, dann wird es auch zum Ausleben kommen.

Das Abstellen von Ritualen ist wesentlich, um dem sexuellen Ausagieren Einhalt zu gebieten.

Rituelles Verhalten identifizieren

In den ersten Tagen des Genesungsprozesses haben Sexsüchtige normalerweise noch keine Ahnung, dass Rituale ihren sexuellen Gewohnheiten vorausgehen. Die meisten Selbsthilfegruppe und Therapieprogramme für Süchtige sind darauf angelegt, dass sie ihre Rituale zu identifizieren und zu verstehen lernen. Süchtige lernen sich selbst oft dadurch kennen, dass sie von den Verhaltensweisen und Ritualen anderer erfahren. Jeder Süchtige hat seine ganz eigenen Rituale, aber das Prinzip ist stets dasselbe: Rituale gehen dem Ausleben voraus.

Rituale können kurz oder lang dauern. Kurze Rituale sind leicht zu identifizieren und zu verstehen; längere Rituale sind komplizierter. Masturbation und Pornografiekonsum sind typischerweise kurze und tägliche Rituale. Manche Sexsüchtige vollziehen ein kurzes Ritual, nachdem sie durch einen Fernsehfilm oder eine Internetseite angeregt worden sind. Sie setzen sich ins Auto, holen Geld am Automaten und fahren dann ins Bordell. Andere Sexsüchtige üben langwierige Rituale, rekrutieren erst potenzielle Partner, bauen über Wochen, Monate oder gar Jahre eine Freundschaft auf, bis sie schließlich ihre Begierde ausleben.

Schranken errichten

Sobald Süchtige ihre Rituale identifiziert haben, müssen sie Schranken errichten, um zu verhindern, dass die Rituale stattfinden. Wenn das Ritual zum Beispiel beinhaltet, dass man pornografische Internetseiten aufsucht und dann masturbiert, dann könnte eine Schranke sein, dass man den Internetzugang kündigt oder einen Filter und ein Monitoring-Programm installiert. Wenn das Ritual eines Süchtigen eine Reihe von Verabredungen zum Mittagessen mit potenziellen Sexualpartnern ist, dann darf es solche auswärtigen Mittagessen bewusst nicht mehr geben. Das waren jetzt zwei relativ selbstverständliche Beispiele. Sexsüchtige müssen aufgrund der von ihnen identifizierten Rituale überlegen, was für Schranken sie für sich selbst errichten müssen.

Handlungen, die erfolgen müssen, um Rituale abzustellen, nennt man gesunde Grenzen. Sexsüchtige auf dem Weg der Genesung müssen herausfinden, was für sie gesunde Grenzen sind.

Bei sexsüchtigen Pastoren ist oft die Rolle des Geistlichen Teil des Rituals. Das mag ihnen nicht bewusst sein, aber sie repräsentieren Macht, Autorität und Spiritualität, und das macht ihnen andere Menschen gewogen. Die Art, wie sie predigen, lehren, beraten und sich um andere kümmern – all das kann Teil der Rituale sein, die sexsüchtige Pastoren aufgeben müssen, zumindest für einige Zeit.

Handlungen, die erfolgen müssen, um Rituale abzustellen, nennt man gesunde Grenzen. Sexsüchtige auf dem Weg der Genesung müssen herausfinden, was für sie gesunde Grenzen sind. Anfänglich werden solche Grenzen vielleicht strikter sein als in späteren Jahren, aber das leitende Prinzip lautet: „Ich muss den Weg bis zur Genesung gehen, und sei er noch so lang." Selbsthilfegruppen, Unterstützer, Seelsorger und die Anbieter von entsprechender Behandlung sind darin geübt, Sexsüchtige über ihre Rituale aufzuklären. Süchtige erstellen zumeist eine Liste ihrer Rituale und der gesunden Grenzen, die sie errichten müssen, um die Rituale zu verhindern. Die Grenzen aufrechterhalten – das ist der Schlüssel zum Abstellen der Rituale.

Gesunde emotionale, körperliche und geistliche Übungen und Rituale entwickeln

Durch positive Disziplin gelingt es Sexsüchtigen, neue, positive Rituale zu entwickeln. Wenn Sexsüchtige dieselbe Energie für neue Rituale aufbringen, mit der sie sich den alten Ritualen hingegeben haben, dann verhilft ihnen das zum Erfolg. Im Begriff Disziplin schwingt sowohl der negative Aspekt der Strafe mit als auch der positive Aspekt des Erlernens guter Verhaltensweisen. Positive Disziplin hilft, gesunde Grenzen emotionaler, körperlicher, sexueller und geistlicher Natur aufrechtzuerhalten.

Gesunde emotionale Grenzen führen dazu, dass Süchtige sich selbst besser leiden können. Sie sollten sich gleichwohl fernhalten von all den Leuten und Büchern, die ihnen raten, sich selbst mehr zu lieben. Für Sexsüchtige, die Missbrauch erlitten haben, ist das alles nicht so einfach.

Disziplin ist der Schlüssel, und das fängt mit dem an, was in der therapeutischen Landschaft „Self Talk" heißt: Botschaften, die sich Süchtige täglich selbst zusprechen. Sexsüchtige können zum Beispiel eine Liste all der guten Dinge in ihrem Leben erstellen. Anfangs glauben sie vielleicht diese bestätigenden Botschaften nicht. Der Glaube kommt mit der Übung. Ein alter Slogan der Anonymen Alkoholiker lautet: „Fake it till you make it" – auf Deutsch etwa: „Versuch es so lange, bis du es schaffst." Im Hinblick nicht nur auf Süchtige heißt das, dass wir uns entschließen, auf gesunde Weise zu denken und zu handeln, selbst wenn uns nicht danach zumute ist. Nach einiger Zeit werden die guten Gedanken und Handlungen selbstverständlicher. Zum Beispiel kann ein Süchtiger beschließen, jemandem zu vergeben, der ihn verletzt hat, auch wenn er im Augenblick noch Groll empfindet. Er macht es trotzdem, er vergibt. Schließlich wird er auch den Geist der Vergebungsbereitschaft spüren. Vergebungsbereit sein hilft ihm bei der Überwindung des Grolls. Wichtig zu wissen: Zorn und Groll sind die Auslöser gedanklicher Rituale wie „Es steht mir zu, dass meine Bedürfnisse erfüllt werden", und solche Rituale führen zum Ausleben.

Wichtig zu wissen: Zorn und Groll sind die Auslöser gedanklicher Rituale.

Sexsüchtige sollten sich mit Leuten zusammentun, die ihnen Bestätigung geben. Sie sollten eine Liste von Menschen erstellen, die ihnen helfen, gut über sich zu denken, und eine zweite Liste von Menschen, denen sie besser aus dem Weg gehen sollten – denen nämlich, in deren Gegenwart sie sich schämen. Sie müssen sich selbst sagen: „Es steht mir zu, dass ich mit liebevollen, warmherzigen Menschen zusammen bin. Ich darf Leute meiden, Familienmitglieder eingeschlossen, die nur beschämende Botschaften für mich haben."

Körperliche Disziplin ist leichter zu verstehen als emotionale Disziplin. Sexsüchtige Frauen oder Männer haben sich mitunter über Jahre vernachlässigt. Sie müssen zum Beispiel lernen, gesund zu essen, müssen sich genügend Schlaf gönnen, regelmäßig Sport treiben oder mit dem Rauchen aufhören. Es ist immer wieder erstaunlich, wie viel besser es Süchtigen auch emotional und geistlich geht, sobald sie einige dieser Dinge tun. Alles, was dem Körper guttut, verhilft auch zu einer gesunden Einstellung zum eigenen Körper. Denken Sie an so einfache Dinge wie schöne Bettwäsche, ein Entspannungsbad, regelmäßige Bewegung oder eine Maniküre. Eine gesunde sexuelle Beziehung in der Ehe hängt auch davon ab, dass die Partner jeweils auf ihren eigenen Körper achten und ihm Gutes tun.

Es ist wichtig, dass Sexsüchtige auch geistliche Übungen in ihren Genesungsprozess integrieren. Das können Gebete sein, Bibelstudien, Meditationen, Gottesdienstbesuche, geistliche Unterweisung oder Retraiten. Solche Übungen mögen anfangs schwerfallen aufgrund von Scham. Süchtige fühlen sich oft einer Beziehung zu Gott unwürdig. Am Anfang des Genesungsprozesses sind Begleiter und Vorbilder nötig, die ihnen sachte dabei helfen, die nötige Disziplin aufzubringen, um die Scham zu überwinden. Meiner Erfahrung nach funktionieren Selbsthilfegruppen oft so, wie auch eine Gemeinde funktionieren soll: Sie werden zu der guten Gemeinschaft, in der die Süchtigen Gnade erleben können.

Das Abstellen sexueller Gewohnheiten und Rituale hat in der Anfangsphase auf dem Weg zur Nüchternheit höchste Priorität. Als Nächstes muss ein Süchtiger die Fantasien in den Griff bekommen, die ihnen zugrunde liegen.

Das Fantasieren abstellen

Kaum ein Aspekt des Genesungsprozesses ist so schwierig wie das Abstellen des Fantasierens. Süchtige müssen einfach nur an Erlebtes denken, um sich zu stimulieren – und ein Sexsüchtiger kann zumeist ein schier unerschöpfliches Arsenal von Erinnerungen und Fantasien abrufen. Ein Bild, ein Klang, ein Wort, der Anblick eines bestimmten Menschen kann genügen, um die Fantasie zu befeuern. Der Versuch, das Fantasieren abzustellen, ist extrem frustrierend, weil ja die auslösenden Eindrücke nicht ausgelöscht werden können.

Traditionelle Ansätze zum Abstellen des Fantasierens sehen so aus: Aufforderungen an den Süchtigen, es einfach sein zu lassen, an etwas anderes zu denken oder etwas Schmerzliches oder Strafbewehrtes zu tun, sobald sich die Fantasien einstellen, damit er Fantasieren künftig mit Schmerz und Strafe assoziiert. Keiner dieser Ansätze ist besonders erfolgreich. Süchtige haben zu viele Gedankenspiele gespielt, haben zu viele Stimuli gut in ihrem Gedächtnis verwahrt, als dass sie einfach mit dem Fantasieren aufhören oder auf

Knopfdruck an etwas anderes denken könnten. Die Verknüpfung von Fantasieren mit Schmerz ist problematisch, weil Sex so zu einer komplett negativen Erfahrung wird (oder dauerhaft negativ besetzt bleibt). Wenn sich Süchtige so konditionieren, dass sie Sex mit Schmerz gleichsetzen, wo und wann erleben sie dann Sexualität als etwas Gesundes und Positives? Ich kann solche Ansätze nicht empfehlen.

Sexuelle Fantasien entstehen nicht zufällig aus dem Nichts heraus. Sie dienen einem Zweck. Um das Fantasieren abzustellen, muss man zunächst diesen Zweck verstehen.

Fantasieren dient drei Zielen

Das Fantasieren ist ein Symptom der emotionalen und geistlichen Verfassung von Sexsüchtigen. Wenn sie einsam, müde, wütend, traurig, furchtsam oder verängstigt sind, dann nehmen Fantasien ihr Denken in Beschlag. Das Fantasieren erfüllt drei Zwecke: Es lenkt (1.) Süchtige von schmerzlichen Gefühlen ab, bedient (2.) die ansonsten unerfüllten Sehnsüchte der Süchtigen und schreibt (3.) erlittene Missbrauchserfahrungen um.

Zum Ersten: *Fantasieren lenkt Süchtige von schmerzlichen Gefühlen ab.* Der schiere Gedanke an Sex reicht aus, um die neurochemischen Prozesse auszulösen, die zu sexueller Erregung gehören. Aufregende, neue und selbst gefährliche Fantasien heben die Stimmung. Romantik und damit verbundene Fantasien dämpfen die Stimmung. Fantasieren hat also die Macht, Stimmungen entweder zu verstärken oder herunterzuregeln.

Zum andern *bedient Fantasieren Sehnsüchte der Süchtigen, die auf anderem Weg nicht erfüllt werden.* Wenn Süchtige den Eindruck haben, dass sie nicht ernst genommen, bestätigt, geliebt werden, dass sie keine Zuwendung und gesunde körperliche Nähe erfahren, dann erschaffen sie in ihrer Fantasie Szenarien, in denen all das gewährleistet ist. Es gibt die unterschiedlichsten Arten von Fantasien. Die meisten von uns kennen die eine oder andere davon. Vielleicht fantasieren wir von Stärke, Reichtum, Bedeutung, Ansehen oder Macht. Jede solche Fantasie erlaubt uns die Vorstellung, dass wir außergewöhnliche Menschen sind, die Liebe und Aufmerksamkeit verdienen. Sexuelle Fantasien machen da keine Ausnahme. In ihnen wird der Süchtige stets ernst genommen, einbezogen, bestätigt, gelobt, geliebt und seine körperliche Nähe gesucht. Auch wenn Fantasieren nur eine Scheinlösung ist, hat es dem Süchtigen doch über Jahre ermöglicht, zurechtzukommen.

Bei sexsüchtigen Frauen und Männern erfüllt das *Fantasieren einen dritten Zweck. Es erlaubt ihnen, erlittene Missbrauchserfahrungen erneut durchzuspielen* (oft auf symbolische Weise), *allerdings in bezeichnender Weise verändert:* Entweder geht das Ganze anders aus, oder der Süchtige wechselt die Rolle, wird vom Opfer zum Initiator.

Die Fantasien von sexsüchtigen Menschen sind fast immer Ausdruck tiefer Verletzungen und unerfüllter Sehnsüchte.

Die Fantasien von sexsüchtigen Menschen sind fast immer Ausdruck tiefer Verletzungen und unerfüllter Sehnsüchte. Will man das Fantasieren abstellen, dann verspricht es kaum Erfolg, wenn man diese Verletzungen und Sehnsüchte ignoriert. Vielmehr muss man versuchen zu verstehen, was sie bedeuten, muss die Missbrauchsthemen identifizieren, für die sie stehen, und muss schließlich weise Entscheidungen treffen, um die Sehnsüchte zu befriedigen.

Begreifen, wofür Fantaien stehen und welche Bedürfnisse des verletzten Selbst sie repräsentieren

Jede sexuelle Fantasie hat symbolische Bedeutung. Um das Fantasieren zu beenden, ist es wichtig, zu begreifen, wofür die jeweilige Fantasie steht. Manchmal steht die Persönlichkeit oder Erscheinung der Hauptfigur(en) in einer Fantasie für die Person, von der der Süchtige einst im Stich gelassen wurde. In der Fantasie allerdings ist dieser Mensch voller Zärtlichkeit und Zuwendung für den liebesbedürftigen Süchtigen. Auch die Art des imaginierten sexuellen Verhaltens ist äußerst aufschlussreich. Sie kann aufregende frühe sexuelle Erfahrungen wieder vergegenwärtigen, kann bedingungslose Annahme symbolisieren oder dafür stehen, dass man das Wesen des Sexualpartners annehmen will.

Sexsüchtige empfinden Gespräche über das Abstellen sexueller Gewohnheiten, Rituale und Fantasien als extreme Bedrohung, denn diese Verhaltensweisen haben ihnen ermöglicht zu überleben. Vielleicht ist eine Süchtige als Dreijährige im Stich gelassen worden. Verängstigt und allein hat sie sich Verhaltensweisen angewöhnt, die sie beruhigt und ihr erlaubt haben, der Situation zumindest in Gedanken zu entfliehen. Warum sollte sie dieses Verhalten ablegen? Erst später im Leben begreift sie, dass ihr Verhalten sie schließlich töten wird. Irgendwie ergibt das keinen Sinn. Wie kann etwas, das so hilfreich war, so tödlich sein? Diese Verwirrung ist eine Hürde, die den Süchtigen hindern kann, sein suchthaftes Verhalten aufzugeben.

Sexsüchtige sind Erwachsene, die sich der Gefahren ihres Verhaltens bewusst sind. Aber das verschüchterte Kind in ihnen fürchtet, dass die Aufgabe dieses Verhaltens mit großem Schmerz verbunden sein wird. Das Leben von Süchtigen ist ein ständiges Tauziehen zwischen dem Erwachsenen und dem Kind in ihnen. Bevor süchtige Männer und Frauen genesen und völlig erwachsen werden können, müssen sie sich mit den Ängsten des Kindes im Innern auseinandersetzen. Ich behandle diese Art von innerer Heilung ausführlicher im Abschnitt „Missbrauchserfahrungen überwinden“.

Weise Entscheidungen treffen, um Bedürfnisse zu befriedigen

Im Lauf der Behandlung müssen süchtige Männer und Frauen lernen, dass sie die Wahl haben, wie sie mit schmerzlichen Empfindungen umgehen. Wenn sie sich müde und einsam fühlen und zu fantasieren beginnen, können sie sich fragen: „Was bedeutet diese Fantasie? Was empfinde ich? Bin ich traurig, bin ich einsam, habe ich Angst?“ Sie können jemanden anrufen, um sich auszusprechen. Sie können zu einem Gruppentreffen gehen. Der wichtige Lernschritt ist: „Ich kann jemandem meine Gefühle offenbaren und bekomme die Unterstützung, die ich brauche."

Verzweiflung überwinden

Sexsüchtige erleben zeitweise tiefe emotionale und geistliche Verzweiflung. Sie glauben, dass es keine Hoffnung gibt, dass das Leben niemals besser wird und dass Gott, wenn es ihn denn gibt, sich nicht um sie kümmert. Viele verzweifelte Süchtige hegen Selbstmordgedanken.

Verzweiflung ist zwar auf den ersten Blick eine negative Empfindung, aber sie kann eine Veränderung zum Guten bewirken. Verzweiflung zwingt Süchtige, den Tatsachen ins Auge zu blicken: Ihre Bemühungen allein wirken nie nachhaltig, sie brauchen andere Menschen und sie brauchen Gott. Wo diese Einsicht Platz greift, kann das Gefühl der Verzweiflung zur inneren Klärung und zur Hingabe an Gott führen. Wenn Sie einen Süchtigen lieben und sich um ihn sorgen, dann widerstehen Sie der Versuchung, die Verzweiflung des Süchtigen übereilt mithilfe rascher und einfacher Lösungen aufhellen zu wollen. Vielleicht ist Gott bereits in der Verzweiflung am Werk, um dauerhafte Veränderung im Leben des Süchtigen zu bewirken.

Wenn Sie einen Süchtigen lieben und sich um ihn sorgen, dann widerstehen Sie der Versuchung, die Verzweiflung des Süchtigen übereilt mithilfe rascher und einfacher Lösungen aufhellen zu wollen.

Im Zug der allmählichen Genesung von suchthaftem Verhalten nimmt bei Betroffenen auch die Verzweiflung ab. Wenn sie verzweifelt sind, dann empfinden sie die Zeugnisse von anderen Süchtigen auf dem Weg der Genesung als besonders ermutigend. Zu entdecken, dass Menschen sich verändern können, und zu erfahren, dass das Leben besser werden kann, verleiht Hoffnung und motiviert, auf dem eingeschlagenen Weg zu bleiben. Wo es süchtigen Männern und

Frauen gelingt, ihr Sexualverhalten, ihre Rituale und Fantasien zu kontrollieren, da wächst ihr Selbstvertrauen. Sie werden stärker, indem sie ihre Sucht zugeben und anderen von ihren Fortschritten im Genesungsprozess berichten. Dieser allmähliche Prozess aus Ermutigung und Selbstbestätigung vermindert die empfundene Verzweiflung und hilft außerdem, die Scham zu überwinden.

Scham überwinden

So wie Verzweiflung ist auch Scham nicht nur schlecht. Scham verweist uns auf unsere eigene Unwürdigkeit und macht uns bewusst, dass wir auf Gott angewiesen sind. Bei Missbrauchsopfern allerdings wird die Scham oft zu ihrer Identität; sie fühlen sich vollkommen wertlos.

Um ihrem *ungesunden* Schamempfinden auf die Spur zu kommen, müssen sich sexsüchtige Frauen und Männer allen Traumata und Verletzungen stellen, die sie erlitten haben. Ich empfehle in diesem Zusammenhang die Gruppentherapie in Ergänzung zur Einzeltherapie, denn viele Süchtige erfahren viel über den selbst erlittenen Missbrauch, indem sie beobachten, wie andere Süchtige mit ihren Missbrauchserfahrungen umgehen.

Vielleicht haben sie Erinnerungen an Missbrauch unterdrückt, weil das Erlebte zu unerträglich war. Wenn sie beobachten, dass andere sich ihren schmerzlichen Erfahrungen stellen und sich damit auseinandersetzen, dann erlaubt ihnen das, sich sicher genug zu fühlen, um die eigenen Erinnerungen wieder an die Oberfläche kommen zu lassen.

Schmerzliche Erinnerungen kommen zurück, wenn der Süchtige bereit ist, sich mit ihnen zu beschäftigen. Ich glaube fest, dass Gott Herr dieses Verfahrens ist und Süchtigen nie mehr zumutet, als sie in der Lage sind zu verarbeiten. Und es ist nur weise, wenn Süchtige von Gott erbitten, dass er ihnen durch den Heiligen Geist zeigt, wovon sie frei werden müssen.

Ein sexsüchtiger Mensch kann Jahre brauchen, um all die Erinnerungen an erlittenen Missbrauch wachzurufen und aufzuarbeiten. Bei schwerem Missbrauch kann es noch länger dauern. Es ist nicht ungewöhnlich, dass manche Missbrauchserinnerungen sofort zutage treten und andere erst viel später. Eine Süchtige konnte sich beispielsweise erst nach achtzehn Monaten seelsorglicher Begleitung an den vom Vater verübten Inzest in ihrer Kindheit erinnern. Sie lebte in einer Gemeinschaft, in der sie sich geborgen fühlte, und das erlaubte ihr, sich an diesen extrem schwerwiegenden erlittenen Missbrauch zu erinnern.

Süchtige überwinden ihre Scham in dem Maß, in dem sie von ihrer Sucht genesen, anderen gegenüber eingestehen, was sie getan haben, etwas von sich preiszugeben lernen und Wiedergutmachung leisten.

Es kann Betroffene entmutigen, dass dieser Prozess so lange dauert und so quälend ist. Freilich nimmt die Intensität dieses Empfindens allmählich ab, im Gegenzug stellen sich immer öfter Freude und innerer Frieden ein. Süchtige überwinden ihre Scham in dem Maß, in dem sie von ihrer Sucht genesen, anderen gegenüber eingestehen, was sie getan haben, etwas von sich preiszugeben lernen und Wiedergutmachung leisten. Nachdem sie ihren Zorn über die erlittenen Verletzungen empfunden haben, lernen sie, zu vergeben und darüber Frieden zu finden, so wie auch sie die Menschen um Vergebung bitten müssen, denen sie selbst Verletzungen zugefügt haben.

Nur Gott kann die Scham wahrhaftig und ganz überwinden. Jesus Christus ist nicht nur gestorben, um unsere Sünden wegzunehmen, sondern auch, um unsere Scham zu tilgen. Durch ihn werden wir frei von Scham, Verzweiflung und Sucht.

Jedes Mal, wenn ich meine schmerzlichen Erfahrungen mit anderen teile und sie fähig sind, ihre entsprechenden Erfahrungen mit mir zu teilen, bringt uns das einander näher. Und dann empfinde ich auch den Schmerz leichter. Erst durch meine Scham und meine Wunden werde ich fähig, den Schmerz mitzufühlen, den alle Menschen erleben. Und genau das hat Jesus Christus getan – er kam zu uns und hat unseren Schmerz geteilt. Jesus kannte Zweifel, Ängste, Schmerz und das Gefühl, verraten und im Stich gelassen worden zu sein. Ich habe begriffen, dass Gott in Jesus Christus meinen Schmerz teilt, und das macht es leichter und einfacher, den Schmerz zu ertragen.[17] Süchtige auf dem Weg zur Heilung bitten nicht darum, dass ihnen der Schmerz der Vergangenheit genommen wird. Dieser Schmerz ermöglicht es ihnen, wahre Gemeinschaft mit Jesus Christus und mit anderen Menschen zu erleben.

Weitere Behandlungsthemen

Sexsucht ist eine lebenslange Krankheit. Die Behandlungsmethoden, die im ersten Abschnitt dieses Kapitels beschrieben wurden, beziehen sich auf die Genesung, die in den ersten Jahren des Heilungsprozesses erfolgen muss. Das ist die intensivste Periode des Prozesses. Sexsüchtige Männer und Frauen werden immer ihre Selbsthilfegruppe besuchen, Seelsorge in Anspruch nehmen, Unterstützer brauchen und geistliche Übungen praktizieren müssen. Wenn sie das befolgen, dann werden sie in allen Bereichen ihres Lebens Fortschritte machen.

Die folgenden Themen müssen im Lauf des Genesungsprozesses behandelt werden: Missbrauch verstehen, Beziehungen erneuern, Coabhängigkeit heilen, mit Ausrutschern und Rückfällen zurechtkommen und die Spiritualität vertiefen. Das eingehende Bearbeiten dieser Themen unterstützt die Effektivität der Behandlung auf den fünf Feldern, die bereits beschrieben wurden.

Missbrauchserfahrungen überwinden

Sexsüchtige Männer und Frauen müssen sich damit auseinandersetzen, wenn sie in der Vergangenheit Missbrauch (in welcher Weise auch immer) erlitten haben. Im Lauf der Jahre bin ich in unserer Arbeit immer mehr zu der Überzeugung gekommen, dass die Überwindung von Missbrauchserfahrungen in sechs Stadien erfolgt.

1. Den Missbrauch begreifen und sich eingestehen, dass er geschah

Ob Menschen sich vollständig an den erlittenen Missbrauch erinnern können, hängt davon ab, wie jung sie damals waren und wie gewalttätig der Missbrauch war. Die Therapie schafft eine sichere Umgebung, in der Menschen Raum haben, sich schmerzlichen Erinnerungen zu stellen. In Gruppensitzungen bekommen sie mit, wie andere mit ihrem erlittenen Missbrauch umgehen, und das hilft ihnen, sich auf die Erinnerung an das selbst Erlittene einzulassen. Zu anderen Zeiten genügt Information über das Wesen von Missbrauch, um Erinnerungen wachzurufen.

Aus Scham wollen sexsüchtige Männer und Frauen oft nicht wahrhaben, dass sie Opfer von Missbrauch geworden sind – oft Missbrauch der offensichtlichsten und gewalttätigsten Art. Ein Teil von ihnen glaubt, dass sie selbst für den Missbrauch verantwortlich waren und ihn sogar verdient haben. Sie brauchen direkte, aufbauende und fortgesetzte Hilfe, um von solchen irrigen Überzeugungen wegzukommen.

2. Den Missbrauch ernst nehmen und Zorn zulassen

Die hohe Schmerzschwelle von Süchtigen veranlasst sie, die Folgen des Missbrauchs zu verharmlosen. Sie wollen vergeben und vergessen, weitermachen und nur an die Zukunft denken. Man muss sie sachte daran erinnern, dass Stärke nicht aus dem Leugnen, sondern aus dem Annehmen der eigenen Empfindungen erwächst. Zorn auf gesunde Art auszudrücken ist nicht leicht zu lernen. Aber wenn man sich mit dem eigenen Zorn nicht auseinandersetzt, dann kann er auf verschiedenste verhängnisvolle Weise Ausdruck finden.

3. Trauerarbeit leisten

Sexsüchtige Frauen und Männer auf dem Weg der Genesung müssen trauern lernen. Sie müssen die Tatsache beklagen, dass die Liebe, die sie als Kind vermisst haben, nie ersetzt werden kann. Der Schmerz dieser Erkenntnis kann überwältigend sein, und Süchtige brauchen Hilfe, um diese Empfindungen durchzustehen und richtig einzuordnen.

4. Den Täter konfrontieren

Ob Missbrauchsopfer Täter konfrontieren sollen oder besser nicht, ist umstritten. Manche sind der Auffassung, dass der Akt der Konfrontation Symbolkraft hat. Man erkennt an, dass der Missbrauch ein machtvolles Geschehen war, und beansprucht die Kontrolle zurück. Wenn Süchtige den, der sie missbraucht hat, konfrontieren, dann machen sie damit deutlich, dass er nicht mehr die Macht hat, ihnen wehzutun. Dem steht entgegen, dass die Konfrontation unnötig schmerzhaft sein kann, vor allem dann, wenn der Täter nicht die Einsicht zeigt, nicht über die Mittel oder die psychische und geistliche Gesundheit verfügt, um positiv mit den Vorwürfen umzugehen.

Ich glaube, dass man sich mit dem Missbrauch auseinandersetzen kann, auch ohne dass man den Täter direkt konfrontiert. Es gibt andere Formen der Missbrauchsbewältigung, die ohne direkte Konfrontation auskommen. Süchtige können in der Therapie ihre Empfindungen zum Ausdruck bringen oder können Briefe an den Täter verfassen (aber nicht abschicken). In der Gruppentherapie können Süchtige in Rollenspielen die Konfrontation mit anderen Teilnehmern praktizieren. Solche Methoden können emotional heilsam sein, ohne noch mehr Schaden zu verursachen. Wann immer man Süchtige als Missbrauchsopfer ermutigt, sich auf solche indirekten Ausdrucksformen ihrer Gefühle einzulassen, muss man ihnen gleichzeitig die Wahrheit über den erlittenen Missbrauch einschärfen: Es war nicht ihre Schuld, sie haben es nicht verdient, dass ihnen das widerfahren ist, und Gott liebt sie, wie sie sind; er ist traurig und zornig über das, was ihnen widerfahren ist.

Täter müssen unbedingt konfrontiert werden, wenn der Missbrauch anhält oder wenn die Gefahr besteht, dass er sich wiederholt. Charlie zum Beispiel war als kleiner Junge von seinem Vater sexuell missbraucht worden. In der Therapie hatte er das Erlebte gut aufgearbeitet und hatte nicht das Empfinden, dass er seinen Vater direkt damit konfrontieren müsste. Die Konfrontation wurde freilich unausweichlich, als Charlie der Verdacht kam, dass einer seiner eigenen Söhne von seinem Vater missbraucht worden war. Direkte Konfrontation sollte in Gegenwart eines Mediators, etwa eines Therapeuten oder Pastors, erfolgen. Aufgabe des Mediators ist es, darauf zu achten und hinzuwirken, dass die Konfrontation konstruktiv verläuft. Auch wenn der Betroffene seine Wut gegenüber dem Täter/der Täterin zum Ausdruck bringt, muss er nicht in Anklagen verfallen. Er kann feststellen, dass er die Konfrontation sucht, um selbst gesund zu werden und um den Täter davon abzuhalten, noch mehr Menschen zu verletzen. Vielleicht ist dem Betroffenen auch daran gelegen, deutlich zu machen, dass er sich von der Konfrontation eine Wiederherstellung oder Erneuerung der Beziehung verspricht.

Täter müssen unbedingt konfrontiert werden, wenn der Missbrauch anhält oder wenn die Gefahr besteht, dass er sich wiederholt.

Staatliche Stellen müssen einbezogen werden, wenn das Opfer immer noch minderjährig ist oder zum Zeitpunkt des Missbrauchs hilflos war, unter der Vormundschaft des Täters oder unter seinem beherrschenden Einfluss stand oder von ihm weisungsabhängig war. Dann kann ein Straftatbestand vorliegen, der zur Anzeige gebracht werden muss. Das kann emotional eingeschränkte, geistig behinderte Menschen ebenso betreffen wie andere Menschen. Ein erwachsenes

Mitglied einer Kirchengemeinde zum Beispiel steht unter dem emotionalen und geistlichen Einfluss eines Pastors oder Pfarrers. Auch Ärzte, Anwälte und Lehrer sind solche Autoritätspersonen. Viele weibliche Süchtige hatten Sex mit einem Pastor, Arzt, Lehrer oder Anwalt. Auch wenn der Sex offenbar einvernehmlich erfolgt ist, geht das Strafrecht in vielen Ländern davon aus, dass eine Abhängigkeit gegeben ist und daher Missbrauch vorliegt.

Die Behörden müssen auch verständigt werden, wenn die Möglichkeit besteht, dass der Täter sich nach wie vor an Minderjährigen oder hilflosen Erwachsenen vergeht. Jay ist ein Sexsüchtiger, der nicht aufhören kann zu masturbieren, sich Pornografie anzuschauen und Prostituierte aufzusuchen. Ein Priester missbrauchte ihn, als er fünfzehn war. Auch wenn Jay inzwischen erwachsen ist, hat er doch ein waches Auge auf den Priester in seinem Ort, weil die Gefahr besteht, dass dieser immer noch Jungen missbraucht. Das ist eine emotionale Herausforderung, aber wenn die Motivation der Schutz Dritter ist, dann sollte man sich dem stellen, meine ich.

5. Vergeben lernen

Missbrauchte Frauen und Männer überwinden den Missbrauch, wenn sie es schaffen, den Geist der Vergebung anzunehmen. Zwar sollten sie nicht allzu rasch vergeben, sondern erst einmal ihrer Trauer und ihrem Zorn Raum geben, aber irgendwann müssen sie die Phase der Trauer und der Erbitterung hinter sich lassen. Vergebungsbereitschaft wird möglich nach der Konfrontation und der Phase des Zorns. Wenn Suchtkranke begreifen, dass die Täter, die an ihnen Missbrauch verübt haben, womöglich selbst Missbrauchsopfer waren, dann werden sie leichter bereit zu vergeben. Ein Süchtiger sagte mir: „Es ist leicht nachzuvollziehen, warum mir mein Vater so etwas angetan hat. Ich kenne meinen Großvater! Mein Vater hat an mich weitergereicht, was er selbst erleiden musste." Ich habe bereits erwähnt, dass ein Betroffener auch dann den Entschluss fassen kann zu vergeben, wenn er sich nicht danach fühlt. Es kann ein wichtiger

Schritt auf dem Weg zur Heilung sein, dass er sich wie ein barmherziger, vergebungsbereiter Mensch verhält.

6. Sinn erkennen

Auf dem Weg zur Heilung hören Süchtige nach und nach auf, gegen den Schmerz der erlittenen Verletzungen anzukämpfen. Sie wünschen sich nicht länger, dass der Missbrauch niemals stattgefunden hätte, dass sie lieber in einer anderen Familie oder unter anderen Lebensumständen aufgewachsen wären. Sie fangen an zu begreifen, dass ihr Schmerz, so übermächtig er einerseits erscheint, ihnen zugleich die Chance eröffnet, in der Auseinandersetzung zu wachsen und sich in den Kummer anderer Menschen einzufühlen. Sich auf diese Weise in andere hineinzudenken, den Ehepartner eingeschlossen, ist die tiefste, intimste Verbindung, die man sich denken kann. Deshalb besuchen so viele von uns Treffen und Selbsthilfegruppen, in denen wir anderen begegnen, die Ähnliches durchgemacht haben. In der Gemeinschaft entdecken wir, dass es nicht etwa unsere Stärken sind, die uns verbinden, sondern unsere Schwächen. Das zu wissen, bereitet uns auf die Erneuerung unserer Beziehungen vor.

Beziehungen erneuern

In Kapitel 11 geht es besonders um Heilung für Paare. Freilich müssen sich sexsüchtige Männer und Frauen generell um die Erneuerung wichtiger Beziehungen bemühen. Das dauert seine Zeit, aber die Erneuerung setzt bereits in den ersten Monaten und Jahren der Genesung ein.

Ehrlichkeit ist dabei ganz wesentlich. Über Jahre waren sexsüchtige Menschen unaufrichtig und haben andere genarrt. Damit Beziehungen heil werden, müssen sie ehrlich sein und dürfen ihr Verhalten nicht länger abstreiten. Gesunde Beziehungen beruhen auf Ehrlichkeit. Freilich müssen Betroffene nicht auf die Straße gehen und aller

Welt die Wahrheit über sich erzählen. Sie sollten sich Leute aussuchen, die Vertraulichkeit wahren und selbst stabil genug sind, um mit der Offenheit desjenigen Menschen richtig umzugehen.

Süchtige Frauen und Männer müssen Verantwortung für ihre Probleme übernehmen und müssen aufhören, anderen die Schuld zuzuschieben. Wo das geschieht, da werden sie fähig, Menschen anzusprechen, denen sie Kummer gemacht oder die sie verletzt haben, und da schaffen sie es auch, um Vergebung zu bitten und Wiedergutmachung anzubieten.

Betroffene sollten nicht mehr länger versuchen, andere um jeden Preis zufriedenzustellen. Anstatt andere Menschen zu manipulieren, um ihre Bedürfnisse zu befriedigen, müssen Süchtige lernen, um das zu bitten, was sie brauchen. Sie müssen sich um Freunde bemühen, die sie unterstützen und ihnen helfen, dass ihre Bedürfnisse gestillt werden. Diese Freunde gilt es sorgfältig auszuwählen aufgrund ihrer Vertrauenswürdigkeit, ihrer Fähigkeit, konstruktiven und einfühlsamen Rat zu geben, und ihrer Bereitschaft, ihnen in die Parade zu fahren, falls sich alte Verhaltensweisen wieder einschleichen. Es müssen außerdem sichere Freunde sein – sicher im Sinne von: keine potenziellen Sexualpartner. Aus diesem Grund sollten Heterosexuelle sich auf Freundschaften mit Menschen desselben Geschlechts beschränken.

Der Genesungsprozess besteht nicht nur aus Schmerz und Dunkelheit. Es geht darum, sich wieder am Leben zu freuen und an der Welt, die Gott uns geschenkt hat.

Zum Aufbau gesunder Beziehungen gehört, dass ein sexsüchtiger Mensch in diesen Beziehungen vernünftige Grenzen setzt. Zum Beispiel könnte er sagen: „Ich will ehrlich mit dir sein und will dich nicht verletzten. Wenn ich je etwas unternehme, was dir wehtut, lass es mich wissen. Ich will nichts von dir – nicht in sexueller Hinsicht. Manchmal fällt mir nicht auf, wenn ich in alte Gewohnheiten verfalle. Bitte mach mich darauf aufmerksam, wenn ich etwas tue, was dir unangemessen oder unanständig vorkommt."

Genesende Sexsüchtige müssen auch wieder lernen, wie man spielt. Sie haben in der Regel vergessen, was Spiel ist, vielleicht aufgrund des erlittenen Missbrauchs. Oft sind sie Workaholics oder haben sich das Spielen verboten, weil sie es für Zeitverschwendung halten. Manche werden beim Spiel an die Missbrauchserfahrungen in ihrer Kindheit erinnert. Und doch ist Spiel ein wichtiges Element in gesunden Beziehungen. Der Genesungsprozess besteht nicht nur aus Schmerz und Dunkelheit. Es geht darum, sich wieder am Leben zu freuen und an der Welt, die Gott uns geschenkt hat. Die meisten Erwachsenen denken beim Stichwort Spiel an Brettspiele oder an Sport. Aber es geht eher darum, wieder zu lernen, wie ein Kind zu spielen. Ich ermutige manchmal Klienten, in ein Spielwarengeschäft zu gehen und sich etwas zu kaufen, was sie sich in ihrer Kindheit stets gewünscht haben. Das mag etwas albern klingen, aber Süchtige sehnen sich nach Freude und Spontaneität, und manchmal kann ihnen ein Spielzeug helfen, diese Dinge wiederzuentdecken.

Coabhängigkeit

Wenn Sexsüchtige einen gewissen Grad von Nüchternheit erlangt haben – irgendwann zwischen dem sechsten und neunten Monat der Behandlung –, dann überfällt sie oft die Einsamkeit und die Furcht vor dem Verlust der Freunde oder der Familie.

Die von Coabhängigkeit ausgelöste Angst kann gewaltig sein. Verheiratete Sexsüchtige beispielsweise werden sich sorgen, dass ihr Ehepartner sie verlassen könnte. In der ersten Zeit des Genesungsprozesses sind Ehepartner oft sehr rücksichtsvoll, aber wenn sie spüren, dass die Genesung des Süchtigen Fortschritte macht, erlauben sie sich mitunter, dass ihre eigenen Gefühle stärker zum Zug kommen. Diese Erfahrung verschärft die Furcht des Süchtigen, verlassen zu werden.

Sobald ihre problematischen Gewohnheiten bekannt werden, machen sich Sexsüchtige außerdem darüber Gedanken, dass andere Menschen auf Distanz zu ihnen gehen könnten: Kinder, Freunde, entfernte Verwandte, Mitarbeiter ... Sexsüchtige auf dem Weg zur Genesung kämpfen mit der Furcht, dass Menschen sie verlassen, sobald sie sie wirklich kennenlernen. Während dieser Zeit brauchen sie besonders viel Zuspruch durch treue Freunde.

Die Befreiung von Ängsten und Sorgen ist letztlich eine geistliche Herausforderung. Gottvertrauen ist einer der Schlüssel zur Überwindung von Coabhängigkeit.

Fehltritte und Rückfälle

Eine der wichtigsten Fragen von Ehepartnern und anderen Betroffenen lautet: Wird der Süchtige wieder in sein altes Verhalten zurückfallen, wenn er sich erst einmal auf den Weg zur Heilung gemacht hat? Oft fällt in dem Zusammenhang das Wort Fehltritt oder Rückfall. Ein Fehltritt wäre, wenn ein Sexsüchtiger einmalig wieder seine Gewohnheiten auslebt. Von einem Rückfall spricht man, wenn der Süchtige zeitweilig wieder alte Verhaltensmuster annimmt. Wenn Fehltritte und Rückfälle passieren, dann am wahrscheinlichsten sechs bis zwölf Monate nach dem Beginn der Genesung. Während dieser Zeit drohen vier hauptsächliche Gefahren, und zwar können sie einzeln oder auch zeitgleich auftreten:

Nachlässigkeit

Nachdem Süchtige einen gewissen Grad von Nüchternheit erreicht haben, geben sie sich gern dem Gedanken hin, dass sie entspannen können, weil sie das Problem im Griff haben. Sie hören vielleicht auf, die Selbsthilfegruppe zu besuchen, sie achten die Schranken und Regeln nicht mehr, die sie sich gesetzt haben, und vernachlässigen andere Übungen, die zur Genesung dienen sollten.

Quälende Empfindungen
Sexsüchtige auf dem Weg der Besserung erleben schmerzlichere Empfindungen, weil sie ihre Gefühle nicht länger durch ihre Sucht betäuben. Diese Empfindungen kommen den meisten Süchtigen äußerst bedrohlich vor, und so können sie versucht sein, im alten Sexualverhalten Erleichterung zu finden.

Überdruss
Sexsüchtige Menschen sind es irgendwann leid, sich als Suchtkranke zu sehen oder so gesehen zu werden – obwohl es so ist. Sie werden auch der strikten Vorschriften und Verhaltensmaßregeln überdrüssig. Sie wollen „normal" sein und lockern deshalb die Regeln oder geben sie ganz auf.

Konsequenzen
Süchtige Männer und Frauen müssen sich mit schwierigen Konsequenzen auseinandersetzen, etwa mit Geldproblemen oder mit dem Verlust des Arbeitsplatzes. Es entmutigt sie, dass ihr Genesungsprozess solche Probleme weder löst noch sie davor bewahrt. Dieses Gefühl der Vergeblichkeit bringt die Versuchung mit sich, die alten Muster wieder zu bemühen.

Wenn Süchtige einen Fehltritt begehen, müssen sie vor allem selbst darauf achten, dass daraus kein Rückfall wird. Fehltritt heißt: Irgendwas ist im Genesungsprozess falschgelaufen. Vielleicht hat der Süchtige es mit der Einhaltung von Regeln nicht mehr so ernst genommen, hat die Treffen mit einem Unterstützer vernachlässigt oder ist einem unangenehmen Gefühl ausgewichen. Was hilft dann? Mit Unterstützung von anderen sollten Süchtige dingfest machen, was nicht nach Plan gelaufen ist, und sollten diesen Fehler in Zukunft vermeiden. Erinnern Sie sich an das Nehemia-Prinzip, wonach Betroffene stets Zeiten der Stärke zur Vorbereitung auf Zeiten der Schwäche nutzen sollen. Aus Fehltritten kann man etwas über Schwächen und das eigene Verhalten erfahren, was bis dahin vielleicht noch nicht so klar war.

Wenn Süchtige einen Fehltritt begehen und auch, wenn sie einen Rückfall erleiden, bringt es sie nicht weiter, wenn sie deswegen allzu unerbittlich mit sich umgehen. Das könnte so viel Scham auslösen, dass sie wieder in den alten Teufelskreis des Auslebens geraten. Stattdessen ist es besser, das erkannte Versagen zu nutzen, um daraus etwas über die eigene Genesung zu lernen.

Viele sexsüchtige Männer und Frauen, die über längere Zeit nüchtern gelebt haben, leisten sich gerade in der ersten Zeit der Genesung gleich mehrere Fehltritte. Mit der Zeit schlägt die Behandlung an, und die Süchtigen lernen, „fehltrittträchtige" Zeiten und Orte im Voraus zu ahnen. Entsprechend können sie dann vorbeugende Maßnahmen einleiten.

Der Prozess der Genesung mag einem Begleiter oder Betroffenen befremdlich vorkommen. Er macht manchen Betroffenen Angst und behagt ihnen nicht, und manchmal rebellieren sie dagegen. Aber im Lauf der Zeit leuchtet ihnen die Logik des Weges ein. Was einst fremd war, wird selbstverständlich, und mehr und mehr wird der Prozess zum echten Lebensretter.

Spiritualität

Der Prozess der Genesung ist eine spirituelle Reise. Am Anfang des Weges erleben Süchtige die Freude der geistlichen Reise, aber mit den Tagen und Jahren vertieft sich das Empfinden für den Ernst der Reise. Die größte Herausforderung besteht darin, zu begreifen, dass Heilung kein einmaliges Befreiungserlebnis ist, sondern eine tägliche Erfahrung, die auf weisen Entscheidungen beruht.

Genesung von Sexsucht und eine vertiefte Spiritualität sind Zwillinge. Beides hat mit der Heilung von Menschen und von Beziehungen zu tun, mit Hingabe an Gott, mit täglicher Disziplin. Und vor allem vermittelt beides Hoffnung – Hoffnung auf Heilung, Hoffnung auf inneren Frieden und Gelassenheit, Hoffnung auf Veränderungen im Leben, Hoffnung auf ein neues Bewusstsein und auf eine engere Beziehung zu Gott.

Eine Vision entwickeln

Sexsüchtige Frauen und Männer brauchen eine Vision. Eine Vision ist eine klare Vorstellung von dem, wozu Gott einen Menschen beruft und was er mit ihm vorhat. Es ist eine Idee davon, was wir mit unserem Leben anfangen wollen. Wenn wir nicht wissen, wohin wir wollen, dann werden wir auch nirgendwo hingelangen. Der Bibel zufolge gehen Menschen ohne Vision unter (Sprüche 29,18)[18].

Wenn Süchtige einen Sinn für ihre wahre Berufung, für ihre Vision bekommen, dann fällt es ihnen viel leichter, nüchtern zu bleiben. Alles, was sie dann tun, fällt zusammen mit der Verfolgung eines höheren Ziels. Hier einige Beispiele, was Betroffene sich vornehmen können:

- Ich möchte meinem Ehepartner dienen und ihn nicht mehr verletzen.
- Ich möchte die Botschaft von Hoffnung und Nüchternheit mit anderen teilen, die immer noch zu kämpfen haben.
- Ich möchte, dass meine Kinder zu Hause mehr Geborgenheit erfahren, als ich bekommen habe.
- Ich hoffe, dass ich in der Lage bin, all die Schulden zurückzuzahlen, die ich für meine Sucht aufgenommen habe.
- Ich versuche, Wiedergutmachung an all denen zu leisten, die ich verletzt habe.

Das ist kein überforderndes Programm. Solche Vorsätze stärken die Entschlossenheit, nüchtern zu bleiben. Ich habe selbst erlebt, dass der Vorsatz, meiner Frau nie wieder wehzutun, mich unzählige Male vor Fehltritten bewahrt hat.

Visionäre Vorsätze werden oft zur Grundlage für spezielle Strategien. Marvin hatte die Vision, seine Botschaft der Hoffnung anderen mitzuteilen. Er suchte seinen Pastor auf und fragte ihn nach anderen Männern, von denen der Pastor wusste, dass sie mit Sexsucht zu kämpfen hatten. Marvin arrangierte Treffen mit diesen Männern und erzählte seine Geschichte. Später planten die Männer gemeinsam einen Workshop in ihrer Gemeinde und luden dazu einen Redner ein, der über sexuelle Reinheit und Integrität sprechen sollte. Nach dem Workshop schrieben sich über fünfzig Männer für eine Gesprächsgruppe ein, um das Thema weiter zu vertiefen. Marvins Vision kristallisierte sich aus in einem dynamischen Angebot seiner Gemeinde. Dass er dieses Ziel verfolgte, verlieh ihm die Kraft und Entschlossenheit, nüchtern zu bleiben. Denn er wollte auch zukünftig anderen helfen.

Visionen setzen Energie frei, denn sie bringen uns auf Linie mit Gottes Absichten und ermöglichen es, dass wir unsere wahren Talente und Begabungen herausfinden. Bei der Verfolgung unserer Visionen kann selbst der Schmerz vergangener Erfahrungen dazu dienen, dass wir andere Menschen erreichen und ihnen helfen können. Paulus nennt Gott den „Vater voller Barmherzigkeit …, der uns in jeder Not tröstet, sodass wir auch andere trösten können" (2. Korinther 1,4). Selbst solche, denen ihre Sucht den Job gekostet hat, können entdecken, dass die Genesung ihnen die Tür zu Gottes größerem Plan aufstößt. Wenn mir jemand in der ersten Zeit meiner Genesung gesagt hätte, dass ich eines Tages Vorträge halten, unterrichten und Menschen auf der ganzen Welt seelsorglich begleiten würde, ich hätte ihn für vollkommen verrückt gehalten. Aber solche Möglichkeiten eröffnet uns Gott, wenn wir nach seinem Willen für unser Leben fragen.

Ich habe gesagt, dass Fantasieren ein Versuch ist, Bedürfnisse zu stillen und Wunden zu heilen, indem man sich fragwürdige Lösungen vorstellt. Eine Vision entwickeln heißt dagegen, dass wir uns Gottes Plan für unser Leben vorstellen, und wir werden entdecken, dass letztlich in der Verfolgung dieser Vision unsere Bedürfnisse gestillt, unsere Wunden geheilt werden.

Der Kreislauf der Heilung

Der Weg zur Heilung führt über jedes Stadium des Kreislaufs der Sexsucht (wie im 4. Kapitel vorgestellt) und kehrt es um. Der neue Kreislauf sieht so aus:

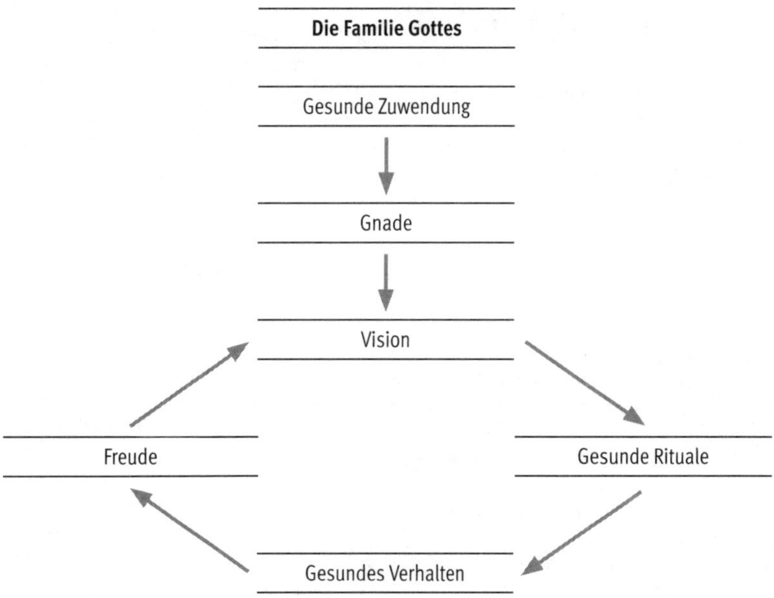

Im gesunden Kreislauf der Heilung sind ungesunde innerfamiliäre Mechanismen durch das Erlebnis der Familie Gottes ersetzt. Anstelle von Verletzungen gibt es echte Liebe und Zuwendung. Anstatt von Scham gibt es Gnade. Verständnis für Gottes Liebe, für seine Absichten mit und seine Berufung für uns verleiht uns eine Vision. Dass wir eine Vision haben, verhilft uns zu gesunden Ritualen und Übungen. Gesunde Rituale münden in gesundes Verhalten. Diese Art von Verhalten macht zufrieden und schafft Freude. Und Freude nährt wieder die Vision.

Ein Kreislauf wiederholt sich ständig. Es gibt zerstörerische Kreisläufe, wie im Fall der Sexsucht, aber auch konstruktive. Wenn Sexsüchtige konstruktiv ihr zerbrochenes Leben reparieren, dann werden sie auch fähig, den Schaden zu reparieren, den sie anderen zugefügt haben. Für alle, die verheiratet sind, gibt es keine wichtigere Beziehung als die zu ihrem Ehepartner. Um den Heilungsprozess für Ehepaare geht es im folgenden Kapitel.

11. Arbeit mit Paaren

Vor einiger Zeit habe ich einen Vortrag über Heilung für Paare eingeleitet mit den Worten: „Es gibt Hoffnung für Paare, die unter dieser Krankheit leiden.“ Eine Frau im Saal begann zu schluchzen und dann hemmungslos zu weinen. Eine ganze Stunde lang versiegten ihre Tränen nicht.

All die, die in einer Beziehung mit einem oder einer Sexsüchtigen leben, werden bestätigen, dass Sexsucht schweres Leid mit sich bringt. Sie sind betrogen, belogen, verraten worden. Sie haben erlebt, wie Liebesschwüre und Eheversprechen gebrochen wurden. Sie haben Vernachlässigung, emotionale oder körperliche Manipulation erlitten. Ihre Partner haben sie vielleicht zu abstoßenden oder entwürdigenden sexuellen Handlungen genötigt. Sie haben jedes Recht, wütend zu sein.

Trotz des Leides und der begründeten Wut behaupte ich: Es gibt Hoffnung für Paare, die unter Sexsucht leiden. Ich traue mich das zu sagen, weil meine Frau Deborah und ich es erlebt haben. Ehen können gerettet werden. Das Vertrauen in Partnerschaften kann wiederhergestellt, emotionale, körperliche und geistliche Intimität wiedergewonnen werden. Das alles nicht um den Preis, dass Partner und Süchtige ihre jeweiligen intensiven Empfindungen verleugnen müssten. Sie sind im Gegenteil gefordert, diese Empfindungen aufzuarbeiten und sie mit einzusetzen beim Erneuern und Vertiefen ihrer Beziehung.

Ich habe bereits erwähnt, dass der Weg zur Heilung unglaublich mühsam und lang erscheinen kann. Aber Deb und ich können Ihnen auch bestätigen, dass das Ziel jede Mühe wert ist. Gott kann Paaren, die das Leid der Sexsucht durchgemacht haben, ein größeres und tieferes Erleben von Intimität schenken, als sie es je gekannt haben. Darum beten, das erhoffen wir.

Wenn ich über ein von Sexsucht betroffenes Paar spreche, dann meine ich ein Paar, in dem zumindest ein Partner sexsüchtig ist. Mit dem Begriff Coabhängige(r) meine ich den Partner bzw. die Partnerin eines oder einer Sexsüchtigen. Generell beziehe ich den Begriff Paar auf Ehepaare, aber auch unverheiratete Paare können die folgenden Abschnitte auf sich anwenden.

Gott kann Paaren, die das Leid der Sexsucht durchgemacht haben, ein größeres und tieferes Erleben von Intimität schenken, als sie es je gekannt haben. Darum beten, das erhoffen wir.

In diesem Kapitel geht es um grundlegende Elemente des Heilungsprozesses von Paaren. Nachdem Deb und ich bereits seit einigen Jahren auf dem Weg der Genesung waren, haben wir uns zusammengesetzt und einige wichtige Einsichten niedergeschrieben, mit denen Paare sich möglichst schon am Anfang ihres Heilungsprozesses beschäftigen sollten. Es handelt sich nicht um eine konkrete Handlungsanweisung, die Schritt für Schritt vom Start bis zu einem definierten Ziel führt. Es ist vielmehr eine Sammlung von Vorschlägen und Strategien, die Teil einer nicht endenden Reise sind. Das Kapitel ist in zwei Abschnitte unterteilt. Im ersten Abschnitt geht es um vier Themen, die in den ersten Monaten auf dem Weg zu einer erneuerten Beziehung entscheidend sind. Der zweite Abschnitt behandelt Themen, die im weiteren Verlauf des Weges wichtig werden.

Vier entscheidende Themen für die erste Zeit des Heilungsprozesses

Von Sexsucht betroffene Paare sollten nach Möglichkeit zusammenbleiben

Ein wechselseitiges Bekenntnis des Sexsüchtigen und seines coabhängigen Partners, dass sie die Beziehung aufrechterhalten wollen, wäre ein guter Anfang. Das setzt voraus, dass der Süchtige mittlerweile nüchtern ist und auch in der Lage ist, nüchtern zu bleiben. Die biblische Botschaft ist unmissverständlich: Ein verheiratetes Paar wird „ein Fleisch". Es gibt unter den Therapeuten von Sexsucht durchaus Vertreter, die einer solchen wechselseitigen Verpflichtung misstrauen. Sie wenden ein, dass ein Festhalten an der Beziehung auch Ausdruck einer Verstrickung sein kann. Das ist ein Phänomen, das bei Coabhängigkeit auftreten kann: Ein Mensch geht derart in einem anderen auf, dass seine Identität von diesem anderen Menschen gewissermaßen aufgezehrt wird. Und nun ist die Sorge, dass die christliche Vorstellung von Einssein bedeuten könnte, dass ein Partner sich dem andern bedingungslos unterwirft.

Ehepartner, die mit einem Sexsüchtigen zusammenleben, sind mit dem Süchtigen verstrickt, wenn sie das Problem nicht angehen und keine Veränderung der Situation verlangen. Zweifellos haben viele christliche Eheleute Süchte erst ermöglicht, indem sie fehlgedeutete christliche Überzeugungen zum Bestandteil ihrer Selbsttäuschung gemacht haben. Dabei wäre es gerade Ausdruck der wechselseitigen Unterordnung und der Treue gegenüber dem Partner, dass man ihn mit seinem problematischen Verhalten konfrontiert.

Um Verstrickungen zu beenden oder auszuschließen, raten manche Therapeuten offen zur Trennung und selbst zur Scheidung. Das kann Einzelnen zur Nüchternheit verhelfen, aber es hilft ihnen in keiner Weise, ihre Beziehungen zu klären. Ein von Sexsucht betroffenes Paar braucht unbedingt Heilung für alle Aspekte der Beziehung.

Wenn die Partner als Einzelne Selbsthilfegruppen besuchen, Begleitung haben und eine Therapie in Anspruch nehmen, dann brauchen sie auch als Paar Hilfe, Begleitung und Therapie. Begleiten kann ein anderes Paar, mit dem die Betroffenen sich über Paarangelegenheiten austauschen können. Sie sollten auch als Paar an Treffen von Selbsthilfegruppen teilnehmen. Es gibt entsprechende Organisationen, die genau zu diesem Zweck gegründet wurden.

All diese Treffen und Therapien sind zeitaufwendig und oft auch kostspielig. Aber diese Art von Unterstützung ist vor allem im ersten Jahr für das Paar unverzichtbar. Dieselbe Sorte Behandlung, die der einzelne Süchtige erhält, braucht auch das Paar.

Es kann ein mutiger und weiser Schritt für einen Partner sein, den Sexsüchtigen zu verlassen, um Verstrickung zu vermeiden. Aber es kann von noch mehr Mut und Weisheit zeugen, wenn ein Partner bleibt und an der Beziehung arbeitet. Ein Coabhängiger ist vielleicht gezwungen, die Beziehung abzubrechen, wenn der Sexsüchtige sein Verhalten nicht ändert und die Beziehung emotional oder physisch gefährlich ist. Aber zwei Menschen können das Problem der Verstrickung und der Coabhängigkeit auch angehen, wenn sie zusammenleben. Und es kann von Nutzen sein, wenn man sich in wechselseitiger Fürsorge übt. Süchtige flüchten allzu gern aus schwierigen Beziehungen; von Sexsucht betroffene Paare auf dem Weg zur Heilung sollten das nicht auch noch begünstigen.

Wie kann man herausfinden, ob der Entschluss zur Aufrechterhaltung der Beziehung Ausdruck von Verstrickung bzw. Coabhängigkeit ist – oder vielmehr Ausdruck eines ernsthaften und begrüßenswerten Bekenntnisses zur Beziehung? Ein generelles Prinzip: Coabhängige ordnen sich ihren Partnern unter und dienen ihnen aus Schwäche heraus. Sie fürchten sich vor dem Alleinsein und fühlen sich bedürftig. Wenn sich gesunde Menschen ihren Partnern unterordnen und ihnen dienen, dann ist das Ausdruck ihrer Stärke. Sie sind selbstsicher und wissen, dass sie auch allein zurechtkommen könnten. Aber sie entscheiden sich, in Beziehung zu leben.

Nehmen wir zum Beispiel Jennifer und ihren Mann Tim. Tim war jahrelang sexsüchtig. Jennifer wusste während ihrer Ehe über vieles an seinem Verhalten Bescheid. Aber sie zögerte, ihn zu verlassen, denn sie hatte den Eindruck, sie könnte nicht für sich selbst sorgen. Sie fand sich mit Tims Verhalten ab, weil sie sich vor dem Alleinsein fürchtete. Anstatt ihrer Furcht ins Auge zu blicken, überdeckte sie die Furcht durch starke religiöse Überzeugungen über die Heiligkeit der Ehe. Als Tim von einer kirchlichen Selbsthilfegruppe für sexsüchtige Männer erfuhr und sich dieser Gruppe anschließen wollte, war Jennifer begeistert. Tim schlug ihr vor, eine ähnliche Gruppe für Ehefrauen aufzusuchen. Anfänglich zögerte Jennifer, aber schließlich ging sie hin. Die Gruppe erwies sich als eine Runde mitfühlender und hilfsbereiter Frauen, die ihr beibrachten, wie sie für sich selbst sorgen und sich etwas Gutes tun konnte. Bei den Frauen in der Gruppe lernte sie den Freimut, der es ihr erlaubt hätte, wenn nötig die Beziehung abzubrechen. Aber mit der Zeit wuchs Jennifers Glaube und Selbstbewusstsein, und sie entschloss sich, die Beziehung aufrechtzuerhalten. Nachdem Tim ein Jahr lang nüchtern geblieben war, beschlossen Jennifer und er, ihr Eheversprechen zu erneuern.

Coabhängige von Sexsüchtigen müssen sich auf den Heilungsprozess einlassen

Coabhängige heiraten Sexsüchtige. Viele Menschen glauben fälschlicherweise, dass Ehepartner zu Coabhängigen werden, weil sie einen Sexsüchtigen geheiratet haben. Aber das ist nicht so; wohl niemand gerät zufällig an einen Sexsüchtigen. Bewusst oder unbewusst haben sich die Partner von Sexsüchtigen „mit Absicht" auf ihre Beziehungen eingelassen. Manche sind Missbrauchsopfer und deshalb coabhängig, und/oder sie haben Probleme mit Intimität. Manche Coabhängige von Sexsüchtigen schämen sich ihrer Sexualität oder sind gehemmt. Sie versprechen sich von der Heirat mit einem Sexsüchtigen ein erfülltes Sexualleben, weil sie niemals selbst initiativ sein müssen – das wird schon der Sexsüchtige erledigen.

Coabhängige könnten auf die Idee kommen, dass sich all ihre Schwierigkeiten verflüchtigen, sobald sich der Sexsüchtige in Behandlung begibt. Oft schreiben sie ihre Probleme ausschließlich dem maßlosen Sexualverhalten des Partners zu und hoffen, dass sich alle Schwierigkeiten lösen, wenn das nur erst mal aufhört. Aber das ist seinerseits ein Problem. Denn sie erwarten, dass der Partner den ganzen für die Heilung nötigen Einsatz aufbringt. Es ist für Coabhängige lebenswichtig, dass sie in sich gehen und nicht die ganze Verantwortung für die Heilung der Beziehung dem Süchtigen aufbürden. Auch Coabhängige müssen sich auf den Heilungsprozess einlassen.

Neben der Vergebung, die mir Deb, meine Frau, gewährt hat, hat sie mir ein weiteres großes Geschenk gemacht: Sie hat sich mit ihren eigenen Verletzungen und Problemen auseinandergesetzt. Von Anfang an hat Deb auch ihrerseits Seelsorge in Anspruch genommen, hat mit mir die Paarberatung aufgesucht und hat sich der Einsicht gestellt, dass die Probleme in unserer Beziehung ursächlich nichts mit meiner Sexsucht zu tun hatten. Mein sexuelles Fehlverhalten hat die Sache zweifellos verschlimmert, aber das war nur eines der Probleme, die ich mit in unsere Ehe gebracht hatte. Mein maßloses Sexualverhalten war ein Ausdruck meiner Versuche, mit meiner Einsamkeit klarzukommen.

Wo wir auf Abstand zueinander sind, da kann jeder von uns in Versuchung geraten, in alte Verhaltensmuster zu verfallen.

Nach siebzehn Jahren Nüchternheit vertraut mir Deb. Aber sie spürt auch, dass Vertrauen in unserer Beziehung nicht wirklich das zentrale Thema ist. Sie spricht vor unterschiedlichstem Publikum und gegenüber Klienten oft davon, dass wir alle Sünder sind und alle viele Fehler machen. Wenn nun einer von uns Fehler begeht, dann überlegen wir gemeinsam, wo der Heilungsprozess unserer Beziehung ins Stocken geraten ist, sodass Distanz zwischen uns entstehen konnte. Denn wo wir auf Abstand zueinander sind, da kann jeder von uns in Versuchung geraten, in alte Verhaltensmuster zu verfallen.

Von Sexsucht betroffene Paare müssen wechselseitig Verantwortung für das übernehmen, was ihre Partnerschaft belastet

Wenn beide Partner eines von Sexsucht betroffenen Paares einsehen, dass ihre Beziehung Heilung braucht, dann akzeptieren sie damit auch, dass sie wechselseitig verantwortlich sind. Das heißt nicht, dass der Coabhängige verantwortlich ist für das Verhalten des Sexsüchtigen. Es heißt auch nicht, dass der Sexsüchtige verantwortlich zeichnet für unvertretbares Verhalten des Coabhängigen. Es bedeutet vielmehr: Beide sind für den Zustand ihrer Beziehung verantwortlich.

Es ist ja gerade einer der üblen innerfamiliären Mechanismen, dass die Partner sich gegenseitig beschuldigen und sich weigern, Verantwortung für ihre jeweils eigenen Probleme zu übernehmen. Die meisten Gespräche beginnen mit Wendungen wie „Immer machst du …“ oder „Nie machst du …“. In gesunden Beziehungen dagegen beginnen Gespräche anders: „Ich meine …“ oder „Mir kommt es so vor …“ oder „Ich muss es wohl auf meine Kappe nehmen, dass …“.

Eine bewährte Übung für von Sexsucht betroffene Paare nennt sich „Persönliche Partnerschafts-Inventur“. Anfangs täglich, später wöchentlich nimmt sich jeder Partner fünfzehn Minuten Zeit und legt zwei Listen an. Die eine Liste trägt den Titel „Was von deinem Verhalten heute hilfreich für mich/für unsere Beziehung war“. Die andere Liste ist überschrieben: „Was von meinem Verhalten nicht hilfreich für dich/für unsere Beziehung war“. Anschließend tauschen die Partner ihre jeweiligen Listen aus. Sie können gegenseitig Verständnisfragen stellen, aber sie dürfen den Listen des Partners nichts hinzufügen. Kommentare wie „Du hast unterschlagen, dass ich …“ oder „Du hast großzügig übergangen, dass du …“ sind nicht erlaubt.

Diese Übung zwingt die Partner, mit den wechselseitigen Beschuldigungen aufzuhören und Verantwortung für ihr eigenes Verhalten zu übernehmen. Sie bestätigen sich gegenseitig, und sie geben sich gegenseitig zu erkennen, was sie mögen. Da, wo von Sexsucht betroffene Partner wechselseitig Verantwortung für das übernehmen, was ihre Partnerschaft belastet, da haben sie den ersten Schritt der „Anonymen hilfsbedürftigen Paare“[19] unter die Füße genommen: „Wir geben zu, dass wir im Blick auf unsere Beziehung hilflos sind und dass unser Zusammenleben nicht mehr funktioniert.“

Den coabhängigen Partnern muss klar werden, dass sie nicht für die sexuelle Nüchternheit des oder der Süchtigen verantwortlich sind. Sexsüchtige sind selbst verantwortlich für ihren Genesungsprozess und dafür, sich Grenzen zu setzen. Einwände wie „Ist dieser Film was für dich?“ oder „Du willst wirklich dorthin gehen?“ erinnern den Süchtigen nur an überwundene Verhaltensweisen. Wenn Sexsüchtige heil werden wollen, müssen sie schon selbst für ihr Verhalten Verantwortung übernehmen.

Damit Vertrauen wächst, müssen Sexsüchtige ihrem Partner gegenüber Verlässlichkeit und Aufmerksamkeit beweisen und alles tun, um ihre Vertrauenswürdigkeit zu stützen: Anrufen, wenn sie unterwegs sind und es unerwartet später wird. Jedes Verhalten, das missverstanden werden könnte, rückhaltlos erklären. Auf die Empfindungen des Partners Rücksicht nehmen. Ein Sexsüchtiger beobachtete seine Kinder und seine Frau an der Bowlingbahn. Eine fremde Frau gesellte sich zu ihm und fing eine Unterhaltung über Bowling und die Kinder an. Als seine Frau bemerkte, dass die beiden sich unterhielten, geriet sie außer sich. Anstatt ihr vorzuwerfen, dass sie ihm misstraute, sagte der Mann: „Ich verstehe – das hat dich an mein früheres Verhalten erinnert. Das muss wehtun.“ Er gestand ihr ihre Empfindungen zu, und deshalb fühlte sie sich ernst- und angenommen und merkte, dass er sich um sie sorgte.

Bei von Sexsucht betroffenen Paaren muss jeder Partner sich dem selbst erlittenen Missbrauch stellen

Der Studie von Pat Carnes zufolge sind vier von fünf Sexsüchtigen in der Kindheit sexuell missbraucht worden, drei von vier haben körperliche Gewalt erlitten, und fast alle sind emotional missbraucht worden.[20] Carnes fand auch heraus, dass die Ehepartner von Sexsüchtigen zumeist eine ähnliche Missbrauchsbiografie aufwiesen wie die Süchtigen.[21]

Was lehrt uns das? Missbrauchsopfer scheinen eine Antenne für andere Missbrauchsopfer zu haben. So sucht zum Beispiel ein Mann, der als Kind von seiner Mutter vernachlässigt worden ist, nach einer Frau, die ihm mütterliche Zuwendung schenkt. Und dann findet er eine Frau, die als Kind von ihrem Vater vernachlässigt wurde und nun meint, einem Mann zu Gefallen sein zu müssen, damit sie von ihm die Aufmerksamkeit und Zuwendung bekommt, die ihr versagt geblieben ist. Das offensichtliche Problem ist: Niemand, noch nicht einmal ein Ehepartner, kann den Platz von Vater oder Mutter ausfüllen. Wenn dem Mann klar wird, dass seine Frau ihn nicht in der ersehnten Weise bemuttern kann, dann kann ihn das gegen sie aufbringen.

Derartige Mechanismen können in einer Partnerschaft extrem quälend sein und können Suchtverhalten noch verstärken. Zum Beispiel kann der Partner eines Missbrauchsopfers etwas sagen, was das Missbrauchsopfer in den „Überlebens"-Zustand versetzt – es wird teilnahmslos, wütend oder verfällt in Suchtverhalten. Der Partner reagiert seinerseits mit Zorn und Distanz. Die Abwärtsspirale kommt in Gang, das Missbrauchsopfer versucht sich dem Partner zu entziehen und gerät in einen eigenen Suchtkreislauf (siehe Schaubild).

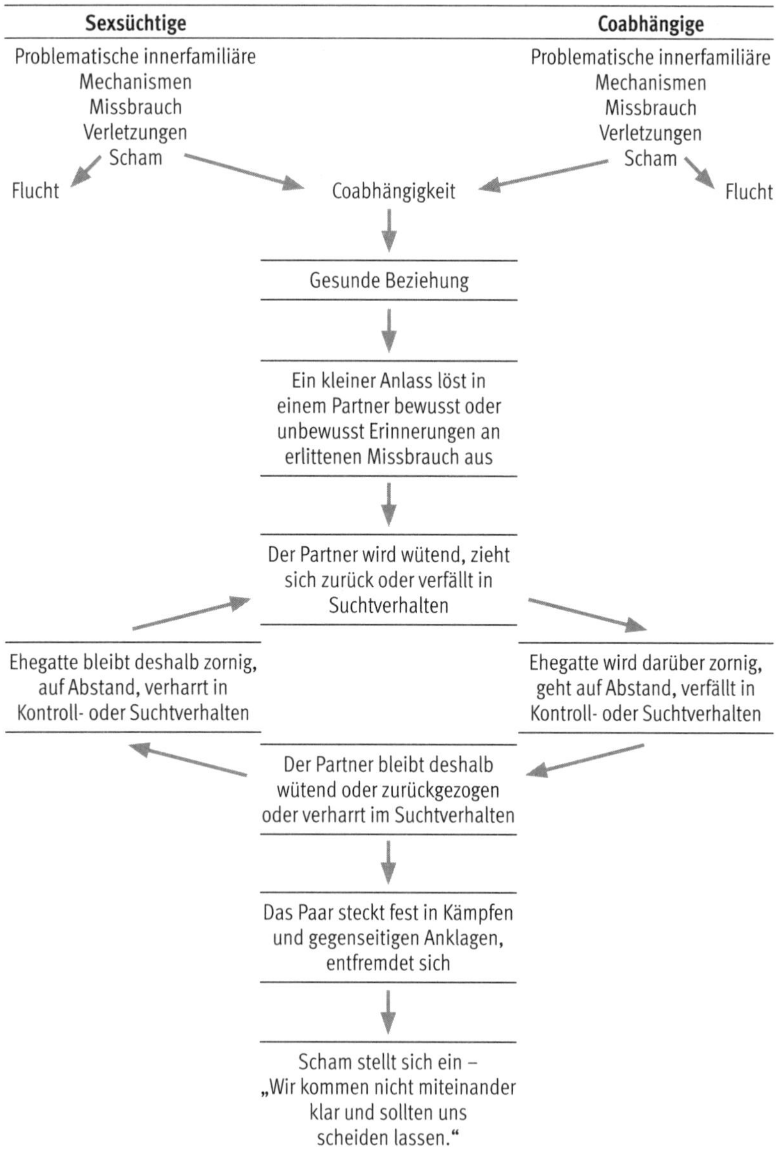

Kreislauf der Sucht bei Paaren

Süchtige auf dem Weg der Genesung erkennen, dass Missbrauchsfolgen auf den Täter, sei es ein Elternteil oder sonst jemand, zurückgehen und nicht etwa auf den Partner. Schon diese Unterscheidung nimmt Druck vom Partner und ermöglicht größere Intimität. Partner, die als Kinder vernachlässigt worden sind, müssen über die versagte Zuwendung trauern lernen. Wenn sie diese Trauerarbeit leisten, dann hören sie auch auf, von ihren Partnern elterliche Zuwendung zu erwarten. Wo ein Partner nicht mehr Elternersatz spielen muss, ist er frei, eheliche Zuwendung und Aufmerksamkeit zu schenken.

Heute sind meine Frau und ich fest davon überzeugt, dass Ehefrauen und -männer sich zwar auch in ihrer jeweiligen Verletztheit näherkommen können, vor allem aber kann Gott heilend in diese Mechanismen hineinwirken. Zwei verletzte Menschen haben sowohl das Potenzial, Feinde zu sein und sich gegenseitig die Schuld an ihrem Schmerz vorzuhalten, oder sie können sich verbünden und Gefährten auf dem Weg zur Heilung werden. In der Arbeit mit Hunderten von Paaren haben wir beobachtet, dass die Stärke des einen Partners die Schwäche des anderen ausgleichen kann. Die meisten Paare jedenfalls ergänzen sich gegenseitig im Hinblick auf Stärken und Schwächen.

Michael kam aus einer religiösen Familie, die sich nicht viel aus Geld machte und in der auch niemand ein Auge auf die Finanzen hatte. Michael sorgt sich nicht um Geld, aber er hat auch überhaupt kein Händchen dafür. Mary kommt aus einer nicht religiösen Familie, aber mit Geld konnten ihre Eltern gut umgehen. Mary sorgt sich ums Geld, aber sie versteht es auch zu sparen und gut anzulegen. Jahrelang haben Michael und Mary übers Geld gestritten. Michael hasste an Mary ihre „Besessenheit“ vom Geld und ihre Kritik an ihm; Mary hasste Michaels „Verantwortungslosigkeit“ und seine Kritik an ihr. Schließlich entdeckten Michael und Mary, dass sich ihre Stärken und Schwächen wechselseitig ausglichen. Mary konnte von Michaels Glauben und Gelassenheit in Geldfragen lernen, und Michael konnte von Mary den Umgang mit Geld lernen. Früher waren sie Feinde, nun sind sie Verbündete.

Dieser Mechanismus reicht tiefer. Wo zwei Partner ehrlich die Verletzungen der Vergangenheit aufarbeiten, da bringt sie das wechselseitige Trauern näher zusammen. Sie können miteinander fühlen und sich gegenseitig unterstützen. Wenn ein solches Paar auf seinem Weg zur Heilung dann auch noch Jesus Christus einbezieht, dann kann es erleben, dass Jesus das Leiden teilt und die Last erleichtert.

Wichtige Stichworte auf dem weiteren Weg zur Heilung

Von Sexsucht betroffene Paare müssen sich um Intimität bemühen

Bei den meisten von Sexsucht betroffenen Paaren ist die Intimität gestört, weil zumindest ein Partner glaubt: „Niemand liebt mich so, wie ich bin. Wenn du mich kennen würdest, dann würdest du mich hassen und verlassen.“ Intimität erfordert, dass man sich verletzlich macht und bereit ist, zumindest einem Menschen gegenüber zu offenbaren, wie man wirklich ist, was man denkt, was man fühlt. Sexsüchtige sind zu dieser Art von Intimität nicht fähig, weil sie fürchten, dass sie im Stich gelassen werden könnten.

Die Heilung gestörter Intimität gehört zu den härtesten Aufgaben auf dem Weg zur Genesung. Wo Vertrauen wiederholt missbraucht wurde, ist es extrem schwierig, die Empfindungen von Zorn und Groll hinter sich zu lassen. Damit Intimität wachsen kann, müssen Paare über ihr Sexualverhalten in der Vergangenheit reden, müssen lernen, in guter Weise den Zorn und Groll zu thematisieren, und müssen wieder miteinander spielen lernen:

1. Über das Sexualverhalten in der Vergangenheit reden
Eine echte Herausforderung ist die Frage, wie viel Information Sexsüchtige ihren Partnern über ihr Sexualverhalten in der Vergangenheit schulden. Manche erzählen alles, platzen auf einmal mit allem heraus im Bestreben, es hinter sich zu bringen. Andere sorgen sich,

dass ihre Partner sie verlassen könnten, falls sie von bestimmten Fakten Kenntnis bekommen. Diese letztere Gruppe „übt" sich oft erst im Mitteilen der Wahrheit. Sie erzählen einen Teil und warten erst einmal die Reaktion ab. Wenn sie der Partner nicht verlässt, dann rücken sie mit mehr heraus. Dieser Prozess kann sich über Tage, Wochen oder Monate hinziehen. Der Partner fragt sich irgendwann: „Wann weiß ich endlich alles?", und bekommt vielleicht den Eindruck, dass der Süchtige immer noch lügt.

Süchtige auf dem Weg der Genesung wollen vielleicht nicht mehr lügen und täuschen, aber sie fürchten sich immer noch davor, verlassen zu werden. Vielleicht wollen sie den Partner auch nicht durch die Offenbarung bestimmter Einzelheiten verletzen. Der Genesungsprozess verlangt sowohl von den Süchtigen wie auch von ihren Partnern, dass sie sich auf das Wagnis einlassen müssen, die Wahrheit zu sagen bzw. zu erfahren. Manche Partner sind erleichtert, wenn sie die ganze Wahrheit kennen, nachdem sie jahrelang betrogen worden sind und sich gefragt haben, was wirklich los war. Aber die Erleichterung kann später schwinden, wenn die schmerzliche Erkenntnis tiefer einsickert. Paare auf dem Weg der Genesung müssen sich gegenseitig erlauben, über solche Empfindungen zu sprechen, wann immer sie sich einstellen.

Gestörte Intimität wird überwunden, wenn beide Partner sich auf das Wagnis einlassen, dem anderen zu zeigen, wie sie wirklich sind, was sie empfinden und was sie denken.

Gestörte Intimität wird nur überwunden, wenn beide Partner sich auf das Wagnis einlassen, dem anderen zu zeigen, wie sie wirklich sind, was sie empfinden und was sie denken. Ein Paar muss sich darin üben, sich tagtäglich die Wahrheit zu sagen. Das Einüben kann mit unbedeutenden Einzelheiten beginnen, und wenn das Paar sich dann allmählich angefreundet hat mit dieser Art des Austauschs, dann können schwerer wiegende Dinge zur Sprache kommen.

Es muss ein bestimmter Grad von Aufrichtigkeit erreicht werden. Sexsüchtige können nicht ein Leben lang in der Sorge verbringen, dass ihre Partner ihnen irgendwann auf die Schliche kommen. Und die Partner von Sexsüchtigen können nicht ewig mit der bangen Frage leben, was sie wohl noch alles herausfinden werden. Die sexuellen Fehltritte sollten schon alle zur Sprache kommen, angesprochen werden, aber nicht notwendigerweise die Einzelheiten.

Vor einem solchen Gespräch sollte sich ein Sexsüchtiger fragen: „Warum will ich darüber sprechen? Was verspreche ich mir davon, dass ich das erzähle?" Und der Partner sollte sich, wenn er sich ein solches Geständnis anhört, fragen: „Warum will ich das wissen?" Das Motiv hinter dem Aufdecken der Wahrheit sollte stets das Vertiefen von Intimität sein und nicht etwa die Kontrolle von Empfindungen und Verhaltensweisen oder die Absicht, zu strafen. Intimität stellt sich dort ein, wo die Wahrheit aus den richtigen Gründen gesagt wird und wenn sie alte Unklarheiten über das Vorgefallene beseitigt.

Es gibt auch Gelegenheiten, da ist es moralisch geboten, die Wahrheit zu sagen. Tom arbeitete als Missionar in Afrika. Zu einer Zeit, als sich Aids rapide ausbreitete, hatte er jahrelang ungeschützten Sex mit Prostituierten. Im selben Zeitraum hatte er aber auch weiterhin Geschlechtsverkehr mit seiner Frau. Es ist moralisch zwingend, dass er seiner Frau die Wahrheit sagt, damit sie sich auf Aids und andere sexuell übertragbare Krankheiten testen lassen kann. Marvin hat seiner Frau früher pausenlos Lügen erzählt, um sein ausschweifendes Sexualverhalten zu ermöglichen und seine Sünden anschließend zu verschleiern. Es ist moralisch geboten, dass er seiner Frau die Wahrheit sagt, damit sie nicht an sich selbst zweifelt und ihren Sinn für die Wirklichkeit wieder schärfen kann. Betty hatte ein Verhältnis mit dem besten Freund ihres Mannes. In diesem Fall muss sie ihrem Mann alles beichten, damit er selbst darüber entscheiden kann, was das für diese Freundschaft bedeutet.

2. Lernen, in guter Weise den Zorn und Groll zu thematisieren

Damit ihre Beziehung gelingen kann, sind Paare einander Klarheit schuldig über allen Ärger, Groll und Verhaltensweisen, die sie aneinander stören. Ich empfehle Paaren, eine Art schriftliche Sicherheitsvereinbarung zu treffen. Darin sollte geregelt sein, wie die Partner sich gegenseitig fair ihren Ärger oder Zorn zum Ausdruck bringen. Eine solche Vereinbarung kann der erste Schritt zur Überwindung der alten Konfliktmuster und hin zu gesunder Intimität sein. Wo meine Frau und ich uns gegenseitig auf sichere und geregelte Art zeigen, was uns ärgert, da stärkt das den vertraulichen Umgang miteinander.

Zunächst listen Paare ihre zerstörerischen Konfliktmechanismen auf. Eine solche Liste könnte zum Beispiel enthalten: Beschimpfungen, Schmähungen, Herumreiten auf längst abgehakten Vorfällen, das Verwenden von anklagenden „Du“-Botschaften, Streiten vor den Kindern, lautstarke nächtliche Auseinandersetzungen, Einsatz körperlicher Gewalt und so weiter. Die Liste führt im Einzelnen auf, wo ein Paar in der Vergangenheit versagt hat.

Damit ihre Beziehung gelingen kann, sind Paare einander Klarheit schuldig über allen Ärger, Groll und Verhaltensweisen, die sie aneinander stören.

Als Nächstes kann das Paar die Vereinbarung aufsetzen, kann Regeln formulieren, denen sich beide in Zukunft unterwerfen wollen: Wir verzichten auf Beschimpfungen, wir werden nicht gewalttätig, wir streiten nicht vor den Kindern und so weiter. Die Vereinbarung muss jedem Partner die Sicherheit gewähren, dass er oder sie die eigenen Gefühle gefahrlos ausdrücken kann. Die Vereinbarung kann Zeitlimits enthalten, zum Beispiel: Wir beenden jeden Streit spätestens nach dreißig Minuten, wir können Auszeiten nehmen, wir können einen Streit vertagen oder neu ansetzen, und wir müssen das Problem bzw. den Gegenstand des Streits nicht hier und auf der Stelle lösen.

Auch Paare, die sich nicht streiten, müssen zumindest im Rückblick ihren Gefühlen Ausdruck verleihen. Sie können sich z.B. einmal pro Woche Zeit für eine Art Kassensturz nehmen. Bevor sie sich zusammensetzen, schreibt jeder auf, was ihn in der zurückliegenden Woche geärgert hat. Während des Gesprächs liest einfach jeder seine Liste vor, schickt aber beruhigende oder entschärfende Aussagen voraus: „Was ich gleich sage, ist nur Ausdruck meiner Gefühle. Es heißt nicht, dass ich eine Trennung will." Oder: „Ich möchte, dass du weißt, dass ich dich liebe. Aber ich habe aufgeschrieben, was ich nicht an dir mag." Das entscheidende Element ist Sicherheit. Die vereinbarten Regeln treten in Kraft, sobald ein Streit beginnt. Wenn die Regeln verletzt werden, wird sich ein Partner nicht sicher fühlen und darf sich dem Streit dann entziehen, wenn er oder sie das für nötig hält. Bei von Sexsucht betroffenen Paaren sollte ein anderes Paar, ein Unterstützer oder ein Seelsorger über die Einhaltung der Vereinbarung wachen.

3. Zusammen spielen

Von Sexsucht betroffene Paare haben vergessen (oder nie gewusst), wie man miteinander spielt. Diese Paare müssen das gemeinsame Spiel einüben, müssen sich Zeit nehmen für gemeinsame Aktivitäten, die beiden Freude machen. Das Spiel kann albern oder geistig anspruchsvoll sein, es kann vom Schneemann bauen bis zum Besuch einer Kunstgalerie reichen. Ein Paar beschloss, den Garten weihnachtlich zu schmücken. Der Mann hängte die Beleuchtung auf, die Frau dekorierte einen großen hölzernen Schneemann. Sie verwandelten ihren Vorgarten in ein festliches Spielzeugland, und die Nachbarn freuten sich daran. Oft raten wir Paaren, die das Spiel wieder für sich entdecken wollen, dass sie Kinder beim Spiel beobachten sollen. Das können ihre eigenen Kinder sein, die Enkel oder die Kinder im Spielkreis der Gemeinde. Damit man die Ideen, die man dabei bekommt, auch selbst ausprobiert, muss man sich manchmal gegenseitig ermuntern, unbefangener zu sein. Deb und ich haben uns erinnert, wie viel Spaß wir als Kinder beim Schaukeln hatten, und das erlauben wir uns auch heute gelegentlich.

Von Sexsucht betroffene Paare müssen ihre sexuelle Beziehung verbessern

Wie man Intimität in der Ehe durch Sex vertieft, darüber könnte man ein eigenes Buch schreiben. Im Folgenden seien einige Punkte angesprochen, die von Sexsucht betroffene Paare in ihrer Beziehung überprüfen sollten.

Am Anfang des Genesungsprozesses müssen sexsüchtige Partner eine Zeit lang zölibatär leben, um den Irrglauben zu überwinden, dass Sex ihr wichtigstes Bedürfnis ist. Sie müssen auch lernen, dass Sex kein Indikator dafür ist, ob ihr Ehepartner sie liebt oder nicht. Ehegatten müssen lernen, dass Sex nicht immer der gebotene Weg ist, um ihren Partner glücklich zu machen. Eine Zeit der Abstinenz nimmt den sexuellen Druck aus der Beziehung, sodass das Paar sich mit Spiel und Kommunikation beschäftigen kann.

Auch im weiteren Verlauf des Heilungsprozesses wird ein Paar möglicherweise zeitweise enthaltsam leben wollen, damit sich die Partner emotional und geistlich neu ausrichten können. Ein anderer Anlass für eine Zeit der Abstinenz kann sein, wenn sich ein Partner mit in der Kindheit erlittenem Missbrauch auseinandersetzen muss. In Abstinenzvereinbarungen kann geregelt werden, dass Sex nur unter bestimmten sicheren Bedingungen oder nur auf bestimmte Weise erfolgt.

Sexsüchtige müssen sich selbst Grenzen setzen, müssen versprechen, dass sie während des Geschlechtsverkehrs nicht von anderen Partnern fantasieren und dass sie Sex nicht als Mittel benutzen, um Gefühlen zu entfliehen. Wenn ein Sexsüchtiger einsam, müde, wütend oder ängstlich ist, dann ist das sicher nicht die richtige Zeit für sexuelle Intimität.

Sexsüchtige müssen lernen, ihrem Partner sexuelle Zärtlichkeiten als Ausdruck ihrer Empfindungen – auch ihrer geistlichen Empfindungen – zu schenken. Dieser Zugang zum Sex wird anfangs vielleicht nicht so aufregend sein, weil ihm der Kick oder die Gefahr abgeht, aber er kann mehr Erfüllung bringen.

Das Paar muss sich möglicherweise grundlegend über Sexualität informieren. Manche Paare wissen selbst die grundlegendsten Dinge nicht, dabei hatte der Süchtige Verkehr mit 500 verschiedenen Partnern. Also müssen sie sich informieren, den Rat von Ärzten oder Sexualtherapeuten einholen oder seriöse Bücher über Sexualität lesen.

Manche von Sexsucht betroffenen Paare haben mit sexuellen Störungen zu kämpfen, mit Impotenz, Empfindungslosigkeit oder vorzeitiger Ejakulation. Diese Probleme können rein körperliche Ursachen haben (zum Beispiel kann Impotenz eine Begleiterscheinung von Diabetes sein). Sie können aber auch psychologischer Natur sein. Zum Beispiel können Inzesterfahrungen dazu führen, dass ein Betroffener sexuell nicht erregbar ist. Da bei von Sexsucht betroffenen Paaren mit einer gewissen Wahrscheinlichkeit beide Partner Opfer von sexuellem Missbrauch sind, kann es für sie schwierig sein, Zärtlichkeiten und Geschlechtsverkehr als etwas Positives zu empfinden. In solchen Fällen sollte ein Paar die Hilfe eines Therapeuten suchen, der sich auf die Behandlung solcher Probleme versteht.

Eine gesunde sexuelle Beziehung kann nur dort auftreten, wo beide Partner nicht nur den anderen, sondern auch sich selbst lieben.

Beide Partner müssen lernen, wie sie sexuelle Vorlieben und Abneigungen ausdrücken. Sexuell Coabhängige haben vielleicht noch nie darüber gesprochen, was ihnen gefällt. Die Überwindung der eigenen Scham oder Schüchternheit kostet manchmal einiges an Übung.

Beide Partner müssen sich auch jeweils selbst genügend Aufmerksamkeit schenken. Eine gesunde sexuelle Beziehung kann nur dort auftreten, wo beide Partner nicht nur den anderen, sondern auch sich selbst lieben. Zur Selbstliebe gehört, dass man sich Selbstbestätigung erlaubt. Selbstliebe bedeutet, dass jeder für seine eigenen emotionalen, körperlichen und geistlichen Bedürfnisse Sorge trägt.

Ein Beispiel: Eine Frau will nie Sex mit ihrem Ehemann, einem Sexsüchtigen, haben, weil sie sich körperlich nicht attraktiv findet. Egal, wie oft er ihr versichert, dass er sie anziehend findet, sie glaubt ihm nicht. Sie ist davon überzeugt, dass er sie anlügt, nur um Verkehr mit ihr zu haben. Solange diese Frau nicht ihren eigenen Körper akzeptiert, wird sie nicht in der Lage sein, sich in Gegenwart ihres Mannes wohlzufühlen oder gegenseitige Zärtlichkeiten zu genießen.

Wenn das Paar an diesen Dingen arbeitet, kann eine wunderbare sexuelle Intimität entstehen. Ein Paar erzählte mir, dass die beiden sich nach der ersten nicht von Suchtverhalten geprägten sexuellen Begegnung festgehalten und vor Freude geweint hätten. Sie hatten den Unterschied zwischen zwanghaftem Sex und erfüllendem Sex erlebt. Anstatt sich in ein Traumland zu flüchten, hatten sie sich zum ersten Mal gemeinsam aneinander, so, wie sie waren, gefreut.

Von Sexsucht betroffene Paare müssen sich mit Coabhängigkeit auseinandersetzen

Oft leben in von Sexsucht betroffenen Paaren zwei coabhängige Menschen zusammen. Der fordernde Partner benutzt den unterwürfigen Partner, um seinen Willen zu bekommen. Wenn der unterwürfige Partner seine eigenen Bedürfnisse zur Sprache bringt, fühlt sich der fordernde Partner dadurch oft bedroht.

Ein Beispiel: Ein Sexsüchtiger auf dem Weg der Genesung hatte achtzehn Monate Nüchternheit geschafft, als seine Frau beschloss, sich wegen ihres in der Kindheit erlittenen Missbrauchs in stationäre Behandlung zu begeben. Als sie in die Klinik ging, bekam ihr Mann große Angst, dass sie nie wieder zu ihm zurückkehren würde. Er berichtet, dass er diese Zeit der Angst ebenso schlimm oder noch schlimmer empfand als alles, was er als Suchtkranker in der Zeit seines exzessiven Sexuallebens durchgemacht hatte.

Coabhängigkeit verhindert die Ehrlichkeit, die nötig ist, um eine gesunde Beziehung zu unterhalten. Coabhängigkeit und gestörte Intimität hängen zusammen. Christen, die Beziehung und Intimität wollen, können auf die Hilfe Gottes vertrauen. Paare, die keinen gemeinsamen Glauben haben, sollten sich überlegen, gemeinsam einen geistlichen Weg einzuschlagen. Jesus sagt, dass wir bereit sein müssen, unser Leben zu verlieren, um es wieder zu bekommen, und das trifft auch auf die Ehe zu. Unsere Ehen an Jesus Christus ausliefern bedeutet, dass wir bereit sind, sie aufzugeben, sprich: in Gedanken loszulassen. Dieser Gedanke mag Sexsüchtige und ihre Partner befremden. Aber wenn sie bereit werden zu akzeptieren, dass Gott für sie sorgt und dass sie alleine überleben können, dann werden sie frei, zu ihren Gefühlen zu stehen, und können offen darüber sprechen, wer sie wirklich sind.

Von Sexsucht betroffene Paare müssen ihre Scham überwinden

Von Sexsucht betroffene Paare sind beschämt. Und zwar sind nicht nur die Partner jeweils für sich beschämt, sondern aufgrund der Coabhängigkeit und der gestörten Intimität auch die beiden als Paar. Die Scham vermittelt ihnen das Gefühl, dass sie eine schlechte Ehe führen und dass andere Leute nichts mit ihnen zu tun haben wollen. Vor einiger Zeit musste ein Paar, das auf dem Weg zur Genesung war, umziehen. Als die neuen Nachbarn sich nicht sofort blicken ließen, um sich vorzustellen, redete sich das Paar ein, dass bestimmt schon die ganze Nachbarschaft über ihre Sexsucht Bescheid wusste.

Die Scham kann dem Paar auch das Gefühl geben, schlechte Eltern zu sein. Quälende Gedanken gehen ihm durch den Kopf: „Wir haben kein gemütliches Zuhause, wir können nicht mit Geld umgehen, und wir streiten uns ständig." Letztlich verleitet die Scham das Paar zu dem Glauben, dass die einzige Lösung für diese schreckliche Ehe die Scheidung wäre.

Paare brauchen Gruppen und andere Paare, in denen sie sich aussprechen und erfahren können, dass sie nicht allein sind. Sie müssen wissen, dass es bei anderen Paaren ähnlich zugeht und dass sie trotz ihres schlimmsten Benehmens akzeptiert sind. Die Scham schwindet, wo es ein Netz von Paaren gibt, das der Beziehung die nötige Unterstützung gibt, um zu überleben.

Von Sexsucht betroffene Paare müssen ihre Vorstellung von einer idealen Beziehung revidieren

Fast alle Paare haben eine Vorstellung davon, wie eine perfekte Ehe aussieht. Von Sexsucht betroffene Paare müssen ihre Idealvorstellungen vergessen, neu definieren oder anpassen, denn die waren viel leicht schon von Anfang an unrealistisch oder sie wurden wiederholt beschädigt. Zum Beispiel schwören sich praktisch alle Paare Treue in der Ehe. Die meisten von Sexsucht betroffenen Paare haben den massiven Bruch dieses Schwurs erlebt. Manche Paare haben mit der Ehe Vorstellungen von einem schönen Haus, einer bestimmten Art von Familie oder einem sicheren Einkommen verknüpft. Aber entweder die Umstände oder die Sexsucht haben verhindert, dass sich diese Vorstellungen erfüllten.

Manche von Sexsucht betroffenen Paare arbeiten mit unrealistischen christlichen Vorstellungen. Ein Paar fixierte sich auf den Gedanken aus Epheser 4,26: „Lasst die Sonne nicht untergehen, ohne dass ihr einander vergeben habt." Sie sprachen, stritten und kämpften oft bis spät in die Nacht, um Dinge aus der Welt zu schaffen. Der Sexsüchtige war nicht zufrieden, bevor seine Frau ihm vergeben hatte, ihm zustimmte oder klein beigab. Seine Frau wollte nur eins: fliehen, für sich sein, seinen ausufernden Reden und Forderungen entkommen.

Ich rate von Sexsucht betroffenen Paaren, einmal ihre Vorstellungen von einem idealen Paar niederzuschreiben: Kein Partner begeht Ehebruch, es ist immer genug Geld da, die Kinder sind perfekt und so weiter. Anschließend sollen die Partner überlegen, in welchen Punkten ihre Beziehung dem Ideal nicht entspricht. Bevor die Bilanz allzu niederschmetternd wird, sollten die beiden weitere Fragen stellen. Zum einen: Welche Vorstellungen sind realistisch? Unrealistische Ideale sollten aufgegeben werden. Zum Beispiel könnte ein Paar sagen: „Wir erlauben uns gegenseitig, dass wir nicht das beste Haus im Viertel haben müssen."

Zum anderen: Welche Vorstellungen können erneuert werden? Dass sich Eheleute gegenseitig treu sind, ist eine realistische Erwartung. Eheliche Treue ist ein positiver christlicher Wert. Viele von Sexsucht betroffene Paare erneuern das Versprechen, das sie sich bei der Hochzeit gegeben haben, manchmal in Gegenwart eines Pastors.

Schließlich: Welche Vorstellungen können mit externer Hilfe umgesetzt werden? Zum Beispiel kann sich ein Paar finanzielle Solidität vornehmen und beschließen, einen Finanzberater hinzuzuziehen, der bei der Budgetplanung hilft, Lösungen vorschlägt und den Fortschritt der Bemühungen überwacht.

Ein von Sexsucht betroffenes Paar wird vielleicht nie das ideale Paar, von dem die Partner einst geträumt haben, aber mithilfe von außen können sie ihre Beziehung stabilisieren und ihre Ehe auf der Grundlage realistischer Ziele und erstrebenswerter Ideale aufbauen.

Von Sexsucht betroffene Paare sollten sich vor dem Rückfall in alte Verhaltensmuster hüten

Vor einiger Zeit habe ich versucht, den Armschwung meines Sohnes beim Tennis zu korrigieren. Nach der Korrektur konnte er den Ball härter und genauer schlagen. Er beklagte sich freilich, es würde sich komisch anfühlen und wehtun. Natürlich tat es weh. Die Bewegung war ihm nicht vertraut, er setzte die Muskeln nun anders ein. Später beobachtete ich ihn beim Spiel mit jemand anderem. Er schlug den Ball wieder auf die alte Weise. Es funktionierte nicht so gut, aber es fühlte sich besser an.

Mit dem Heilungsprozess geht es oft ähnlich: Neue Verhaltensweisen und gesunde Entscheidungen funktionieren besser und zeitigen bessere Ergebnisse, aber oft tun sie „weh". Sie fühlen sich nicht so vertraut an, sie sind fremd, und sie erfordern viel Mühe. Der Heilungsprozess ist ein hartes Stück Arbeit und tut manchmal weh, auch wenn er letztlich zu Freude, Zufriedenheit und Gesundheit führt.

Von Sexsucht betroffene Paare auf dem Weg zur Heilung werden in ihrer Beziehung neue Intimität erleben, aber die Art und Weise wird zunächst fremd sein. Der Mensch ist ein Gewohnheitstier und bequem noch dazu. Wenn wir schon als Kinder zerstörerische Verhaltensmuster gelernt haben, dann sind uns diese Muster vertraut und wir fallen manchmal unbewusst in sie zurück.

Von Sexsucht betroffene Paare müssen der Versuchung widerstehen, in alte Verhaltensmuster zurückzufallen. Was ihnen einst normal erschien – das kann Streiten, Irreführung, Ehebruch, Schweigen, abweisendes Verhalten, sexuelle Verweigerung oder alles mögliche sonst sein –, egal, wie abartig oder ungut es war: Es mag ihnen normaler und sogar sicherer erscheinen als die neuen Formen von Intimität.

Gerade in der ersten Phase des Heilungsprozesses, wenn das Paar eine neue Aufrichtigkeit, eine neue Beziehung erlebt, sind größte Disziplin und Aufmerksamkeit gefragt. Der Heilungsprozess ist keine wunderbare stetige Aufwärtsbewegung. Alte Verhaltensmuster werden wieder auftauchen. Das sollte man nicht als Scheitern interpretieren, sondern als Beleg dafür, dass der Heilungsprozess schwierig ist.

Von Sexsucht betroffene Paare dürfen keine Unterstützung ihrer Umgebung erwarten

Genauso, wie der Heilungsprozess für das Paar selbst fremd ist, genauso befremdlich kann er für die Menschen in der Umgebung sein. Familienangehörige (selbst die Kinder), Arbeitskollegen und alte Freunde unterstützen den Heilungsprozess womöglich nicht. Vielleicht verstehen sie ihn nicht, vielleicht lehnen sie ihn ab. Vielleicht stören sie an der neuen Ehrlichkeit oder an veränderten Verhaltensweisen, weil sie dadurch ihre eigene Art zu leben infrage gestellt sehen. Vielleicht mochten sie es auch einfach lieber, wie die Dinge früher liefen.

Und so können von Sexsucht betroffene Paare bei ihren Bemühungen um Veränderung auf Widerstand stoßen. Der Bruder eines Sexsüchtigen fragte: „Wann werden wir wieder eine normale Familie sein?“ Der süchtige Mann antwortete: „Nie! Was du normal nennst, ist verrückt.“ Der Bruder war darüber äußerst aufgebracht und spricht bis heute nicht mit dem Betroffenen.

Eine weibliche Studentin unserer Arbeit trat in einer Fernsehshow auf, und obwohl man ihr Äußeres verfremdet hatte, erkannte sie jemand aus ihrer Gemeinde. Schließlich bat ihr Pastor sie, die Gemeinde zu verlassen, weil sich andere an ihr störten.

Von Sexsucht betroffene Paare müssen auf Unverständnis, abschätzige Urteile und Feindseligkeiten gefasst sein. Sie müssen neue Unterstützer suchen. Im schlimmsten Fall können sie sich gezwungen sehen, die Umgebung oder den Arbeitsplatz zu wechseln oder ihre Angehörigen für eine Weile nicht zu sehen. Das Paar muss vielleicht den Verlust vieler Beziehungen beklagen. Das kann sehr schmerzhaft sein, aber zugleich unvermeidlich, um die Heilung nicht zu gefährden.

Wenn von Sexsucht betroffene Paare nicht an ihrer Beziehung arbeiten, werden sie die alten Fehler in einer neuen Beziehung wiederholen

Manchmal sind der Schmerz, die Scham, die Trauer und der Zorn so stark, dass ein von Sexsucht betroffenes Paar keinen anderen Ausweg als die Scheidung sieht. Die Partner denken vielleicht: „Ich habe einen Fehler gemacht und mir den falschen Partner gesucht. Den richtigen Partner fürs Leben muss ich erst noch finden.“ Sie bilden sich ein, dass mit einem neuen Ehepartner alle ihre Probleme verschwinden werden.

Ein Paar lernte sich nach der jeweiligen Genesungszeit kennen. Der Mann war fünf Jahre lang wegen seiner Sexsucht behandelt worden, die Frau zehn Jahre lang aufgrund ihrer Alkoholabhängigkeit. Beide gingen davon aus, dass ihre Beziehung problemlos sein würde, weil sie ja beide individuell genesen waren. Die erste Zeit war aufregend und wunderbar. Aber einige Monate nach der Hochzeit war es vorbei mit den Schmetterlingen im Bauch und die alten Probleme aus vorangegangenen Beziehungen meldeten sich wieder. Beide fragten sich: „Wie kann das sein, dass dieser neue Mensch an meiner Seite so sehr meinem ehemaligen Partner gleicht?"

Der Grund ist vermutlich: Beide haben sich jemanden mit denselben Merkmalen gesucht, die auch der jeweils letzte Partner hatte. Sie haben bereits in ihrer ursprünglichen Familie gelernt, entsprechende Entscheidungen zu treffen. Auch wenn sie jeder für sich genommen geheilt waren, reproduzierten sie doch in ihrer Beziehung alte Probleme. Die Heilung von Beziehungsproblemen muss geschehen, solange jemand in Beziehung lebt. Man kann Beziehungsthemen nicht mit sich allein ausmachen.

Die Heilung von Beziehungsproblemen muss geschehen, solange jemand in Beziehung lebt.

Ich will damit nicht sagen, dass ein Paar unter allen Umständen verheiratet bleiben sollte. Als Christ glaube ich fest an die Ehe, aber nicht jede Ehe gelingt. Wenn ein Partner körperlich oder emotional misshandelt wird, kann es sein, dass er oder sie die Beziehung beenden muss. Selbst ein sexsüchtiger Mensch kann zur Trennung gezwungen sein, wenn der Ehepartner sich nicht mit auf den Weg der Heilung macht, nicht vergibt oder nicht bereit ist, selbst auch an der Beziehung zu arbeiten. Und doch ist es wichtig zu verstehen, dass der Abbruch der einen Beziehung noch lange nicht das Gelingen der nächsten garantiert. Viele Menschen waren mehrmals verheiratet, und jede neue Ehe war die leicht veränderte Kopie der vorherigen.

Der Heilungsprozess von Paaren ist eine tägliche Herausforderung, und doch besteht Grund zur Hoffnung, dass er Erfolg hat. Die

Wunden der Vergangenheit heilen. Mit Gottes Hilfe und der Unterstützung anderer Menschen können Paare neues Glück finden.

Von Sexsucht betroffene Paare sollten ihre Kinder berücksichtigen

Häufig stellen von Sexsucht betroffene Paare die Frage: „Was sollen wir den Kindern sagen?“ Abhängig vom jeweiligen Alter sollten die Kinder erfahren, dass Papa oder Mama wegen Sexsucht in Behandlung ist und was Sexsucht bedeutet: nämlich dass man sein Sexualverhalten nicht auf die Ehe beschränken kann. Vor allem müssen die Kinder wissen, dass Mama und Papa zusammenbleiben wollen und dass sie, die Kinder, in Sicherheit sind. Im Anfangsstadium des Heilungsprozesses sollten die Eltern Familientreffen abhalten, in denen sie den Kindern in einfachen Worten erklären, was geschieht. Die Eltern müssen die anstehenden Veränderungen erklären, zum Beispiel die Therapiestunden, die sie besuchen werden, oder einen erforderlichen Umzug.

Im Gespräch mit ihren Kindern müssen von Sexsucht betroffene Paare den Kindern vorleben, wie sie ihre Empfindungen ausdrücken. Sie sollten ihre Gefühle nicht äußern, um Sympathie oder Unterstützung von ihren Kindern zu bekommen, denn das wäre emotionaler Inzest. Die Kinder sollen allerdings sehen, dass ihre Eltern Gefühle haben, sich mit ihnen auseinandersetzen und nun bessere Schlüsse daraus ziehen.

Kinder können sehr verständig und mitfühlend sein, wenn Eltern ihnen gegenüber aufrichtig sind. Wenn Eltern offen sexuelle Sünden bekennen, eröffnet sich ihnen die Chance, glaubwürdig über anständiges Sexualverhalten zu sprechen. Sie sind ehrlich. Sie wissen, worüber sie reden. Das erlaubt den Kindern auch, sich vertrauensvoll an die Eltern zu wenden, wenn sie selbst schwierige Entscheidungen in sexuellen Fragen treffen müssen.

Vielen von Sexsucht betroffenen Paaren ist bewusst, dass sie ihren

Kindern Leid zugefügt haben, und sie suchen nach Möglichkeiten der Wiedergutmachung. Ein Elternteil kann zum Beispiel sagen: „Es tut mir leid, dass ich neulich böse auf dich war. Du warst nicht schuld an meinem Zorn. Und er bedeutet auch nicht, dass ich dich nicht liebe. Ich muss gerade einige Dinge in meinem Leben klären, und ich habe meinen Zorn über diese Dinge an dir ausgelassen. Ich werde mich bemühen, dass das nicht wieder passiert." Oder: „Wenn du je das Gefühl hast, dass ich dich unfair behandle, dann komm bitte direkt zu mir, und dann reden wir darüber."

Auf diese Weise lernt das Kind, was es heißt, Verantwortung für das eigene Verhalten zu übernehmen. Außerdem begreift das Kind so, dass es geliebt wird und dass es unfaire Behandlung nicht verdient hat. Wenn Kinder lernen, Verantwortung zu übernehmen, gesunde Entscheidungen zu treffen und nicht zu erlauben, dass sie missbraucht werden, dann wird die Stafette der Sucht in einem Familiensystem nicht mehr weitergegeben.

Wenn Kinder lernen, Verantwortung zu übernehmen, gesunde Entscheidungen zu treffen und nicht zu erlauben, dass sie missbraucht werden, dann wird die Stafette der Sucht in einem Familiensystem nicht mehr weitergegeben.

Ich habe mich gefragt, ob ich meinen Eltern mit mehr oder weniger Respekt begegnet wäre, wenn sie mir gegenüber aufrichtig über ihre Kämpfe gesprochen hätten. Meine Antwort ist: Ich hätte mich jedenfalls nicht so einsam gefühlt, wenn ich gewusst hätte, dass ich nicht der Einzige bin, der zu kämpfen hat. Es wäre ein großer Segen gewesen, wenn ich gewusst hätte, dass meine Eltern selbst auch Fehler machen und dass sie wissen, wie man gut damit umgeht.

Heute führen Deb und ich viele Gespräche mit unseren Kindern. So ausführliche Unterhaltungen mit meinen Eltern hätte ich mir nie vorstellen können. Für mich sind diese Gespräche ein Segen, und ich hoffe, dass unsere Kinder das auch so empfinden.

Von Sexsucht betroffene Paare können gemeinsam im Glauben wachsen

Das größte Wunder im Genesungsprozess ist eine vertiefte Beziehung zu Gott. Wo Sexsüchtige persönliche Fortschritte im Glauben machen, müssen sie ihr geistliches Wachstum mit ihren Partnern teilen und lernen, gemeinsam als Paar im Glauben zu wachsen. Im Anfangsstadium des Prozesses kann das von Sexsucht betroffene Paar eine „geistliche Entdeckungsreise" vereinbaren, kann sich vornehmen, gemeinsam Gottesdienste zu besuchen, gemeinsam zu beten und in der Bibel zu lesen oder Familienandachten zu halten. Das Paar sollte christlichen Freunden, einer Unterstützergruppe oder dem Pastor von der Vereinbarung Kenntnis geben, damit Begleitung gewährleistet ist.

Paare müssen sich darüber klar werden, ob möglicherweise ein Partner Opfer geistlichen Missbrauchs geworden ist. In diesem Fall könnte die Teilnahme an geistlichen Übungen alte Wunden aufreißen. Ein sexsüchtiger Mann, der Sohn eines Pfarrers, war von seinem Vater sexuell und emotional missbraucht worden und war gezwungen worden, wöchentlich viele Stunden in der Gemeinde zu verbringen. All das erschwerte es ihm später ungemein, überhaupt eine Kirche zu betreten. Jahrelang war er nicht in der Lage, seiner Frau zu erklären, warum er sie nicht in die Gemeinde begleiten wollte. Ohne diese Information glaubte sie, sie sei ihm gleichgültig, und ihr Ärger entfremdete ihn nur noch mehr von der Kirche.

Eine geistliche Vereinbarung kann einem Paar helfen, Vertrauen zu entwickeln. Die Partner versprechen einander und Gott, dass sie gegenseitig aufrichtig und treu sein werden. Manchmal wird ein Paar, um diese Vereinbarung offiziell zu besiegeln, sein Eheversprechen in einer Zeremonie erneuern. Die geistliche Vereinbarung sollte die Selbstverpflichtung zu geistlicher Disziplin, zum gemeinsamen Gebet, zum Bibellesen und zum verbindlichen Besuch einer Gemeinde beinhalten. Eine geistliche Vereinbarung kann nur funktionieren, wenn ihr drei Akte der Unterordnung vorausgegangen sind:

1. Mann und Frau müssen ihr Leben Gott unterordnen.
2. Mann und Frau müssen jeweils das Leben ihres Partners Gott unterordnen. Keiner von beiden hat die Macht, den anderen zu kontrollieren, und muss darauf vertrauen, dass alles Handeln des Partners entweder auf ihn selbst oder auf Gott gerichtet ist.
3. Mann und Frau müssen ihre Ehe Gott unterordnen. Sie sind machtlos ohne Gottes Hilfe.

Schließlich braucht ein Paar eine gemeinsame Vision als Paar. So viele Paare sind gespalten, weil jeder Partner seine eigene Vision verfolgt. Wenn ich eine Vision meiner Berufung habe und Deb hat eine Vision ihrer Berufung, dann haben wir in Wirklichkeit zwei Visionen und damit höchstwahrscheinlich eine Di-Vision, eine Trennung. Wenn ich meine Vision verfolge und Deb lässt sich nicht voll darauf ein, dann wird sie ungehalten, sobald mich die Verfolgung der Vision richtig Einsatz kostet. Es hat uns viel Freude verschafft, als wir Gott die einfache Frage vorgelegt haben: „Was ist deine Berufung, deine Vision für uns als Paar?“

Paare, die eine gemeinsame Vision entwickeln, machen sich als Verbündete gemeinsam auf den Weg. Wir leben in einer Kultur, die durch Scheidungen und zerbrochene Familien schwer beschädigt ist und fortgesetzt beschädigt wird. Von Sexsucht betroffene Paare, die den Schmerz ihrer gegenseitigen Verletzungen überlebt haben und ihre Ehen neu aufbauen, können uns viel beibringen. Von ihnen können wir lernen, was „ein Fleisch sein“ bedeutet, wie man die Kette des Missbrauchs unterbricht und wie Familien wieder zusammenwachsen. Von Sexsucht betroffene Paare, die gemeinsam Heilung für ihre Beziehungen suchen und neue und gesündere Beziehungen aufbauen, durchbrechen die Reihe sündiger Vermächtnisse, die nach den Worten der Bibel von einer Generation zur nächsten weitergereicht worden sind.

Teil 4:
Heilung für die Wunden der Kirche

12. Sexsüchtige Geistliche

Als zwölfjähriger Junge war Peter von einem Mann in einem öffentlichen Park sexuell belästigt worden. Als er dem Priester seiner Gemeinde in der Beichte davon erzählte, wollte der Priester ausführliche Details wissen und überredete Peter schließlich, dieselben Handlungen an ihm vorzunehmen.

Als junger Mann ließ sich Peter oft auf anonyme sexuelle Begegnungen mit anderen Männern ein. Er versuchte das Verhalten abzustellen, aber seine Karriere führte ihn an viele Orte, die sexuelle Abenteuer geradezu begünstigten. Schließlich beschloss er, selbst Priester zu werden, aus der Überlegung heraus, dass er seine Schuld- und Schamgefühle in den Griff bekommen würde, wenn er sich Gott hingab, und dass die Menschen ihn respektieren würden, wenn er ein „Vater" für sie wäre. Er hoffte auch, dass sein Keuschheitsgelübde ihn künftig davon abhalten würde, seine zwanghafte Sexualität auszuleben.

Diese Hoffnung wurde enttäuscht. Im Priesterseminar setzte sich sein homosexuelles Verhalten mit Klassenkameraden fort und wurde eher noch aktiver. Später, als Gemeindepfarrer, verführte er Ministranten und Jungen aus der Jugendgruppe, die ähnlich alt waren wie er selbst, als er zum ersten Mal belästigt worden war. Schließlich wurde Peter verhaftet. Zu seinem Glück bekam er die Chance, seine Sexsucht behandeln zu lassen.

Sexuelle Sünden wie die, die Peter begangen hat, verursachen den Menschen in der Kirche großes Leid. Wir müssen begreifen, was an sexsüchtigen Geistlichen charakteristisch ist. Heilung für die so verletzte Kirche und ihre Menschen kann nur dort einsetzen, wo Pastoren in der Lage sind, sich mit ihren verborgenen Sünden auseinanderzusetzen und Heilung für ihre eigenen Wunden zu finden. Als Leiter besitzen sie die geistliche Autorität, um Heilung vorzuleben.

Pastoren werden häufig aufs Podest gestellt, und man erwartet von ihnen, dass sie „vollkommen geistlich" sind. Sie stehen in den Augen anderer dafür, dass es möglich ist, Glauben zu haben. Wenn sie sündigen, dann wirkt das leicht bedrohlich. Beobachter fragen sich in dem Fall: „Wenn schon ein Geistlicher derart abstürzen kann, welche Hoffnung habe ich dann, derartige Sünden zu vermeiden?"

Ein weit verbreitetes Problem

Das Problem sexueller Fehltritte von Geistlichen ist gewaltig. Wie schon erwähnt, geben einer Studie zufolge 40 Prozent aller amerikanischen Pastoren Probleme mit Pornografie zu. Eine Umfrage der Zeitschrift *Leadership Journal* hat ergeben, dass von 200 befragten Pastoren 23 Prozent sexuelle Erfahrungen mit jemand anderem als ihrem Ehepartner gemacht hatten.[22] Darüber hinaus hatten zwölf Prozent der Pastoren Geschlechtsverkehr mit jemand anderem als ihrem Ehepartner. Tim LaHaye schreibt, dass zu einem gewissen Zeitpunkt alle Gemeinden in Dallas unter Beschuss zu sein schienen, weil so viele Pastorenstellen aufgrund von sexuellem Fehlverhalten vakant waren.[23] Die sexuellen Fehltritte landesweit bekannter amerikanischer Evangelisten haben große Medienaufmerksamkeit gefunden. Die meisten Christen kennen zumindest einen Pastor, der über sexuelle Sünden gestrauchelt ist.

Auch das amerikanische Rechtssystem zwingt die Kirche, sich ernsthaft mit dem sexuellen Fehlverhalten von Pastoren zu beschäftigen. Hunderte von Opfern haben Zivilklagen gegen Pfarrer und Priester angestrengt aufgrund des emotionalen Schadens, den sie durch Missbrauch und sexuelle Ausbeutung erlitten haben. Manche Opfer haben gar ganze Denominationen verklagt, weil diese den Mantel des Schweigens über solche Vorfälle breiten wollten oder einschlägig belastete Geistliche einfach nur versetzten. Ein katholischer Bischof sagte mir: „Früher haben wir, wenn ein Priester sich sexuell vergangen hat, die Sache so diskret wie möglich gehandhabt. Wir haben versucht, den Schaden zu regulieren und haben den Priester versetzt. Damit kommen wir heute nicht mehr durch." Die Skandale in der römisch-katholischen Kirche erreichten 2001 einen Höhepunkt, zwangen wenigstens einen Kardinal zum Rücktritt und brachten Bischöfe überall in den USA unter misstrauische öffentliche Beobachtung. Das hat zu einer „Null Toleranz"-Politik geführt. Die traurigste Konsequenz ist freilich der Schaden, den die Christenheit insgesamt erlitten hat. Ihr Glaube und ihre Vertrauenswürdigkeit ist infrage gestellt. Die kirchliche Hierarchie war mehr damit beschäftigt, die Kirche zu schützen, als dass sie sich um Aufklärung und Wiedergutmachung für die Opfer bemüht hätte.

Was Geistliche so empfänglich für sexuelle Versuchungen macht

Es sind hauptsächlich drei Faktoren, die zur Empfänglichkeit von Geistlichen für sexuelle Versuchungen beitragen. Zum einen ist da die persönliche Verantwortung des Pastors. Zum Zweiten ist da die Verantwortung des Systems, der Familie oder der Ortsgemeinde. Wir wissen, dass – ähnlich wie in problematischen Ehen – ein Pastor mit Problemen oft an eine Gemeinde mit unguten inneren Mechanismen gerät. Und schließlich ist da das kirchliche System auf nationaler und internationaler Ebene.

Der Geistliche

Ganz gleich, wie die Umstände sind – für das sexuelle Fehlverhalten eines Geistlichen trägt zunächst einmal der Geistliche selbst die Verantwortung. Selbst wenn jemand dem Pastor Avancen gemacht oder ihn zu verführen versucht hat, liegt es immer noch in der Verantwortung des Pastors, das Ansinnen zurückzuweisen, so wie Josef die Avancen von Potifars Frau abgewiesen hat (1. Mose 39).

In seinem Buch *The Wounded Healer* hat der Pastoralpsychologe Henry Nouwen Geistliche als mitfühlende Menschen charakterisiert, die oft unter den Sünden, dem Schmerz und der Last der ihnen anvertrauten Menschen, unter Überlastung und Einsamkeit leiden. Wenn sie auch auf sich selbst achten und, wo nötig, Hilfe und Unterstützung einholen, dann entwickeln sie mehr Kraft, mehr Weisheit und können noch leidenschaftlichere und effektivere Heiler werden. So werden sie zu „verletzten Heilern“, zu wahren Hirten ihrer selbst und anderer Menschen.

Manche Geistliche wissen nicht, wie sie mit ihren eigenen Wunden umgehen sollen. Wenn sie nicht selbst Heilung finden, dann laufen sie Gefahr, ihrerseits andere zu verletzen.

Aber manche Geistliche wissen nicht, wie sie mit ihren eigenen Wunden umgehen sollen. Sie bleiben einsam, ausgebrannt, entwickeln Groll und Wut. Wenn sie nicht selbst Heilung finden, dann laufen sie Gefahr, ihrerseits andere zu verletzen auf ihrer Suche nach Zuwendung und nach Möglichkeiten, ihren Zorn auszudrücken und ihren Gefühlen zu entfliehen. Gil Gustafson, ein ehemaliger Priester der Erzdiözese von Minneapolis und St. Paul, nennt diese Geistlichen „heillose Verletzer“.

Pastoren und Priester, die sich nicht die Zeit nehmen, ihre eigenen Verletzungen zu behandeln, beschädigen ihren Dienst und fügen womöglich denen Leid zu, denen sie doch dienen sollten. Als ich noch zur Ausbildung am Seminar war, trug ich unbewusst viele Verletzungen mit mir herum. Mein Herz wollte der Kirche dienen, aber meine unversorgten Verletzungen brachten mich zu selbstsüchtigen sexuellen Handlungen. Es wäre mir durchaus möglich gewesen, schon früh in meiner Ausbildung Hilfe, Wegweisung und den nötigen Rat zu bekommen. Aber in jenen Tagen war in der Kirche das Verständnis von sexuellem Missbrauch und Sexsucht noch nicht ausgeprägt. Heute können wir Predigtamtskandidaten viel besser auf ihren Dienst vorbereiten, sodass sie nicht zu heillosen Verletzern werden.

Die Gemeinde

Gemeindeglieder schauen gewöhnlich mit Achtung und Ehrfurcht zu Pastoren auf. Wir übertragen Pastoren geistliche Autorität und wir vertrauen ihnen. In vielerlei Hinsicht betrachten wir sie so, wie wir Eltern betrachten: Wir suchen ihre pastorale Liebe und Anerkennung und wollen teilhaben an ihrer Geistlichkeit.

Manche Gemeindeglieder sind vom Pastor einfach nur angezogen. Er oder sie ist kraftvoll und charismatisch, einfühlsam und verständnisvoll. Ob der Pastor körperlich attraktiv ist oder nicht, die Anziehungskraft kann auch eine sexuelle Komponente haben.

Einzelne Gemeindeglieder sind in der Kindheit sexuell missbraucht worden. Sie haben gelernt, durch sexuelle Gefälligkeiten die Anerkennung ihrer Eltern oder anderer Bezugspersonen zu bekommen. Wenn solche Menschen ihre Pastoren oder geistlichen Leiter wie Eltern betrachten und ihre Anerkennung suchen, dann kommen sie leicht auf den Gedanken, dass sie ihnen auch sexuell gefällig sein müssen. Wenn es dann zwischen solchen Menschen und den Verantwortlichen in Gemeinden oder Organisationen zu sexuellen Handlungen kommt, dann ist das dem Wesen nach Inzest – eine Vaterfigur hat Sex mit einer kindlichen Figur. Nach außen hin sieht alles wie einvernehmlicher Sex unter Erwachsenen aus, aber tatsächlich ist das Verhältnis sexuell ausbeuterisch. Sowohl sexuelle Ausbeutung (Sex zwischen Erwachsenen, wobei ein Erwachsener den anderen benutzt) als auch sexueller Missbrauch (Sex zwischen einem Erwachsenen und einem Kind bzw. Minderjährigen) ist strafbar. Tatsächlich landen immer wieder Geistliche oder geistlich Verantwortliche wegen sexueller Ausbeutung von Gemeindegliedern im Gefängnis.

Die weitere Kirche

In der Vergangenheit hat die Kirche zumeist Stillschweigen gewahrt über Pastoren oder andere Verantwortliche, die sich sexuell unmoralisch verhalten haben. Je nach Konfession wurde einem Geistlichen in einem solchen Fall vielleicht das Amt entzogen, oft aber verließ der Betroffene einfach die Kirche. Vielleicht wurde er auch versetzt oder fand eine neue Aufgabe. Wir geben uns gern der Hoffnung hin, dass die Kur eines geografischen Ortswechsels anschlägt, dass Buße erfolgt und die sexuellen Sünden aufhören. Aber das geschieht nur selten. Viele Sexsüchtige, wenn sie einmal Täter geworden sind, hinterlassen eine Spur sexuellen Fehlverhaltens, wo immer sie hingehen.

Die Kirche gibt sich manchmal auch der Vorstellung hin, dass es nicht die Schuld des betroffenen Verantwortlichen ist, wenn er eine Affäre hat. Vielleicht stand er allzu sehr unter Stress. Oder vielleicht ist die Frau (wenn es ein Mann ist) schuld, weil sie nicht genug auf seine Bedürfnisse eingeht. Oder der Teufel ist schuld – vielleicht legt es ja der Teufel besonders darauf an, geistlich Verantwortliche zu verführen.

Was für sexsüchtige Pastoren, Priester und andere geistlich Verantwortliche charakteristisch ist

Im Folgenden einige Charakteristika von geistlich Verantwortlichen, die mit zwanghaftem sexuellem Verhalten zu kämpfen haben. Manche dieser Eigenschaften sind spezifisch für Kleriker, andere ähneln den generellen Charakteristika von Sexsucht, wie sie in Kapitel 4 beschrieben wurden. Ich habe versucht, deutlich zu machen, wie diese allgemeinen Charakteristika sich in der Rolle von geistlich Verantwortlichen besonders ausdrücken.

Ordination als Strategie zur Verminderung von Scham

Die mit dem Amt verbundene Autorität des Pastors, Priesters oder Leiters zieht oft Menschen mit geringem Selbstwertgefühl an. Eventuell denken sie (vielleicht unbewusst): „Ich bin ein nichtsnutziger Mensch, aber wenn ich in den geistlichen Dienst gehe, dann werden mich andere mögen, werden mir vertrauen und werden denken, dass ich einen Wert habe.“ Schamerfüllte Sexsüchtige, die ihr eigenes Verhalten unter Kontrolle bringen wollen, denken vielleicht auch: „Wenn ich Pastor werde, dann werde ich durch mein besonderes Verhältnis zu Gott verändert, meine Begierde wird verschwinden, und das wird mich vor unmoralischem Sexualverhalten schützen.“

Ruth schlug die Pastorenlaufbahn ein, um der Scham ihrer Kindheit zu entkommen. Belästigt und körperlich missbraucht von einem Bruder und von ihrem Vater, fand sie Zuflucht in ihrer Gemeindejugendgruppe. Mit achtzehn ging sie ans College, um ihrer Familie zu entkommen. Dort schloss sie sich der Studentengemeinde an und wurde bei einer Gelegenheit mit dem Studentenpfarrer intim.

Dann ließ sich Ruth auf Beziehungen zu gewalttätigen Männern ein. In gewisser Weise forderte sie es heraus und genoss es geradezu, denn gewaltsamer Sex war für sie in ihrer Kindheit „normal“ gewesen. Zugleich verursachten diese Beziehungen aber auch tiefe Scham.

Als Ruth erkannte, dass sie als Jugendliche in der Gemeinde Zuflucht gefunden hatte, zog sie den Schluss, dass noch stärkeres kirchliches Engagement ihr eine dauerhafte Flucht ermöglichen würde. Sie ging ans theologische Seminar und wurde schließlich ordiniert. Während des Studiums am Seminar entdeckte sie Bars, in denen Menschen mit sadistischen und masochistischen Neigungen zusammentrafen, und von da an ließ sie sich regelmäßig fesseln und schlagen. Nachdem man ihr eine Gemeinde anvertraut hatte, pflegte sie an ihrem freien Tag in die Stadt zu fahren. Ihr geistliches Habit verhüllte dezent die Striemen und blauen Flecken, die sie erhielt.

Nach einiger Zeit begann sich Ruth zu fragen, warum ihre Ordination nicht „funktioniert“ hatte. Sie erwog, sich in einer anderen Denomination ordinieren zu lassen. Sie war so deprimiert, dass sie die Hilfe eines Therapeuten in Anspruch nahm. Dieser Therapeut erkannte schließlich ihre Sexsucht und den erlittenen Missbrauch und brachte sie dazu, dass sie sich in Behandlung begab. In der Therapie wurde ihr bewusst, dass sie von der Ordination eine Verwandlung erwartet hatte. Sie hatte gedacht, ihr gesamtes Wesen würde sich verändern und sie würde nicht mehr länger wünschen, misshandelt zu werden, und die Lust würde verschwinden. Sie hatte sich ordinieren lassen, um ihre Scham zu vermindern, aber das hatte nicht funktioniert.

Coabhängigkeit und Ermöglichen

Sexsüchtige Geistliche oder geistlich Verantwortliche sind, wie alle Sexsüchtigen, coabhängig: Sie brauchen viel Anerkennung von anderen, weil sie sich selbst keine Anerkennung geben können. Sie geben sich der Vorstellung hin, dass die Gemeinde ein idealer Ort ist, um Anerkennung und Applaus von vielen Seiten zu bekommen.

Einmal kam nach einem Vortrag über Coabhängigkeit eine alte Pastorenwitwe zu mir und sagte: „Was Sie als Coabhängigkeit bezeichnen, das hat man uns im Seminar als selbstlose Nächstenhilfe nahegelegt.“ Die Frau dachte, ich würde Selbstsucht als gesündere Alternative predigen. Dabei hatte ich nicht etwa zur Selbstsucht ermutigt, sondern vielmehr von coabhängigem und ermöglichendem Verhalten abgeraten. Ermöglichen ist ein Begriff, der in der Suchttherapie oft benutzt wird, um das Verhalten von Menschen zu beschreiben, die Süchtige in ihrem zwanghaften Verhalten bestärken, anstatt es zu hinterfragen. Ermöglicher sorgen für Menschen, um deren Anerkennung zu bekommen oder aufrechtzuerhalten.

Als Pastor, Priester, Leiter hat man kein Problem, fürsorgliches Verhalten zu rechtfertigen, denn es gehört zur Arbeitsplatzbeschreibung. Süchtige, coabhängige Pastoren sorgen sich um viele Menschen und erhoffen sich, dass sie so gemocht und respektiert werden. Unter der Oberfläche hegen sie vielleicht Groll gegen all das, was von ihnen erwartet wird, und beschuldigen die Kirche, zu viel von ihnen zu verlangen, aber sie können nicht Nein sagen. Wenn sie es doch täten, dann könnte ihnen ja jemand seine Zuneigung entziehen.

Sexsüchtige Pastoren entdecken vielleicht Aspekte ihrer eigenen Verletztheit in dem Menschen, dem sie beistehen wollen. Einzelne Mitglieder ihrer Gemeinde haben vielleicht eine ähnliche Missbrauchsgeschichte wie ihre Pastoren erlebt. Wo Pastoren auf solche Ähnlichkeiten stoßen, neigen sie dazu, sich mit diesen Mitgliedern übermäßig zu identifizieren. Die Fürsorge für diese Mitglieder kann eine Ersatzhandlung sein: Die gespendete Zuwendung gilt eigentlich ihnen selbst.

Leugnen

Sexsüchtige folgen dem Familiengesetz, das sie einst gelernt haben, wonach Probleme geleugnet werden müssen. Leugnen ist im Fall von sexsüchtigen Pastoren oder geistlichen Leitern ein besonders akutes Problem. Zum einen sind die Konsequenzen unmoralischen Sexualverhaltens in ihrem Fall drastisch. Das erzeugt große Furcht, und Leugnen ist die Folge. Außerdem erwartet man von Pastoren und Leitern eigentlich nicht, dass sie Probleme haben. Kirchgänger mögen es nicht, wenn ihre Verantwortlichen Probleme haben. Ein sexsüchtiger Pastor denkt sich: „Meine Rolle ist es, perfekt zu sein. Ich kümmere mich um andere. Sie schauen zu mir auf. Die Menschen brauchen mich als geistlichen Leiter, sie erwarten Inspiration von mir. Ich kann nicht zugeben, dass ich Probleme habe, schon gar nicht sexueller Art."

Anstatt um Hilfe zu bitten, führen viele Geistliche oder geistliche Leiter lieber ein Doppelleben. Das geht mit großer Einsamkeit einher. Sie kümmern sich vielleicht aufopferungsvoll um ihre Gemeinde, vernachlässigen dabei aber sich selbst. Sie sterben innerlich.

Ein Faktor erleichtert es Pastoren besonders, ihre Probleme zu leugnen: Ihre täglichen Aktivitäten unterliegen zumeist keiner Überwachung. Sie teilen ihre Zeit gewöhnlich frei ein. Sie sind niemandem verantwortlich, haben generell, was ihren Tagesablauf und ihre Arbeitsorganisation angeht, praktisch kein Korrektiv. Dieses freie, unkontrollierte Verfügen über die eigene Zeit macht Pastoren und geistliche Leiter empfänglich und Versuchungen viel leichter möglich.

Ein Faktor erleichtert es Pastoren besonders, ihre Probleme zu leugnen: Ihre täglichen Aktivitäten unterliegen zumeist keiner Überwachung.

Darüber hinaus sind viele Pastoren und geistliche Leiter oft so geachtet oder so wenig gesprächsbereit, dass die meisten Menschen in der Gemeinde oder in Organisationen und Werken sich scheuen, sie zur Rede zu stellen. Ein Gemeindeglied sagt sich vielleicht: „Wer bin ich, dass ich das Verhalten unseres Pastors infrage stelle?“ Auch das trägt dazu bei, dass Pastoren niemandem wirklich Rechenschaft geben. Ich habe Gemeinden kennengelernt, in denen der Pastor für sich in Anspruch nahm, ein System persönlicher Rechenschaftspflicht eingerichtet zu haben. In Wirklichkeit hatte er sich mit Freunden umgeben, die allzu befangen waren, um ihn wirklich zur Verantwortung zu ziehen, als sie spürten, dass etwas faul war. In solchen Fällen besteht das ganze System der Gemeinde, beim Pastor angefangen, im Leugnen. Hier stellen sich unweigerlich auch Fragen an die Leitungs-, Begleitungs- und Korrektivstrukturen in Gemeinden, Werken und Organisationen.

Rückzug

Ein Charakteristikum, das an sexsüchtigen Geistlichen oder geistlichen Leitern besonders oft zu beobachten ist: Sie ziehen sich zurück, gehen auf Distanz zu anderen Menschen. Die Option des Rückzugs ist quasi fest in die Rolle eines Pastors, Priesters oder sonst geistlich Verantwortlichen eingebaut: Von Geistlichen erwartet man, dass sie sich Zeit zum Meditieren nehmen und Dinge verinnerlichen. Man unterstellt ihnen, dass sie vielen tiefen Gedanken nachgehen müssen.

Sexsüchtige Leiter können sich ins Studium der heiligen Schriften flüchten. Je weiter die Krankheit fortschreitet, umso weltferner und zurückgezogener wirken sie. Auf dem Höhepunkt der Krankheit wird ein normalerweise beziehungsfreudiger Pastor sich von fast allen Kontakten mit der Außenwelt abschneiden. Nicht nur, dass zurückgezogene sexsüchtige Geistliche ihre Probleme leugnen, oft entziehen sie sich mehr und mehr der Beobachtung durch Kollegen oder der Supervision durch Mentoren und Vorgesetzte, so es diese gibt.

Ein Pastor hat vielerlei Ausreden zur Hand: „Ich habe eine Sitzung in der Stadt, ich muss im Krankenhaus anrufen, meine Predigt ist noch nicht fertig. Ich brauche Zeit für mich in meiner Studierstube. Heute ist mein Gebetstag. Bitte stören Sie mich nicht!“ Wer würde es wagen, einen so geistlichen Menschen bei seinen heiligen Geschäften zu stören? Später sind wir dann geschockt, wenn wir herausfinden, dass die heiligen Geschäfte sexueller Natur waren. Wenn Pastoren oder geistliche Leiter über ihren Zeiteinsatz keine klare Auskunft geben können, dann sind sie möglicherweise auf dem Rückzug. Es liegt in der Verantwortung der Gemeinde, der Gemeindeleitung oder der Gesamtleitung eines Werkes, Rechenschaft über ihre Tätigkeit zu verlangen und gegebenenfalls konkret nachzuhaken.

Ist es ein Zeichen von Misstrauen, wenn man von Geistlichen verlangt, dass sie ihre Aktivitäten dokumentieren? Ich denke nicht. Sexsüchtige Leiter mögen nach außen hin zornig reagieren und in Verteidigungshaltung gehen, aber innerlich schämen sie sich über ihr Doppelleben. Ein Teil von ihnen wird froh sein, dass man sie zur Rede stellt.

Filmrisse

Süchtige – egal, wonach süchtig – erleben Filmrisse. Bei sexsüchtigen Männern und Frauen kann es vorkommen, dass ihnen die Erinnerung an gewisse Zeitabschnitte fehlt. Vielleicht reden betroffene Verantwortliche sich damit heraus, dass wichtige Verpflichtungen ihre ganze Konzentration fordern, vielleicht sprechen sie sogar von „geistlichen Pflichten". Sie geben vielleicht vor, überlastet zu sein, von einem Ort zum andern eilen zu müssen. Oder sie versäumen Verabredungen oder vergessen wichtige Ereignisse. Sollte das bei einem sexsüchtigen Menschen immer häufiger passieren, dann spricht das für das Fortschreiten der Krankheit.

Unerbittlichkeit

Sexsüchtige Menschen in geistlichen Führungspositionen versuchen ihre Krankheit auf verschiedene Weise zu kontrollieren. Sei es, dass sie rigide theologische Forderungen verkündigen oder sich strikten Regeln unterwerfen. Oder sie bilden sich ein, dass die sexuellen Versuchungen nachlassen, wenn sie nur genügend Gemeindeglieder gewinnen, wenn die Finanzen stimmen, wenn sie genügend Bekehrungsaufrufe machen oder genügend Seelsorgetermine haben.

Sexsüchtige Menschen in geistlichen Führungspositionen versuchen ihre Krankheit auf verschiedene Weise zu kontrollieren.

Dieses Denken ist Ausdruck eines Kreislaufs von Schuldgefühlen. Der Leiter versucht sexuelle Fehltritte durch gute Taten zu büßen.

Unterlaufen mehr sexuelle Sünden, dann müssen entsprechend mehr gute Taten folgen. Ein verhängnisvoller Kreislauf, der oft zum Burnout führt. Bei einer Umfrage sagten zwanzig von fünfundzwanzig sexsüchtigen Pastoren, dass sie obendrein Workaholics seien.

Schuldzuweisungen

Unerbittlichkeit und Leugnen führen zu Schuldzuweisungen. Viele sexsüchtige Leiter befolgen eine weitere Regel, die sie in ihrer Kindheit zu Hause verinnerlicht haben: „Wir lehnen jede persönliche Verantwortung ab; wir schieben anderen die Schuld zu." Leiterinnen und Leiter mit dieser inneren Haltung können mit dem Finger auf andere zeigen und ihr Verhalten dann auch noch theologisch rechtfertigen. Sie argumentieren z. B.: „Warum soll es meine Schuld sein, dass ich einen sexuellen Fehltritt begangen habe? Die Welt da draußen ist voll von sexueller Verführung."

Der sexsüchtige Pastor, der ein Gemeindeglied ausgebeutet hat, redet sich vielleicht mit dem heraus, was ich als „Verteidigung der Frau des Potifar" bezeichne: Demnach hat prinzipiell der andere Schuld – er war so aggressiv und fordernd. Nicht selten nehmen sexsüchtige Geistliche (vielleicht unbewusst) andere aufs Korn, die bedürftig, aggressiv oder fordernd sind. Oder sie halten sich an Leute, die gelernt haben, dass sie durch sexuelle Offenherzigkeit Aufmerksamkeit bekommen. Das kann an ihren eigenen Erfahrungen mit erlittenem sexuellem Missbrauch liegen. Wenn ihr Verhalten öffentlich bekannt wird, dann präsentieren sie flugs die „wirklich Schuldigen".

Reaktionsformation

Unerbittlichkeit, Schuldzuweisungen und Leugnen wirken zusammen in einer sogenannten „Reaktionsformation“. Merkmal dieses Verhaltens ist, dass man Auffälligkeiten an anderen Menschen ins Visier nimmt, die einem selbst zu schaffen machen. Ein sexsüchtiger Geistlicher wird auffällig auf die sexuellen Verfehlungen „da draußen“ bei anderen und in der Welt reagieren. Er sieht die Notwendigkeit, die sexuelle Verführbarkeit anderer anzuprangern, um sich selbst zu kontrollieren. Der ehemalige Fernsehevangelist Jimmy Swaggart wetterte gegen „Huren, Zuhälter und Pornografen“ und ließ sich gleichzeitig selbst mit Prostituierten ein. Ein klassisches Beispiel von Reaktionsformation. Swaggarts selbstgefällige Art zu predigen und sein Bemühen, die sexuellen Sünden anderer Pastoren aufzudecken, veranlassten einen seiner Kollegen dazu, einen Privatdetektiv auf Swaggart selbst anzusetzen. Er wurde prompt erwischt.

Erosion der Wertvorstellungen

An Sexsüchtigen kann man mit dem Fortschreiten ihrer Krankheit eine zunehmende Erosion ihrer Wertvorstellungen beobachten. Das ist besonders bedrückend bei Pastoren, Priestern, geistlich Verantwortlichen, denn von ihnen erwartet man nun einmal, dass sie sich moralisch klar verhalten. Viele Menschen wundern sich, wenn sie von sexuellen Verfehlungen erfahren: „Wie konnte er/sie nur so etwas tun; wusste er/sie es nicht besser?“ Sexsüchtige Geistliche wissen es natürlich besser. Sie sind sich der moralischen Pflichten, des Gebots der Liebe und Verantwortung für sich und andere, der Gebote und Verbote und Gesetze allgemein bewusst. Aber ihre Sucht ist so unkontrollierbar, dass sie trotzdem dagegen verstoßen. Sie reden sich auch gerne ein, dass es nicht tragisch ist, wenn man gelegentlich mal eines der Gebote bricht. Sie argumentieren vielleicht, dass sie ihrer

Familie oder ihrer Gemeinde nicht schaden, wenn sie masturbieren oder sich mit Pornografie beschäftigen. Selbst wenn ihnen der Missbrauch oder die sexuelle Ausbeutung von Gemeindegliedern nachgewiesen wird, versuchen sie sich noch wortreich zu rechtfertigen – etwa damit, dass ihr Sexualverhalten Ausdruck fürsorglichen pastoralen Handelns sei.

Sex gleich Liebe

Einer der vier Glaubenssätze von Sexsüchtigen lautet: Sex ist gleich Liebe. Die einzige körperliche Zuwendung, die manche Sexsüchtige als Kinder erfahren haben, war sexueller Natur. Nachdem sie wenig oder nie gesunde körperliche Nähe irgendeiner Art erlebt haben, suchen sie verzweifelt nach Zuwendung und fangen an, Liebe mit Sex gleichzusetzen.

Sexsüchtige Geistliche geben sich gern der Überlegung hin, dass sie ja ein fürsorgliches Amt haben, und deshalb ist alles, was sie tun – einschließlich ihres Sexualverhaltens – Ausdruck von Fürsorge. Viele Pfarrer und Pastoren, die sich sexuell an Schutzbefohlenen und Gemeindegliedern vergangen haben, haben mir gesagt, dass ihre Opfer Liebe, Verständnis und Fürsorge gebraucht hätten. Es schien so natürlich, dass man ihnen Zuwendung schenkte, aber diese Zuwendung nahm oft sexuellen Charakter an.

Einer der vier Glaubenssätze von Sexsüchtigen lautet: Sex ist gleich Liebe.

Nehmen wir an, eine Frau kommt zu einem sexsüchtigen Pastor in die Seelsorge und klagt über ihre schlechte Ehe. Sie erzählt Einzelheiten aus ihrem einsamen Dasein, und der Pastor empfindet wirklich mit ihr mit. Er denkt: „Ich werde der erste verständnisvolle Mann in ihrem Leben sein. Ich werde ihr zeigen, wie guter Sex mit einem liebevollen Mann sein kann.“ Manche Geistliche glauben allen Ernstes, dass Sex gleich Liebe und Ausdruck von Fürsorge ist.

Der Mythos vom perfekten Menschen

Viele Sexsüchtige träumen, dass es einen perfekten Menschen gibt, der ihnen die ersehnte Zuwendung geben kann, und dieser Irrglaube kann die selbstsüchtige Form sexueller Ausbeutung annehmen. In vielen Fällen ist Sexsucht das Ergebnis der Suche nach dem perfekten Partner. Die Süchtigen sind früh in ihrem Leben von einem oder mehreren für sie wichtigen Menschen vernachlässigt worden, und nun suchen sie die perfekte Person, die ihre Einsamkeit beendet.[24] Wenn sie verheiratet sind, dann haben sie sich vermutlich von der Vorstellung verabschiedet, dass ihr Ehepartner diese Person ist, und Wut und Frustration haben sich eingenistet.

Eine typische Gemeinde ist voll von Leuten auf der Suche nach dem perfekten Menschen. Und manche sehen in dem weisen, stets um andere bemühten Pastor eine solche Rettergestalt. Wenn sie sich nach der Erfüllung von Bedürfnissen sehnen, die ihre Eltern ungestillt gelassen haben, dann können sie elterliche Eigenschaften auf den Pastor projizieren in der Hoffnung, dass der Pastor ein besserer Vater für sie sein wird.

Wo sexsüchtige Geistliche und emotional bedürftige Gemeindeglieder zusammentreffen, entsteht eine explosive Situation. Die Gemeindeglieder werden alles für die Geistlichen tun, selbst moralische Grenzen übertreten. Sie stellen sich dabei gern vor, dass sie diejenigen sind, die sich um die Pastoren kümmern, und zwar auf eine Weise, wie es andere – die Ehegatten der Pastoren eingeschlossen – nicht tun. Sie entwickeln vielleicht auch ein gewisses Machtgefühl daraus, dass sie sich mit diesen „Heiligen" einlassen. Aber letztlich liegt die Verantwortung, wenn es zu sexuellen Aktivitäten mit Gemeindegliedern kommt, natürlich stets beim Pastor.

Zorn

Süchtige empfinden viel Zorn, manchmal unbewusst und manchmal bewusst. Gewöhnlich haben sie nicht die Mittel, um Zorn auf gesunde Art auszudrücken. Er wird deshalb unterdrückt und kann sich in eine tiefe und lang anhaltende Depression verwandeln, oder er findet seinen Ausdruck auf indirekte oder passive Weise.

Sexsüchtige Geistliche können sich ausgebeutet und überfordert fühlen oder den Eindruck haben, dass ihre Gemeinde sie ausnutzt. Einer der Glaubenssätze eines Sexsüchtigen lautet: „Niemand außer mir selbst kümmert sich um mich.“ Diese Überzeugung verstärkt noch die Neigung des sexsüchtigen Verantwortlichen, auf sexuelle Avancen von Menschen einzugehen.

Süchtige empfinden viel Zorn, manchmal unbewusst und manchmal bewusst.

Sexsüchtige Pastoren können auch Geschlechterhass entwickeln. Wenn ein Pastor auf alle Frauen zornig ist, dann hat das vielleicht darin seinen Grund, dass ihn alle Frauen an die Mutter erinnern, die ihn missbraucht hat. Welche Frau auch immer ihm in die Quere kommt, sie wird seinen Zorn zu spüren bekommen.

Viele glauben irrtümlich, dass Menschen, die andere sexuell missbrauchen oder ausbeuten, auf ihre Opfer zornig sind. Sicherlich kann Zorn, der so früh geschürt wurde, mit ein Anlass für missbräuchliches oder ausbeuterisches Verhalten sein. Aber wenn wir Betroffenen helfen wollen, die solche Sünden begangen haben, dann müssen wir uns klarmachen, dass ihr Zorn auf Männer oder Frauen oft Symptom eines viel tieferen, nie kurierten Zorns ist. Zorn auf Menschen, von denen sie verletzt worden sind.

Anspruchsdenken

Oft fühlen sich sexsüchtige Männer oder Frauen berechtigt, ihrem Zorn in jeder erdenklichen Weise freien Lauf zu lassen, weil sie glauben, dass sie ein Anrecht auf die Erfüllung ihrer Bedürfnisse haben. Derartiges Anspruchsdenken ist im Fall von Sexsüchtigen in geistlichen Ämtern besonders gefährlich. Ihr Dienst geht oft mit Einsamkeit einher und verlangt ihnen gleichzeitig viel ab. Wenn sie versuchen, all diesen Anforderungen gerecht zu werden, dann kommen sie leicht auf den Gedanken, dass sie die eine oder andere Belohnung verdient haben. Sie sind einsam und verstehen es nicht, ihre Bedürfnisse nach menschlicher Nähe auf andere Art zu stillen als durch ihr suchthaftes Sexualverhalten. Vielleicht erlaubt ihnen ihr Zorn, bestimmte Grenzen zu überschreiten. Oder vielleicht ist es ihre Depression, ihre Einsamkeit oder ihre verzweifelte Sehnsucht nach Zuwendung.

Die Frau eines Evangelisten erzählte mir von den zahlreichen sexuellen Eskapaden ihres Mannes mit Frauen, die nach den Veranstaltungen zu ihm in die Seelsorge kamen. „Ich habe einen guten Job gemacht. Ich habe viele Seelen für Jesus gewonnen, und nun muss ich mir auch was gönnen“, dachte er. „Diese Frauen sind so dankbar und willig. Ich bin ein liebevoller Mensch. Ich füge ihnen damit kein Leid zu, und es steht mir zu.“

Kugelfest und unverwundbar: Selbsttäuschung

Sexsüchtige Geistliche scheinen oft magischem Denken zu erliegen. „Wenn ich gut bin, wird mir Gutes widerfahren. Wenn ich schlecht bin, passiert mir Schlechtes.“ Sexsüchtige Pfarrer und Pastoren, die etwas „Schlechtes“ getan haben, versuchen ihre Sünden mit mehr „guten“ Dingen wettzumachen. Sie sind ständig darum bemüht, dass sich die Waagschale zum Guten hin neigt, damit Gott sie nicht straft.

Sexsüchtige Geistliche geben sich auch der Vorstellung hin, dass ihre Ordination sie heraushebt und ihnen göttlichen Schutz verleiht. Diese Selbsttäuschung kann sie dazu veranlassen, große Risiken einzugehen, die sie selbst oder andere in Gefahr bringen. Das Risiko geht mit Aufregung einher, und dieser Nervenkitzel hat selbst Suchtpotenzial.

In Fällen von sexuellem Missbrauch oder sexueller Ausbeutung bilden sich sexsüchtige Geistliche gern ein, dass man sie nicht erwischen wird, dass sie unter besonderem Schutz stehen, und dass ihr Verhalten schon in Ordnung geht, weil sie ja ordiniert sind. Diese Selbsttäuschung ist sehr gefährlich. Sie erlaubt Sexsüchtigen in einer geistlichen Position zu glauben, dass ihr Verhalten den Opfern tatsächlich keinen Schaden zufügt. Sie reden sich vielleicht sogar ein: „Wenn ich mich ihnen verweigere, dann fühlen sie sich vernachlässigt."

Paradoxerweise wünschen sich Sexsüchtige gleichzeitig, dass man ihnen auf die Schliche kommt. Ihre Krankheit ist unkontrollierbar, und sie wissen, dass sie von alleine nicht aufhören können. Unbewusst können sie nachlässig werden und Dinge tun, die ihr Geheimnis offenbar machen. Wenn sie dann ertappt werden, dann schämen und fürchten sie sich, aber zugleich empfinden sie Erleichterung.

Warnsignale

Im Folgenden seien zwölf Warnsignale genannt, die eine Gemeinde oder Gemeindeleitung alarmieren und zu deutlichen Anfragen an ihre geistlich Verantwortlichen veranlassen sollten.

Der Pastor, Priester, Leiter …

1. zeigt Anzeichen von Depression. Normalerweise ist der Pastor positiv oder zuversichtlich gestimmt, aber nun wirkt er bedrückt oder schwermütig.

2. hat auffällige Stimmungsschwankungen. Die Laune des Pastors zeigt heftige Ausschläge zur einen wie zur anderen Seite. Manchmal arbeitet er wie besessen, zu anderen Zeiten bleibt Arbeit liegen.
3. verbringt viel Zeit allein. Er/Sie scheint ständig allein zu sein und mag es nicht, wenn man ihn/sie darauf anspricht.
4. bietet Seelsorge zu ungewöhnlichen Zeiten bzw. an ungewöhnlichen Orten an. Der Pastor führt seelsorgliche Gespräche spätabends, hinter verschlossenen Türen, er führt Beratungssuchende in Restaurants aus oder sucht ein einzelnes Gemeindeglied auffallend häufig zu Hause auf.
5. führt eine problematische Ehe. Der Ehepartner wirkt bedrückt oder zornig. Gerüchte über die unglückliche Ehe machen die Runde.
6. macht anzügliche Witze und Anspielungen. Das kann eine Spielart von Exhibitionismus sein oder auch, abhängig von der Reaktion der Zuhörer, eine Methode, um Sexualpartner zu rekrutieren.
7. berührt Menschen auffällig oft/ausdauernd. Manche Gemeindeglieder sind befremdet von den zahlreichen Berührungen oder Umarmungen.
8. scheint einsam zu sein. Der Pastor erwähnt es vielleicht oberflächlich, bittet aber nicht wirklich um Hilfe, klagt nur über Bedürfnisse, die nie erfüllt werden.
9. predigt über persönliche Dinge. Nach dem Gottesdienst bedauern viele den armen Pastor, aber keiner weiß, wie man ihm helfen kann, weil er keine direkte Bitte geäußert hat.
10. benutzt Pornografie. Der Pastor frequentiert Orte mit pornografischen Angeboten oder surft auf pornografischen Internetseiten.
11. steht im Mittelpunkt von Gerüchten. Diese und jene Andeutungen über sein/ihr Sexualverhalten kursieren.
12. knüpft „besondere“ Beziehungen mit bestimmten Arten von Menschen. Im schlimmsten Fall handelt es sich dabei um Kinder oder Heranwachsende.

Die Aufzählung ist unvollständig, und viele dieser Warnsignale können auch Ausdruck ganz anders gelagerter persönlicher Probleme sein, sind nicht zwingend Anzeichen von Sexsucht. Und doch wäre es geboten, angesichts solcher Warnsignale den Pastor, Leiter, Verantwortlichen zu fragen, was los ist.

Als Nathan König David wegen seines Ehebruchs zur Rede stellte, war David öffentlich gedemütigt. Aber er hat seine Sünde eingestanden, hat um Vergebung gebeten und die Konsequenzen akzeptiert. Davids Eingeständnis seiner Verfehlung war zugleich ein Zeichen dafür, dass Hoffnung auf Heilung bestand. Ich glaube, dass Nathan David nicht mit seinem Verhalten konfrontiert hat, um ihn zu verurteilen, sondern um ihm zu ermöglichen, sein Verhältnis zu Gott in Ordnung zu bringen (2. Samuel 12,7).

Verlieren Sie nicht den Mut! Auch angesichts Ihrer schlimmsten Verfehlungen gilt das Angebot der Gnade. Sie können damit aufhören, sich selbst und andern wehzutun – Sie müssen nur Hilfe in Anspruch nehmen.

Tausende sexsüchtige geistliche Männer und Frauen sind allein, entmutigt und verzagt. Wem können sie ihre Probleme beichten, mit wem über ihre Wunden sprechen? Wenn wir die Angeschlagenen nicht vollends zu Fall bringen, sondern ihnen helfen wollen, Heilung zu erleben, dann müssen wir ihre Probleme begreifen. Und um sie wieder aufzurichten, müssen wir dem Beispiel des Propheten Nathan folgen.

Sexsüchtige Männer und Frauen können genesen – auch Verantwortliche im geistlichen Amt oder entsprechenden Werken und Organisationen. Sie wissen freilich selbst am besten, dass ihre Krankheit lebenslang anhält. Sofern sie Gemeindeglieder oder andere ihnen anbefohlene Menschen missbraucht oder ausgebeutet haben, sollte man ihnen keine Gemeinde und keine entsprechende Verantwortung mehr anvertrauen, nicht allein, um die Opfer zu schützen, sondern auch, um die Süchtigen davor zu bewahren, in altes Suchtverhalten zurückzufallen.

Ich kenne viele sexsüchtige Pastoren, die Heilung gefunden haben. Reumütig, wie sie angesichts des Schadens sind, den sie sich selbst und anderen zugefügt haben, sind sie in mancher Hinsicht nach ihrer Phase der Genesung gesünder als einige ihrer Standeskollegen. Sie haben aus ihrem Schmerz gelernt und sind stärker und weiser. Sie haben sich von heillosen Verletzern zu verletzten Heilern gewandelt.

Ein Wort an die Adresse von Geistlichen und geistlich Verantwortlichen, die sich in einigen beschriebenen Verhaltensweisen wiedererkannt haben: Verlieren Sie nicht den Mut! Auch angesichts Ihrer schlimmsten Verfehlungen gilt das Angebot der Gnade. Sie können damit aufhören, sich selbst und andern wehzutun – Sie müssen nur Hilfe in Anspruch nehmen. Die Kraft, um diese Hilfe zu bitten – die wünsche ich Ihnen.

13. Wie Gemeinden heil werden

Ich kenne einen Pastor, dessen Vorgänger des sexuellen Missbrauchs einiger seiner Konfirmanden angeklagt worden war. Der neue Pastor schilderte mir, wie viel Kummer die Gemeinde aufgrund dieses Missbrauchs durchmachen musste. Eines der Opfer hatte gar gedroht, die Kirche in die Luft zu sprengen.

Im US-Bundesstaat Wisconsin wurde ein Mann verhaftet, der in seiner Kindheit von einem Priester missbraucht worden war, weil er gedroht hatte, den Priester zu töten. Jetzt sitzt der Mann, nicht etwa der Priester, im Gefängnis.

In Minneapolis hat ein Anwalt erfolgreich Pastoren und Kirchengemeinden auf Millionen Dollar Schmerzensgeld wegen sexuellen Missbrauchs und Ausbeutung von Minderjährigen und Erwachsenen verklagt.

In einem anderen US-Bundesstaat wurde bekannt, dass ein Gemeinderatsmitglied sexuelle Beziehungen zu fünfzehn verheirateten Frauen innerhalb der Mitarbeiterschaft unterhalten hat. Die Ehemänner sind erbost. Die ganze Gemeinde steht unter Schock. Gemeindeglieder misstrauen sich gegenseitig. Einige haben schon gedroht, auszutreten und eine neue Gemeinde zu gründen.

Die sexuellen Affären populärer Fernsehevangelisten haben enorme öffentliche Aufmerksamkeit gefunden.

Das sind nur einige Beispiele für das Leid und die bitteren Folgen, die sexuelles Fehlverhalten von Pastoren, Priestern oder leitenden Mitarbeitern in christlichen Werken und Gemeinden verursachen. Die Auswirkungen von Sexsucht auf Gemeinden und was wir angesichts solcher Situationen tun können – darum geht es in diesem Kapitel.

Problematische Gemeinden

Am Anfang steht die Einsicht, dass viele Gemeinden selbst ungesunde Mechanismen aufweisen. Problematische Gemeinden berufen oder verpflichten auffallend oft einen Pastor, Priester oder Gemeindeleiter, der selbst ungesunde Verhaltensweisen zeigt. Es ist wichtig, die inneren Mechanismen einer problematischen Gemeinde zu verstehen, damit wir wissen, wo der Heilungsprozess ansetzen muss.

Es ist wichtig, die inneren Mechanismen einer problematischen Gemeinde zu verstehen, damit wir wissen, wo der Heilungsprozess ansetzen muss.

Ich sprach kürzlich mit einer Pastorin, die eine Konferenz über sexuelles Fehlverhalten von Geistlichen leitete. Ich fragte sie, ob es auf der Konferenz Workshops über Hilfsangebote für betroffene Pastoren und betroffene Verantwortliche gäbe. Die Frage überraschte sie, und sie sagte, dass allein der Gedanke, sich auf der Konferenz direkt mit den Tätern auseinandersetzen zu müssen, schon ihren Blutdruck in die Höhe trieb. Etwas später im Gespräch sagte sie: „Ich vermute, wir haben nie auch nur daran gedacht, solchen Männern und Frauen wieder auf die Beine zu helfen."

In der Kirche herrscht eine unglaubliche Wut über sexuelle Sünden. Diese Wut resultiert in einer verurteilenden Haltung, in Anklagen und einer gehörigen Portion Selbstgerechtigkeit. All das zeigt, dass die Kirche auf vielen Ebenen dieselben Charakteristika von Störungen aufweisen kann wie Familien. Das darf uns eigentlich nicht überraschen. Menschen aus Familien gehen in die Kirche und finden dort eine neue Familie vor – die Gemeinde. Und das kann heißen, wie in Kapitel 5 beschrieben, dass Gemeinden problematische Grenzen aufweisen, problematischen Regeln folgen, ihren Mitgliedern problematische Rollen zuweisen und Beispiele verschiedenster Abhängigkeiten aufweisen können.

Drei der ungesunden Regeln waren: Wir sagen nichts, wir fühlen nichts, und wir geben anderen die Schuld an unseren Problemen. In einer dysfunktionalen Gemeinde kommen Menschen nicht zusammen, um innige Gemeinschaft zu pflegen, sondern weil sie Ängste im Hinblick auf Gott und sich selbst empfinden. Sie haben Gefühle, aber da sie über ihre Probleme nicht reden und weil jeder gemocht werden will, schieben sie anderen die Schuld für ihre Probleme zu. Schweigen und Schuldzuweisungen haben das Potenzial, andere geistlich und emotional zu beschädigen.

Ich kenne zum Beispiel Gemeinden, in denen Pastoren mit bis zu sechzig Personen sexuelle Beziehungen unterschiedlicher Art unterhielten. Einer dieser Pastoren behielt seinen Posten über fünfundzwanzig Jahre! Die Opfer sagten nichts; andere, die Bescheid wussten, sagten nichts, und der Pastor sagte natürlich auch nichts. Versuchen Sie sich den individuellen und kollektiven Schmerz vorzustellen, den die Menschen in dieser Gemeinde fünfundzwanzig Jahre lang ertragen mussten. Und doch betrachteten viele Mitglieder diesen Pastor als öffentliches Vorbild und die Gemeinde als ideale Gemeinde.

Wenn die Gemeinde sexsüchtigen Männern und Frauen helfen will, dann muss sie den Austausch von Gedanken und Gefühlen zulassen.

Dysfunktionale Gemeinden sind keine Orte der Heilung. Wenn die Gemeinde sexsüchtigen Männern und Frauen helfen will, dann muss sie den Austausch von Gedanken und Gefühlen zulassen. Ich habe oft gesagt, dass Schweigen der größte Feind sexueller Gesundheit ist.

In der Vergangenheit ist die Kirche zumeist der „Nicht reden"-Regel gefolgt, in der Überzeugung, dass das ein Gebot der Fürsorge sei. Die Situation öffentlich zu machen hätte bedeutet, den Ruf des Betroffenen zu ruinieren, und das wollte sie nicht. In vielen Fällen fühlten sich die Opfer ignoriert. Die Kirche hat sie oft noch zusätzlich verletzt, indem sie ihre Probleme und ihr fortgesetztes Leiden nicht ernst genommen hat. In jüngerer Zeit haben sich viele Opfer an die Justiz gewandt, um deutlich zu machen, wie schwer sie verletzt worden sind. Viele Opfer, die ich kenne, sind nicht an gerichtlich erstrittenem Schmerzensgeld interessiert; sie wollen Gerechtigkeit. Gerechtigkeit bedeutet, dass man sie anhört und dass die Kirche Verantwortung dafür übernimmt, dass sie es nicht vermocht hat, sie zu schützen. Ich weiß von einem Opfer, das ein Vier-Augen-Gespräch mit dem Bischof der Region hatte. Der Bischof war nicht derjenige, der den sexuellen Übergriff begangen hatte, aber er bat das Opfer im Namen der Kirche aufrichtig um Verzeihung. Das hatte eine wunderbar heilende Wirkung.

Abgesehen von den strafrechtlichen Aspekten des Missbrauchs muss sich die Kirche offen mit dem Thema sexueller Missbrauch innerhalb der Kirche auseinandersetzen. Wir können uns nicht länger hinter der „Nicht reden"-Regel verschanzen. Wir müssen etwas gegen das Problem unternehmen.

Wenn wir die Verletzungen der Gemeinde heilen wollen, müssen wir zwei Gruppen Heilung bringen – den Opfern erster Ordnung und den Opfern zweiter Ordnung. Opfer erster Ordnung sind Menschen, die direkt in sexuellem Kontakt mit Geistlichen oder verantwortlichen Mitarbeitern standen. Opfer zweiter Ordnung sind die Menschen, deren Vertrauen in den Geistlichen oder verantwortlichen Mitarbeiter enttäuscht worden ist.

Fürsorge für Opfer erster Ordnung

Opfer erster Ordnung sind sexuell belästigt oder unanständig angefasst worden, waren Objekte oder Adressaten anzüglicher Späße und Zweideutigkeiten oder hatten eine sexuelle Beziehung zu einem Pastor oder Verantwortlichen der Gemeinde. Aufgrund des sexuellen Fehlverhaltens sind diese Opfer verletzt und brauchen Hilfe. Die Gemeinde kann hier auf unterschiedliche Weise tätig werden.

(Rechts-)Beistand leisten

Opfer müssen sich nicht bewusst ein, dass sie Opfer sind. Wie die Opfer von Inzest oder anderen Formen von Missbrauch nehmen sie oft an, dass sie selbst verantwortlich sind, und meinen, sie seien schuld an den sexuellen Handlungen. Vielleicht tun sie den Vorfall auch als nicht so gravierend ab. Sie mögen ihre Gründe haben, warum sie nicht wollen, dass andere, Familienangehörige eingeschlossen, etwas davon erfahren sollen. In extrem schmerzlichen und widerwärtigen Fällen von Missbrauch können sie sich vielleicht noch nicht einmal erinnern, was vorgefallen ist.

Wenn ein Opfer seinen Schmerz wahrzunehmen beginnt, braucht es einen Begleiter, der ihm auf dem Weg zur Heilung beisteht. Es ist Aufgabe des Beistandes, zu gewährleisten, dass das Opfer Gehör und Glauben findet und seelsorglich oder therapeutisch begleitet wird. Der Beistand begleitet das Opfer bei Begegnungen mit dem Leitungsgremium und hilft ihm bei der Darstellung der Tatsachen. Der Beistand nimmt die Antwort der Gemeinde zur Kenntnis und vergewissert sich, dass das Opfer die Antwort versteht. Der Beistand kann dem Opfer auch helfen, die Notwendigkeit therapeutischer Begleitung deutlich zu machen und finanzielle Unterstützung dafür zu bekommen bzw. für alles Nötige Organisatorische (mit-) zu sorgen.

Als Beistand kann ein Seelsorger, Anwalt oder eine andere sachkundige Person dienen. Einige Kirchen haben eigens Menschen für diese Aufgabe abgestellt.

Opfer müssen erfahren, dass ihre Berichte und Darstellungen akzeptiert werden und dass ihnen geholfen wird.

Ein Beistand ist womöglich der Erste, dem ein Opfer Einzelheiten über den erlittenen Missbrauch offenbart. Zwar sind Fälle bekannt, in denen Opfer nicht die Wahrheit gesagt haben, aber allen Untersuchungen zufolge sind das seltene Ausnahmen. Man muss bedenken, dass die Auskünfte die Wahrnehmung des Opfers widerspiegeln. Selbst wenn diese Wahrnehmung nicht völlig akkurat sein sollte, ist sie doch für das Opfer sehr wohl real. Opfer müssen erfahren, dass ihre Berichte und Darstellungen akzeptiert werden und dass ihnen geholfen wird.

Eine Kirche oder Denomination muss allen Berichten über sexuelles Fehlverhalten nachgehen. Während das geschieht, müssen die Opfer und ihre Beistände auf dem Laufenden gehalten werden. Die Kommunikation muss wahrhaftig sein und prompt erfolgen. Viele Opfer berichten, dass ihre Anrufe nicht beantwortet werden oder dass man sie ignoriert. Es wird nicht immer die Aufgabe aller Kirchenvertreter sein, Opfer anzuhören, aber offiziell Verantwortliche können und sollen die Opfer wissen lassen, dass sie begreifen, wie schmerzlich die Erfahrung für sie war.

Wenn Opfer erleben, dass man ihnen glaubt, dann fühlen sie sich sicher. Ihr Kummer ist wahrgenommen und ernst genommen worden. Indem die Kirche den Opfern Glauben schenkt, zeigt sie, dass sie die Situation ernst nimmt, dass sie bereit ist, etwas zu unternehmen, und dass sie entschlossen ist, zu verhindern, dass sich der Missbrauch wiederholt.

Für manche Opfer ist es eine neue Erfahrung, dass man ihnen glaubt. In ihren Familien haben sie das nicht erlebt, und überhaupt schenkt man den Opfern noch nicht lange Gehör. Beistände und andere müssen beständig dafür Sorge tragen, dass man den Opfern glaubt. Letztlich führt die Erfahrung, dass man Glauben gefunden hat, zu einem Gefühl des Friedens und vielleicht sogar zu dem Empfinden, dass einem Gerechtigkeit widerfährt.

Gemeinschaft anbieten

Bei allen Hilfsbemühungen ist es wichtig, dass die Kirche Opfern von Anfang an Gemeinschaft anbietet. Wenn die Einzelheiten der Situation am Ort bekannt sind, dann können sich Opfer extrem unwohl fühlen, wenn sie ihre Gemeinde – oder irgendeine Gemeinde –

besuchen. Die Kirche muss sich der Opfer bewusst bleiben und sie glaubhaft wissen lassen, dass sie jederzeit und auf welcher Ebene auch immer wieder in der Gemeinde willkommen sind, oder dass die Kirche ihnen nötigenfalls helfen wird, eine andere Gemeinde zu finden, in der sie sich eher wohlfühlen.

Therapie und Seelsorge anbieten

Das ist vielleicht die wichtigste aller anfänglichen Überlegungen: Opfer müssen seelsorglich-therapeutische Hilfe bekommen. Das kann eine individuelle Therapie, eine Gesprächsgruppe oder beides sein. Mancherorts gibt es Selbsthilfegruppen für Opfer von pastoralem sexuellem Missbrauch. Viele Seelsorgeorganisationen haben Lebensberater, die auf diese Art von Problemen spezialisiert sind.

Aufgrund des Wesens des Missbrauchs verbietet es sich, dass der Therapeut ein Geistlicher ist, denn das Opfer könnte mit seinem Amt zu viel Negatives assoziieren. Außerdem ist es ratsam, dass der Therapeut dasselbe Geschlecht wie das Opfer hat.

Die Kirche sollte die Übernahme der Kosten einer solchen Therapie anbieten, auch wenn das Opfer versichert ist oder finanziell in der Lage wäre, die Kosten selbst zu tragen. So signalisiert die Kirche dem Opfer, dass sie die Verantwortung für den erlittenen Schmerz übernimmt.

In der seelsorglich-therapeutischen Aufarbeitung der Vorfälle darf der Therapeut sich nicht nur auf den offensichtlichen Missbrauch konzentrieren, sondern muss sich auch mit etwaigen früheren Missbrauchserfahrungen in der Familie oder in der Gemeinde befassen. Seelsorge, die nur die aktuelle Situation beleuchtet, hält das Opfer in einem frühen Stadium des Heilungsprozesses gefangen.

An einem bestimmten Punkt der seelsorglich-therapeutischen Begleitung müssen Opfer die Opferrolle hinter sich lassen und zu „Überlebenden“ werden. Überlebende sind die, deren Leben nicht länger vom Schmerz des erlittenen Missbrauchs diktiert wird oder um diesen Schmerz kreist. Um dahin zu gelangen, gilt es, mehrere Stadien zu durchlaufen.

Opfer müssen in der Vergangenheit und in der Gegenwart erlittenen Missbrauch erkennen und diese Tatsache akzeptieren. Das Wissen sickert oft nur langsam ein. Erinnerungen, zumal extrem schmerzliche, sind manchmal dem Bewusstsein nicht ohne Weiteres zugänglich. In der Therapie brauchen Opfer oft Monate, wenn nicht Jahre, bis ihnen alles bewusst wird, was passiert ist. Akzeptanz heißt, dass die erinnerten Ereignisse tatsächlich Missbrauch waren. Akzeptanz kann erfordern, dass das Opfer dem Täter gegenübertritt. Wenn der Täter nicht greifbar oder nicht mehr am Leben ist, kann es auch genügen, dass man andere, auch Leute in der Gemeinde, von dem erlittenen Missbrauch in Kenntnis setzt.

Zorn über den erlittenen Missbrauch muss konstruktiv ausgedrückt werden. Viele Opfer verharren in ihrem Zorn, in dem Glauben, dass sie nicht noch einmal verletzt werden, solange sie zornig sind. Aber wenn sie zornig bleiben, bleiben sie in der Opferrolle gefangen.

Überlebende wissen, dass sie selbst die Gewalt über ihr Leben haben. Sie sind fähig, Grenzen zu setzen, Nein zu sagen und für sich selbst zu sorgen. Überlebende sind fähig, wieder ein normales Leben zu führen und sich, wenn nötig, mit anderen Themen zu beschäftigen. Ihre völlige Genesung kann Jahre dauern, aber ihr innerer Friede und ihre Ausgeglichenheit wachsen täglich.

Versöhnung anstreben

Die Opfer von pastoralem sexuellem Missbrauch brauchen oft einige Zeit außerhalb der Kirche. Christen müssen sich klarmachen, dass solche Zeiten nicht Ausdruck geistlichen Versagens sind, sondern Zeiten der Heilung für die Opfer.

Wenn Opfer erleben, dass die Kirche Geduld und Verständnis hat, dann werden sie zurückkehren und sich wieder anschließen. Wenn sie selbst Fehler begangen haben, werden sie ihren Anteil an der Affäre vielleicht bekennen wollen und die Vergebung der Gemeinde erbitten. Gelegentlich kommt es auch vor, dass ein Opfer dem Täter gegenübertreten und ihm Vergebung anbieten will. Jede Konfrontation zwischen Opfer und Täter sollte in Gegenwart eines Seelsorgers geschehen. Ich hatte einmal das Privileg, Zeuge einer solchen Konfrontation zu sein. Es war eine der beeindruckendsten und heilsamsten Begegnungen, die ich je erlebt habe.

Aufklären und vorbeugen

Die ganze Kirche braucht Information und Instruktion über Missbrauch, angefangen bei den Kleinsten in Kindergottesdienst und Sonntagsschule.

Die Aufklärung kann in ähnlicher Weise erfolgen, wie Kinder in der Schule über Missbrauch informiert werden. Ich träume von dem Tag, an dem sowohl Geistliche, die Missbrauch betrieben haben, als auch Überlebende, die Missbrauch erlitten haben, über ihre Geschichte in Gemeinden berichten. Das könnte überaus lehrreich sein und Menschen auf gefährliche Konstellationen aufmerksam machen, die es zu entschärfen oder zu vermeiden gilt. Es würde vielen auch helfen, sich selbst gesunde Grenzen zu setzen. Jede Unterweisung dieser Art sollte viele Hinweise enthalten, wo es welche Hilfe gibt.

Fürsorge für Opfer zweiter Ordnung

Opfer zweiter Ordnung sind Mitglieder einer betroffenen Gemeinde, die Vertrauen in den Pastor oder in den Leiter gesetzt und geistliche Erwartungen auf diese Personen gerichtet haben. Opfer zweiter Ordnung können auch Mitglieder der örtlichen Kommune sein, die den Pastor oder leitende Mitarbeiter kannten. Die Festigkeit ihres Glaubens kann mit dem Zeugnis und Vorbild des bewussten Pastors zu tun haben. Wenn dieses Zeugnis kompromittiert wird durch unanständiges, verwerfliches Sexualverhalten welcher Art auch immer, dann kann das Vertrauen der Betroffenen in Menschen, aber auch in Gott massiv beschädigt werden.

Wenn Pastoren oder andere leitende Mitarbeiter sich sexuell vergehen, dann sind manche schnell bei der Hand mit dem Rat: „Wir sollen unser Vertrauen ohnehin auf Gott und nicht auf Menschen setzen." Oder sie sagen: „Was jetzt geboten ist, das ist Vergeben und Vergessen." Aber wenn wir Heilung für die durch sexuelles Fehlverhalten geschlagenen Wunden anbieten wollen, dann müssen wir mit dieser Tradition brechen. Vor allem müssen wir ehrlich miteinander umgehen. Die Strategie zur Heilung der durch Sexsucht verursachten Verletzungen von Millionen Opfern zweiter Ordnung in Tausenden von Gemeinden umfasst den Bruch des Schweigens, Trauerarbeit, Versöhnung und Vorbeugung.

Das Schweigen brechen: „Wir reden – wir leugnen und verharmlosen nicht"

Ich traf mich mit einer Gruppe von Leuten aus einer Gemeinde, die extrem aufgebracht war über die Art und Weise, wie mit dem sexuellen Fehlverhalten eines früheren Pastors umgegangen worden war. Der Mann hatte kleine Jungen missbraucht, und die Kirchenleitung, die davon wusste, schickte ihn in Behandlung, ohne die Gemeinde zu informieren. Später wechselte der Pastor in eine andere Gemeinde, ohne sich von der alten auch nur zu verabschieden. Sieben Jahre danach verklagte ihn eines der Opfer. Das machte natürlich Schlagzeilen, und erst da erfuhren die Gemeindeglieder, was wirklich vorgefallen war. Nachdem sie die Geschichte nun kannten, waren diese Gemeindeleute wütend auf den Pastor und auf ihre Gemeindeoberen, die ihnen die Wahrheit vorenthalten hatten.

In diesem Fall wäre es zwingend notwendig gewesen, dass die Gemeinde informiert wird, denn möglicherweise gab es ja noch weitere Opfer, die Hilfe brauchten. Aber es gibt noch mehr Gründe, das Schweigen zu brechen. Gerüchte, die die Runde machten, hatten die Gemeinde zu spalten gedroht. Die Leute schlugen sich in der Debatte, was wohl wirklich passiert war, auf die eine oder andere Seite. Als der Pastor die Gemeinde verlassen hatte, hatten sich die Mitglieder geschämt, weil sie dachten, es sei ihre Schuld.

Wäre die Wahrheit gesagt worden, dann wäre das bestimmt ein Schock gewesen. Aber all das, was die Kirche durch ihr Schweigen zu vermeiden suchte, geschah dann trotzdem und verursachte noch mehr Schmerz und Zorn. Diese Gemeinde war zweimal zum Opfer gemacht worden: zum einen durch die Kirchenleitung, zum anderen durch ihren Pastor. Indem sie sich vor den Konsequenzen drückte, enthielt die Kirche sowohl dem Pastor als auch der Gemeinde die nötige echte Hilfe vor. Hier einige Vorschläge, die Gemeinden helfen, das Schweigen zu brechen:

1. Sagen Sie sofort die Wahrheit

Das Schweigen brechen heißt: die Wahrheit sagen. Am ersten Sonntag, nachdem die Tatsachen bekannt geworden und bestätigt worden sind, muss ein geeigneter Leiter die Gemeinde über die Natur der Vorfälle informieren. Ich empfehle, dass man ein vorbereitetes schriftliches Statement verliest, an alle Mitglieder verteilt und – abhängig vom Einzelfall – den Medien zuleitet. Das Statement sollte einfach und sachlich die bekannten Fakten benennen und beschreiben, welche Überlegungen es im Hinblick auf den Betroffenen und die Gemeinde gibt.

2. Halten Sie Gemeindeglieder zu verantwortlichem Reden an

Die Gemeindeglieder sollten ermutigt werden, dem Gefühl des Schmerzes, des Verratenseins und des Zorns Ausdruck zu verleihen, aber sie sollten sich nicht in Tratsch über die Einzelheiten ergehen oder darüber spekulieren, mit wem sich der Pastor/der Mitarbeiter eingelassen hat.

3. Halten Sie öffentliche Versammlungen ab

Die Gemeinde sollte öffentliche Versammlungen abhalten, in denen die Menschen zusammenkommen und über das Vorgefallene sprechen können. Die Mitglieder sollten darüber informiert werden, was mit dem Pastor/verantwortlichen Mitarbeiter geschehen wird, und später sollte man sie regelmäßig auf den neuesten Stand bringen. Man sollte dem Täter nicht erlauben, einfach zu verschwinden. Eine Gemeinde hielt eine Serie von drei öffentlichen Versammlungen ab. Auf der ersten Versammlung erläuterte der Justiziar der Kirche die straf- und zivilrechtliche Situation, da einige Opfer den Pastor und die Kirche verklagt hatten. Auf der zweiten Versammlung konnten die Leute in Kleingruppen frei ihre Empfindungen zu den Vorfällen äußern. Zur letzten Versammlung kam ein (in dem Geschehen nicht direkt betroffener) Pastor der Kirche, um die Empfindungen der Gemeinde aufzunehmen, die von Vertretern der einzelnen Kleingruppen vorgetragen wurden. Anschließend leitete er einen Gottesdienst in der Kapelle der Gemeinde.

Nicht alle Mitglieder einer Gemeinde werden an solchen Versammlungen teilnehmen. Manche werden sich dem Thema nicht stellen wollen. Das steht jedem fraglos zu. Niemals sollten wir jemanden zwingen, über Gefühle zu sprechen. Das wäre seinerseits Missbrauch. Die Teilnahme an solchen öffentlichen Versammlungen muss freiwillig, darf nicht verpflichtend sein.

4. Stellen Sie sich auf einen längeren Klärungsprozess ein

Manche Gemeindeglieder werden sehr zornig sein. Das kann erhebliche Unruhe in der Gemeinde verursachen. Öffentliche Versammlungen sollten nach klaren Spielregeln ablaufen, was die Art der Wortbeiträge und die Leitung betrifft. Solche Versammlungen sind dazu da, dass Menschen ihre persönlichen Gefühle äußern können, und nicht, um über andere zu richten. Dass dabei Zorn zum Ausdruck kommt, ist sicherlich akzeptabel, aber es muss auf konstruktive Weise geschehen.

Andere Gemeindeglieder wird das Fehlverhalten ihres Pastors in Glaubenszweifel stürzen. Wir sollten ihnen zugestehen, dass sie auch diese Zweifel ehrlich äußern können. Anstatt ihnen ihren Mangel an Glauben vorzuhalten, sollten wir uns erinnern, dass Hiob und viele andere Menschen des Glaubens in der Bibel in schwierigen Situationen mit dem Zweifel rangen.

Oft sind so viele widerstrebende Gefühle im Spiel, dass eine einmalige Versammlung direkt nach dem Bekanntwerden des Fehlverhaltens nicht reicht. Mitgliedern sollten Treffen in regelmäßigen Abständen angeboten werden. Auf diese Weise können sie auch jeweils informiert werden über den Heilungsprozess aller Betroffenen – des Täters, des Opfers oder der Opfer, und der Gemeinde.

5. Wenn der alleinige Pastor der Täter ist: Finden Sie einen Interimspastor, der in Konfliktbewältigung geschult und zur Auseinandersetzung mit Gefühlen bereit ist

Wer immer den Leiter, der sich vergangen hat, ersetzt, muss auf eine Menge Seelsorge, Kleingruppenarbeit und Gemeindeversammlungen gefasst sein. Dieser neue geistlich Verantwortliche braucht die Geduld eines Hiob, muss gut zuhören können und akzeptieren, dass die Empfindungen vieler Gemeindeglieder nur schwer zu ergründen sind.

6. Stellen Sie Adressen und hilfreiche Hinweise für Opfer zusammen

Das Schweigen brechen – dazu gehört auch, dass die Kirche Hilfe sowohl für Opfer erster als auch für Opfer zweiter Ordnung anbietet. Sie weist den Weg zu Seelsorge- und Therapieangeboten, vermittelt den Kontakt zu Anwälten und hilft klären, wer die Kosten für eine nötige Behandlung übernimmt und/oder finanzielle Unterstützung leistet.

7. Denken Sie auch an andere Missbrauchsopfer

Es ist durchaus möglich, dass der betroffenen Gemeinde Menschen angehören, die anderen Tätern zum Opfer gefallen sind, z. B. (anderen) Gemeindemitarbeitern oder einem Elternteil. Das aktuell angesprochene sexuelle Fehlverhalten kann die Erinnerungen an solche Missbrauchserfahrungen wieder aufwühlen. Auch für diese Menschen sollten Hilfsangebote und Rat zur Verfügung stehen.

8. Informieren Sie über Sexualität und Sexsucht

Es ist wichtig, dass Menschen über das Wesen der Krankheit Bescheid wissen und darüber, wie sie sich äußert. Entsprechende Informationen können dazu beitragen, dass die Menschen verstehen, was zu dem aktuellen Fehlverhalten geführt hat. Wir müssen begreifen, dass es auch in der Gemeinde durchaus einige Männer und Frauen geben kann, die im Verborgenen ein problematisches Sexualleben führen. Wenn wir die Gemeinde behutsam über Sexsucht und über entsprechende Hilfsmöglichkeiten informieren, kann das vielen zur Heilung verhelfen. Ich kann in dem Zusammenhang gar nicht genug betonen, wie wichtig Barmherzigkeit ist. Sexsüchtige haben schon so viel Scham empfunden, dass es für ein ganzes Leben reicht. Schroffe Verurteilung ihres Verhaltens wird ihre Scham nur weiter verstärken und sie noch tiefer in ihr Versteck treiben.

Ich habe mit einigen Kirchen gearbeitet, die in der Krise eine Chance erkannt haben, Workshops für Männer, Frauen und Paare über Sexualität und christliche Sexualethik einzurichten. Aus diesen Workshops sind eine Reihe von Gesprächskreisen entstanden, die Menschen bei der Gestaltung ihrer Sexualität helfen.

9. Ziehen Sie Berater hinzu

Gemeinde- und Kirchenleitungen müssen oft einen regelrechten Behandlungsplan entwickeln. Es kann in manchen Fällen nötig sein, dass man für diese Planungen Berater von außen hinzuzieht. Oft sind Gemeindeverantwortliche von den Vorfällen selbst so aufgewühlt, dass sie nicht in der Lage sind, weise und effektive Entscheidungen zu treffen. In manchen Kirchen gibt es für solche und verwandte Problemstellungen Mediatoren oder Gemeindeberater. Gemeinden, die keinem Kirchenbund angehören, können sich an freie Berater wenden. Im Zweifelsfall wird sich auch ein kompetenter Seelsorger am Ort finden, der zu helfen bereit ist.

Trauerarbeit: „Wir lassen Gefühle zu"

Eine betroffene Gemeinde wird bestimmte Stadien von Trauer durchlaufen. Dr. Glen W. Davidson hat vor Jahren den Trauerprozess studiert, den Mütter durchlaufen, die ein Kind verloren haben. Er hat vier Trauerstadien identifiziert, die meiner Erfahrung nach gut auch auf andere Trauer- und Krisensituationen übertragbar sind:

1. Schock und Lähmung

Wenn ein Pastor oder verantwortlicher Mitarbeiter sich sexuell vergangen hat, ist das ein Schock. Man kann es kaum glauben. Man kann die Tatsache nur schwer akzeptieren. In manchen Fällen kann der Schmerz so groß sein, dass der Verstand die Kontrolle übernimmt und das Gefühl ausschaltet. Ohne diese Schutzmaßnahme wäre der Schmerz unerträglich.

Gefährlich an dieser Phase ist, dass es so scheint, als kämen die

Leute ganz gut mit der Situation zurecht. Eine Gemeinde, die sich einbildet, dass sie sich doch ganz wacker hält, wird umso ratloser sein, wenn Wochen oder Monate später bittere Gefühle an die Oberfläche drängen. Dann wird sich vielleicht mancher fragen: „Wie kann es sein, dass ich so unchristliche Gedanken hege?" Man will ja nicht unreif erscheinen, und so fällt es schwer, zu den unguten Gefühlen zu stehen. Das kann dazu führen, dass die Gefühle weiter unterdrückt werden, um später, vielleicht erst nach Jahren, doch hochzukochen.

2. Suchen und Sehnen

Manchmal wünschen wir einen geliebten Menschen, den wir verloren haben, sehnlich zurück. Wir suchen nach ihm. Wir weigern uns, irgendetwas in seinem Zimmer zu verändern, bilden uns ein, er könnte ja zurückkommen. In ähnlicher Weise können betroffene Gemeinden sich nach ihrem Pastor zurücksehnen. Sie würden ihm bereitwillig vergeben, wenn er nur bliebe. Sie geben sich ausufernden Fantasien hin, wie man all das hätte verhindern können.

Ein Gemeindepastor hatte sexuelle Beziehungen zu mindestens zehn Jungen unterhalten. Eine Frau in der Gemeinde weigerte sich auch dann noch, das zu glauben, als der Pastor ins Gefängnis wanderte. In ihren Augen waren die Jungen, deren Eltern, die Medien und der Staatsanwalt allesamt im Irrtum. Ein typisches Beispiel für Suchen und Sehnen, in diesem Fall nach dem verlorenen Pastor.

Diese Phase kann sich durch intensiven Zorn auszeichnen. Wenn geliebte Menschen sterben, sind wir manchmal böse auf sie, weil sie uns zurückgelassen haben. Im konkreten Fall ist der Pastor ja noch am Leben, und so kann sich der Zorn auf verschiedenste andere übertragen. Er kann sich auf Gemeinde- oder Kirchenleiter richten, weil sie den Pastor entlassen oder versetzt haben. Oft richtet sich der Zorn auf die Medien oder auf die Justiz. Und ganz bestimmt beschuldigt man viele Opfer, dass sie „uns unseren Pastor weggenommen haben."

3. Orientierungslosigkeit

Wenn wir geliebte Menschen verloren haben, wissen wir oft nicht, was wir ohne sie anfangen sollen. Sie haben viele wichtige Funktionen erfüllt. Wir alle kennen zum Beispiel Witwen, deren Ehemänner ihnen Dinge wie Autofahren oder das Bezahlen von Rechnungen abgenommen haben. Wenn dann der Mann stirbt, kommt die Witwe mit den einfachsten Anforderungen nicht zurecht.

Wenn ein Pastor, wenn ein Leiter geht, können Gemeindeglieder, Mitarbeiter im handfesten wie im emotionalen Sinn die Orientierung verlieren. Vermutlich hat der Verantwortliche viele Funktionen ausgefüllt, und sicherlich war er vielen eine emotionale Stütze. Ich habe einmal einen Mann sagen hören: „Er wusste gar nicht, wie sehr ich ihn brauchte, um durch den Tag zu kommen."

Daneben verursacht der Weggang des Pastors oder verantwortlichen Leiters womöglich auch eine geistliche Orientierungslosigkeit. Einzelne werden nicht wissen, wie sie sich Gott gegenüber verhalten, was sie mit Bibelstellen anfangen, wie sie Gott loben oder mit Gott reden sollen.

Manche Menschen fühlen sich in diesem Stadium zornig, aber die meisten sind eher verzagt. Sie plagen sich mit dem Gedanken, wer wohl die nächsten Gottesdienste gestalten, bestimmte Aufgaben wahrnehmen wird, oder sie geben sich der Sorge hin, etwas Schreckliches könne passieren. In der Gemeinde werden manche einfach den Gemeindebesuch scheuen, oder sie verfallen ganz allgemein in eine ängstliche Lebenshaltung. Selbst Kleinigkeiten, die überhaupt nichts mit der Gemeinde oder der Leitung dort zu tun haben, können sie dann irritieren.

Angst und Zorn, die keinen Ausdruck finden, führen zu Depressionen. Die ganze Gemeinde oder Organisation kann in Agonie verfallen. Die Stimmung ist am Boden. Selbst Lobpreis muntert keinen auf. Die Freude ist weg. Und auch die einzelnen Gemeindeglieder für sich können bedrückt sein. Wenn die so indirekt von einem Vergehen betroffenen Menschen sich nicht klarmachen, dass der verschwundene Pastor oder Leiter eine bedeutende Rolle in ihrem Leben gespielt hat, dann kann sie die Depression stark verunsichern. Sie scheint aus dem Nichts gekommen zu sein, unerklärlich. Und das kann einem schon Angst machen.

4. Neuausrichtung

Nachdem die Gemeindeglieder die drei ersten Stadien durchlaufen und ihrem Schmerz Ausdruck verliehen haben, kommen sie in eine Phase der Neuausrichtung, in der sie die Situation akzeptieren und wieder nach vorne schauen. Neuausrichtung heißt für die Gemeinde, dass sie einen neuen Pastor sucht oder sich auf einen neu zugewiesenen Pastor einlässt. Die Zuständigkeiten des ehemaligen Pastors werden neu, vielleicht auch anders zugeschnitten und verteilt.

Die beschriebenen vier Stadien der Trauer können unterschiedlich viel Zeit in Anspruch nehmen. Der ganze Prozess erstreckt sich, wenn er gut verläuft, gewöhnlich über ein bis zwei Jahre. Das klingt lang, und manche können darüber ungeduldig werden. Aber wenn man sich nicht genügend Zeit nimmt, dann bleiben Gefühle vergraben, schwären vor sich hin und verursachen später Zorn und Groll.

Versöhnung: „Wir schieben niemandem die Schuld zu"

Eine Gemeinde, die heil werden will, darf sich nicht erlauben, dass sie anderen die Schuld für Probleme in der Gemeinde zuschiebt. Vielmehr bringt sie denen Verständnis entgegen und bietet denen Hilfe an, die unter den sexuellen Verfehlungen des Pastors oder anderer Mitglieder gelitten haben.

Die Opfer müssen in der Gemeinde willkommen sein! Die Familien der Opfer wie auch des Täters (!) müssen jede erdenkliche Zuwendung erhalten. Pastoren, Leiter und Mitarbeiter, die sich auf ihre Sexsucht behandeln lassen, genesen und Reue zeigen, müssen wieder in die Kirchengemeinschaft aufgenommen werden. Das heißt nicht, dass sie wieder in Amt und Würden eingesetzt werden, aber es kann dahin kommen, dass sie zu gegebener Zeit und am rechten Ort öffentlich für ihr früheres Verhalten um Verzeihung bitten, dass sie ihre Verfehlungen eingestehen und anerkennen, dass diese Verfehlungen zerstörerisch waren und viel Leid verursacht hatten. Das kann für den Pastor, für die Gemeinde wie auch für die Opfer heilsam sein.

Möglicherweise ist in der Gemeinde Versöhnung zwischen der Gemeinde und der Familie des Täters nötig. Auch wenn die Familie das Problem nicht verursacht hat, kann doch ihre Gegenwart in der Gemeinde schmerzliche Erinnerungen heraufbeschwören. Anstatt die Familie auszugrenzen, sollte die Gemeinde sensibel für deren Bedürfnisse sein. Wenn der Pastor und seine Familie die Gemeinde verlassen haben, sollte die Familie zumindest zu einer ordentlichen Verabschiedung noch einmal eingeladen werden, sodass alle eine Art geregelten Abschluss erleben.

Meiner Erfahrung nach braucht oft eine weitere Person Versöhnung, und zwar ist das der Leiter, der den Vorgänger unmittelbar ersetzt. Er muss ein außergewöhnlich starker und reifer Christ sein, sieht sich enormen Schwierigkeiten ausgesetzt und braucht viel Unterstützung. In der Erzdiözese von Minneapolis und St. Paul gibt es inzwischen einen Gesprächskreis für Pastoren in solchen Situationen. Versöhnung in der Gemeinde bedeutet, dass die Gemeindeglieder Verständnis für die Schwierigkeiten aufbringen, denen sich der neue geistlich Verantwortliche gegenübersieht, und bereit sind, ihn auf jede erdenkliche Weise zu unterstützen.

Vorbeugung: Wir setzen Grenzen

Problematische Grenzen sind typisch für ungesunde Gemeinden. In solchen Gemeinden kann jede nur denkbare Form von Missbrauch geschehen: emotionaler Inzest, geistliche Vergewaltigung, geistliche Übergriffe, Vernachlässigung.

In einer gesunden Gemeinde werden Grenzen respektiert. Die Mitglieder respektieren sich selbst und einander. Sie achten auf sich selbst und lassen zu, dass andere auf sie achten. Sie versuchen zu vermeiden, dass sie einander emotional, körperlich, sexuell oder geistlich verletzen.

Selbst Jesus hat sich selbst Grenzen gesetzt. Er hat sich in die Wildnis zurückgezogen, um für sich zu sein. Er stieg in ein Boot und ließ sich zum anderen Ufer des Sees übersetzen, wenn die Masse ihn zu sehr bedrängte. Anstatt rastlos Menschen zu bearbeiten, bis sie seine Botschaft annahmen, sagte er einfach die Wahrheit und vertraute darauf, dass sie wirken würde. Und er hat alles mit Liebe getan.

In einer gesunden Gemeinde werden Grenzen respektiert. Die Mitglieder respektieren sich selbst und einander.

Damit sich eine Gemeinde mit problematischen Grenzen zu einer mit gesunden Grenzen wandelt, müssen wir die Gemeinde zunächst über Grenzen aufklären, über die Gefahr, dass Grenzen überschritten werden und über den Schaden, den solche Grenzüberschreitungen anrichten können. Außerdem müssen die leitenden Leute der Gemeinde gesunde Grenzen vorleben. Sie sollten sich nicht auf jede Forderung aus der Gemeinde einlassen. Und sie sollten niemanden ausnutzen. Indem Gemeindeverantwortliche gesunde Grenzen vorleben, demonstrieren sie der Gemeinde, wie man für sich selbst und für andere sorgt.

Die Wunden von Gemeinden, die durch sexuelles Fehlverhalten geschlagen wurden, können nur in einem langen und schmerzlichen Prozess heilen. In diesem Schmerz allerdings können wir uns füreinander öffnen und unsere Gefühle teilen. Offenheit führt zu Vertrautheit und zu tiefer geistlicher Freundschaft. Wer Gott liebt, dem dient alles, was geschieht, zum Guten (Römer 8,28): Das ist die Hoffnung auf Erlösung für den ganzen Leib Christi.

Zum Schluss

Die unausweichliche letzte Frage lautet: Ist Sexsucht heilbar?

Die Antwort hängt davon ab, wie man den Begriff heil definiert. Im Fall von Sexsucht wäre es vielen Christen am liebsten, wenn heil die dauerhafte und restlose Entfernung der Krankheit bedeuten würde. Sie geben sich gern der Vorstellung hin, dass Erlösung, Glaube und Gebet alle sexuellen Anfechtungen und jede Versuchung zu sexuellen Sünden verschwinden lassen. Leider ist das so, als würden sie Gott bitten, alle sexuellen Empfindungen aus dem Gehirn herauszuoperieren.

Es gibt kein Allheilmittel gegen Sexsucht. Genesende Süchtige haben vielleicht mit ihrem problematischen Sexualverhalten aufgehört, aber sie wissen, dass sie stets in der Gefahr stehen, einen Rückfall zu erleben. Deshalb müssen sie unablässig darauf achten, dass sie ihre Behandlung ernst nehmen, ihre Gruppenstunden besuchen und zwielichtige Orte meiden, an denen die Versuchung lauert. Es kommt die Zeit, in der sich ein Sexsüchtiger die Frage stellen muss: Was unterscheidet mich von einem normalen Menschen? Normale Menschen haben Anfechtungen und sündigen manchmal. Nach zwei Jahrzehnten Nüchternheit von sexuellem Fehlverhalten fühle ich mich normal. Aber ich weiß, dass ich immer noch in Versuchung geraten kann, und wenn ich erneut abstürze, dann wäre ich in kürzester Zeit wieder da, wo ich angefangen habe.

Ich bin Diabetiker, habe also eine Krankheit, für die es keine Heilung gibt. Ich kann mit dieser Krankheit umgehen, mit ihr leben, die Symptome effektiv behandeln, aber ich werde sie nicht los. Es gibt keine dauerhafte Heilung bei Diabetes. Dasselbe trifft auf meine Sexsucht zu: Auch für sie gibt es keine dauerhafte Heilung. Aber der Genesungsprozess bietet mir und vielen anderen Heilung in dem Sinn, dass es ständig aufwärtsgeht. Das Leben wird besser, der

Schmerz über erlittenen Missbrauch lässt nach, das Gefühlsleben gesundet, Beziehungen werden tiefer, Ehen werden stärker und sexuelle Versuchungen nehmen ab. Es gibt einen Heilungsprozess, aber heilbar ist die Krankheit nicht.

Sexsüchtige Männer und Frauen müssen wie der Apostel Paulus mit ihrem „Stachel im Fleisch" leben:

„Gott selbst hat dafür gesorgt, dass ich mir auf die unbeschreiblichen Offenbarungen, die ich gesehen habe, nichts einbilde. Deshalb hat er mir ein quälendes Leiden auferlegt. Es ist, als ob ein Engel des Satans mich mit Fäusten schlägt, damit ich nicht überheblich werde. Dreimal schon habe ich Gott angefleht, mich davon zu befreien. Aber er hat zu mir gesagt: Meine Gnade ist alles, was du brauchst! Denn gerade wenn du schwach bist, wirkt meine Kraft ganz besonders an dir. Darum will ich vor allem auf meine Schwachheit stolz sein. Dann nämlich erweist sich die Kraft Christi an mir. Und so trage ich alles, was Christus mir auferlegt hat, alle Misshandlungen und Entbehrungen, alle Verfolgungen und Ängste. Denn ich weiß: Gerade wenn ich schwach bin, bin ich stark." (2. Korinther 12,7-10)

Sexsüchtige Menschen, Ehegatten, Familienangehörige und andere können gewaltige geistliche Heilung erfahren, können eine innige Beziehung mit Gott gewinnen, obwohl die Sexsucht nicht heilbar ist. Ihre Machtlosigkeit angesichts ihrer Krankheit lässt sie demütig werden und macht ihnen bewusst, wie sehr sie Gott brauchen. Und das ist ein wichtiger Aspekt ihrer geistlichen Heilung. Wie Paulus werden auch sie durch ihren beständigen „Stachel im Fleisch" pausenlos daran erinnert, dass sie als Person schwach und auf Gottes Erlösung angewiesen sind.

Wir wissen freilich auch, dass bei Gott nichts unmöglich ist, und so mag es durchaus einzelne Sexsüchtige geben, die vollständige Heilung erleben und für die sexuelle Versuchung nie wieder ein Problem ist. Die meisten allerdings erleben es anders. Aber obwohl sie mit der

Krankheit leben müssen, können sie großartige Heilung im geistlichen Sinn erfahren. Und diese Heilung kann für die gesamte Christenheit ein wunderbares Zeugnis sein.

Dieses Buch ist nicht als die finale Antwort auf das Problem der Sexsucht geschrieben worden. Vielmehr ist es dazu gedacht, die Gemeinde, Einzelne und miteinander verbundene Menschen aufzuklären. Aufklärung bringt Menschen miteinander ins Gespräch, und jeder Heilungsprozess beginnt mit bewusstem Gespräch.

Jeder Heilungsprozess beginnt mit bewusstem Gespräch.

Es gibt bei den Anonymen Alkoholikern einen traditionellen Spruch, der oft am Ende der Treffen gesagt wird: „Pick dir heraus, was du brauchen kannst." Möglicherweise sind Sie beim Lesen des Buches auf einiges gestoßen, dem sie nicht zustimmen können. Und trotzdem habe ich die Hoffnung, dass Sie sich alles Wichtige herauspicken, was dieses Buch Ihnen zu bieten hat, und sich davon zum Nachdenken, Beten und Handeln anregen lassen. Wenn Sie an den Folgen von Sexsucht leiden, versuchen Sie nicht, mit dem Schmerz allein fertigzuwerden. Vertrauen Sie sich jemandem an, suchen Sie Hilfe, gehen Sie das Problem zusammen mit anderen an. Sexuelles Fehlverhalten kann verheerend sein, aber es gibt Hoffnung auf Heilung.

Als Gott in der Person von Jesus auf die Erde kam, erlitt er unser menschliches Schicksal. Er wurde gedemütigt, gefoltert und getötet. Paulus schreibt, dass Jesus menschliche Gestalt angenommen hat. Er erniedrigte sich selbst und war Gott gehorsam bis zum Tod (Philipper 2,8). Auch sexsüchtige Menschen müssen gehorsam sein bis zum Tod, nämlich zum Tod ihrer alten, suchthaften Lebensweise.

Aber Jesus ist nach seinem Tod auferstanden. Und Sexsüchtige können, nachdem ihr altes Selbst, ihr Leben mit alten Mustern gestorben ist, ebenfalls wieder leben. Sie können Freiheit, geistliche Erneuerung und Frieden erfahren. Wenn sie Jesus Zugang zu den dunkelsten Verließen ihrer heimlichen Sünden gewähren, dann flutet er diese Orte mit erlösendem Licht.

Ich wünschte, ich könnte Ihnen all die Geschichten Hunderter Sexsüchtiger erzählen, von denen ich weiß, die diesen Prozess des Todes und der Wiedergeburt durchlaufen haben. Leben sind erneuert, Ehen geheilt und Familien gestärkt worden. Berufslaufbahnen sind gerettet, wirtschaftliche Verhältnisse stabilisiert worden. Aber das Beste ist das tiefe Empfinden der Gegenwart und der erlösenden Gnade Gottes, von dem genesende sexsüchtige Menschen berichten.

Es gibt Hoffnung für Sexsüchtige. Im Lauf der vergangenen zwei Jahrzehnte konnte ich beobachten, wie Hunderte Betroffene, Ehepartner und Paare diese Hoffnung gefunden und den Weg der Genesung eingeschlagen haben. Wenn Sie auch zu den Betroffenen gehören, dann ist es mein Gebet, dass Sie diese Hoffnung ebenfalls finden. Sie sind verletzt worden und waren ein Leben lang einsam. Aber das muss nicht so bleiben. Es gibt Frieden. Mögen Sie diesen Frieden jetzt finden.

Anmerkungen

1 Gerald Blanchard, Sex Offender Treatment: A Psychoeducational Model (Golden Valley, MN: Institute for Behavioral Medicine, 1988).

2 Patrick Carnes, Wenn Sex zur Sucht wird, S. 33.

3 Begriff aus der Familien-Systemtheorie.

4 Ebd., S. 150.

5 Craig Nakken, The Addictive Personality (Center City, MN: Hazelden, 1988).

6 Die Entwicklung auf dem Feld der Psychiatrie schreitet so rasch voran, dass es schwer ist, den jeweiligen Stand zeitnah zu dokumentieren. Neue Methoden der Visualisierung des Gehirns wie die Magnetresonanztomografie revolutionieren unsere Vorstellung von der Funktionsweise des Gehirns.

7 John und Linda Friel, The Secrets of Dysfunctional Families (Deerfield Beach, FL: Health Communications, Inc., 1988).

8 Patrick Carnes, Wenn Sex zur Sucht wird, S. 127.

9 Patricia Love, The Emotional Incest Syndrome (New York: Bantam, 1990).

10 Patrick Carnes, Don't Call it Love (New York: Bantam, 1991).

11 John Bradshaw, Healing the Shame that Binds You (Deerfield Beach, FL: Health Communications, Inc., 1988).

12 Sandra Wilson, Released from Shame (Downers Grove, IL: InterVarsity, 1990).

13 Patrick Carnes, Out of the Shadows (Center City, MN: Hazelden, 2001).

14 Harvey Milkman/Stanley Sunderwirth, Craving for Ecstasy (Lexington, MA: D. C. Health, 1987).

15 Patrick Carnes, Don't Call it Love (New York: Bantam, 1991).

16 Z. B. auf www.slaa.de

17 Matthäus 11,28-30

18 Es gibt viele gute Bücher zu diesem Thema. Ich empfehle besonders das Buch *Leben mit Vision* von Rick Warren (Asslar: Gerth, 2004).

19 Recovering Couples Anonymous (RCA), amerikanische Selbsthilfeorganisation für Paare, die ihre belastete oder gestörte Beziehung verbessern wollen. RCA arbeitet mit einem 12-Schritte-Programm ähnlich dem der AA und anderer Selbsthilfegruppen.

20 Patrick Carnes, Wenn Sex zur Sucht wird, S. 127.

21 Ebd., S. 167.

22 How Common is Pastoral Indiscretion?, Leadership 11, Nr. 1 (Winter 1988), S. 12f.

23 Tim LaHaye, If Ministers Fall, Can They Be Restored? (Grand rapids: Zondervan, 1990).

24 Peter Rutter, Sex in the Forbidden Zone (Los Angeles: Jeremy P. Tarcher, 1989).

Quellen

Blanchard, Gerald: Sex Offender Treatment: A Psychoeducational Model; Golden Valley, MN: Institute for Behavioral Medicine, 1988.

Bradshaw, John: Healing the Shame that Binds You; Deerfield Beach, FL: Health Communications, Inc., 1988.

Carnes, Patrick: Out of the Shadows; Center City, MN: Hazelden, 2001.

Carnes, Patrick: Wenn Sex zur Sucht wird; München: Kösel-Verlag, 1992.

Friel, John und Linda: The Secrets of Dysfunctional Families; Deerfield Beach, FL: Health Communications, Inc., 1988.

LaHaye, Tim: If Ministers Fall, Can They Be Restored?; Grand Rapids: Zondervan, 1990.

Love, Patricia: The Emotional Incest Syndrome; New York: Bantam, 1990.

Milkman, Harvey/Sunderwirth, Stanley: Craving for Ecstasy; Lexington, MA: D. C. Health, 1987.

Nakken, Craig: The Addictive Personality; Center City, MN: Hazelden, 1988.

Rutter, Peter: Sex in the Forbidden Zone; Los Angeles: Jeremy P. Tarcher, 1989.

Wilson, Sandra: Released from Shame; Downers Grove, IL: InterVarsity, 1990.

Zum Weiterlesen empfohlen

Allender, Dan B.: Das verwundete Herz: Hilfe für erwachsene Opfer sexueller Gewalt im Kindesalter; Gießen: Brunnen, 2005.

Atkinson, Sue: Die Fesseln abstreifen. Frei werden von den Folgen sexuellen Missbrauchs; Gießen: Brunnen, 2008.

Brinkmann, Elfi/Hoffmann, Sandy: Handbuch sexuelle Gewalt; Moers: Brendow, 2003.

Earle, Ralph H./Laaser, Mark R.: Wenn Bilder süchtig machen; Basel: Brunnen, 2005.

Groß, Werner: Sucht ohne Drogen: Arbeiten, Spielen, Essen, Lieben; Frankfurt: Fischer, 2003.

Horie, Hildegard/Horie, Michiaki: Gesichter der Sucht; Witten: Brockhaus, 1998.

Offensive Junger Christen, Bulletin 2/2007, Themenheft Pornografie- und Sexsucht, 7. Jg., Nr. 14.

Pfeifer, Samuel: Internetsucht: Verstehen Beraten Bewältigen, Seminarheft Klinik Sonnenhalde, 2. Aufl.

Roth, Kornelius: Wenn Sex süchtig macht. Einem Phänomen auf der Spur; Berlin: Christoph Links Verlag, 2004.

Warren, Rick: Leben mit Vision; Asslar: Gerth, 2004.

Hilfreiche Adressen

Selbsthilfegruppen für Sexsüchtige gibt es in zahlreichen deutschen Städten sowie in einigen Städten in Österreich und in der Schweiz.

Anoyme Sexaholiker (AS)
Postfach 1262
D-76002 Karlsruhe
Tel.: 0175-7925113
E-Mail: info@anonyme-sexsuechtige.de
Website: www.anonyme-sexsuechtige.de

Anonyme Sex- und Liebessüchtige (Deutschsprachige SLAA e.V.)
Postfach 1352
D-65003 Wiesbaden
Tel.: 0700-75227522
E-Mail: info@slaa.de
Website: www.slaa.de

Sex Addicts Anonymous (SAA)
SAA Frankfurt
Tel.: 0157-71953953
E-Mail: SAA-Frankfurt@arcor.de
Website (engl.): www.saa-recovery.org

Sexual Compulsives Anonymous
E-Mail: scaberlin@gmx.net
Website (engl.): www.sca-recovery.org

Selbsthilfegruppen für Angehörige von Sexsüchtigen bzw. für Coabhängige

Angehörigengruppe der Anonymen Sexaholiker (S-ANON)
E-Mail: sanon@sanon.org
Website: www.sanon.org

Deutschland:
Postfach 110545
D-28085 Bremen
Tel.: 0175-6840010

Österreich:
A-3500 Krems/Donau
Tel. 0175-6840010

Schweiz:
Postfach 863
CH-8501 Frauenfeld

Anonyme Coabhängige (CoDA)
CoDA Deutschland e.V
Postfach 1635
D-82145 Planegg
Tel.: 0700-2632-2632
E-Mail: info@coda-deutschland.de
Website: www.coda-deutschland.de

Christliche Organisationen für Suchtkrankenhilfe, Sexualethik, Beratung und Seelsorge

Weißes Kreuz e.V.
Sexualethik und Seelsorge
Weißes-Kreuz-Straße 3
D-34292 Ahnatal
Tel.: 05609-83990
E-Mail: info@weisses-kreuz.de
Website: www.weisses-kreuz.de

Blaues Kreuz
Suchtkrankenhilfe
Freiligrathstraße 27
D-42289 Wuppertal
Tel.: 0202-620030
E-Mail: bkd@blaues-kreuz.de
Website: www.blaues-kreuz.de

Beratungen Plus
Seminare, Coaching, Supervision
Praxis für Psychotherapie (HPG)
D-72250 Freudenstadt
Tel.: 07441-951962
Fax: 07441-951950
E-Mail: auf der Website
Website: www.BeratungenPlus.de

Internetseiten mit umfassenden und/oder speziellen Informationen zum Thema Sexsucht

Ausweg aus der Sexsucht
Online-Workshop für Betroffene
www.porno-ausweg.de

LoveIsMore
Webforum, Datenbank mit Adressen von Seelsorgern/Lebensberatern, Audio- und Videomaterial
www.loveismore.de/ch/at

Sex-SOS
Lebensberichte, Basisinformationen, Links
www.sex-sos.net

Selbsthilfegruppen-Datenbank für Sexsüchtige
www.shg-pornographieabhaengigkeit.de/ch/at

Liberty4You
Info- und Hilfeportal über Sex- und Pornosucht;
viel Material zum Download, u. a. die Artikel des Themenheftes Pornografie- und Sexsucht des OJC-Bulletins 2/2007
www.liberty4you.ch

Pornografie-Sucht
Informative Seite u. a. mit Internetfilter
www.nacktetatsachen.at

HSO 2007 e.V.
Hilfe zur Selbsthilfe für Onlinesüchtige
und deren Angehörige
www.onlinesucht.de

Porno-frei (gemeinsame Initiative von Männerforum und livenet.ch)
www.porno-frei.ch

Society for the Advancement of Sexual Health (SASH)
Daten- und Materialquelle für Therapeuten, Seelsorger und Betroffene. Die SASH gibt auch die Fachzeitschrift „Sexual Addiction and Compulsivity: The Journal of Treatment and Prevention“ heraus.
www.sash.net (engl.)